사랑을 배우는 시간

사랑을 배우는 시간

발행일	2025년 10월 3일
지은이	김용화·김정선·김주연·민혜영·석정숙·안인노·유미인·윤현호· 이현주·임혜현·전재영·정순옥·정종관·주민정·허영선
펴낸이	손형국
펴낸곳	(주)북랩
출판등록	2004. 12. 1(제2012-000051호)
주소	서울특별시 금천구 가산디지털 1로 168, 우림라이온스밸리 B동 B111호, B113~115호
홈페이지	www.book.co.kr
전화번호	(02)2026-5777 팩스 (02)3159-9637
ISBN	979-11-7224-880-2 03810 (종이책) 979-11-7224-881-9 05810 (전자책)

잘못된 책은 구입한 곳에서 교환해드립니다.
이 책은 저작권법에 따라 보호받는 저작물이므로 무단 전재와 복제를 금합니다.
본 도서는 (주)북랩이 보유한 리코 인쇄 장비 등 자체 생산 인프라를 통해 제작되었습니다.

작가 연락처 문의 ▶ ask.book.co.kr

전용 게시판에 문의를 남기시면 저자에게 직접 전달됩니다.

(주)북랩 성공출판의 파트너

북랩 홈페이지와 SNS에서 다양한 출판 솔루션을 만나 보세요!

홈페이지 book.co.kr   •   **블로그** blog.naver.com/essaybook   •   **출판문의** text@book.co.kr
카톡채널 북랩

사랑을 배우는 시간

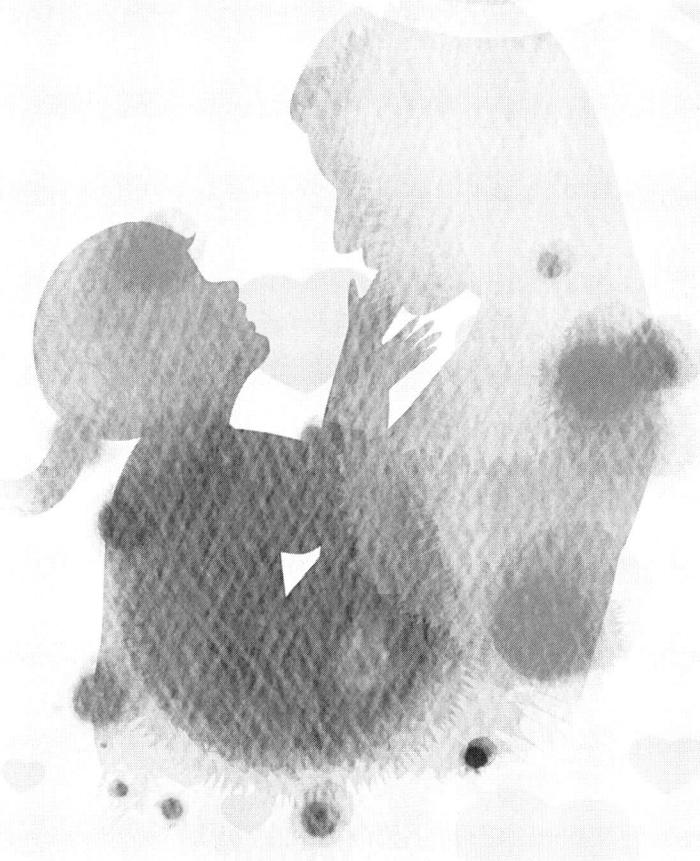

김용화
김정선
김주연
민혜영
석정숙
안인노
유미인
윤현호
이현주
임혜현
전재영
정순옥
정종관
주민정
허영선

북랩

들어가는 글

사랑을 배우는 시간, '부모'라는 이름으로

하늘이 준 선물이 나에게로 왔다.
 이 세상 모든 부모가 아이를 처음 마주할 때 선물이자 보물을 얻은 마음이지 않을까 싶다. 아이를 기다리던 순간의 설렘과 마주했던 첫 만남의 벅참…. 아마 모든 부모에게는 영원히 잊히지 않을 기억으로 남아 있을 것이다. 우리는 모두 '좋은 부모'가 되고 싶다는 간절한 마음으로 그 작고 연약한 존재를 품에 안았다. 좋은 부모라는 그 길을 걷다 보면 수많은 질문과 마주하게 된다. 아이의 작은 미소에 한없이 기뻤다가도 예측 불가능한 행동에 당황하기도 한다. 때로는 나조차도 이해할 수 없는 감정에 휩싸이기도 한다. 과연 나는 좋은 부모가 맞을까? 내 아이를 제대로 이해하고 있는 것일까? 이런 물음표 앞에서 흔들리는 것은 비단 나 혼자만이 아닐 것이다.

 여기 15인의 작가가 모였다. 부모라는 이름으로 육아와 성장의 이야기를 담았다. 작가님들과 함께 우리 아이들과 웃고 울고 경험했던 시간을 더욱 소중하게 그려 본다.

　나는 두 아이의 엄마다. 아이들이 어렸던 시절에 나는 부모 교육 특강을 1년에 대여섯 개는 들었을 정도로 관심이 많았다. 부모 역할을 잘 해내고 싶었던 마음이 큰 동기 부여가 되었다. 간절한 마음이 오랜 희망으로 이어져 이처럼 소중한 부모 교육 도서를 세상에 내는 결실을 보게 되었다.

　이 책 『사랑을 배우는 시간』은 바로 그 물음표 속에서 함께 답을 찾아가는 여행이다. 국민강사교육협회에서 다양한 삶의 이야기를 품고 온 15인의 강사다. '부모'라는 이름으로 살아온 솔직하고 진심 어린 기록을 한곳에 모았다. 완벽하지 않아도 괜찮다고, 흔들리는 것이 자연스러운 성장통이라고 서로를 다독이고 격려한다. 우리가 모두 겪는 육아의 희로애락을 함께 나눠 본다.

　1장에서는 아이를 만나기 전의 기다림, 품에 안았을 때의 경이로움, 그리고 스스로 정의 내린 부모 역할에 대한 깊은 고민과 성찰을 담아낸다. 첫 부모가 되는 순간부터 아이와의 특별한 인연을 돌아보는 시간이다. 부모라는 존재가 우리 삶에 가져온 의미를 되새겨 본다. 이 이야기들이 '부모'라는 첫 글자를 새기는 모든 분에게 공감과 따뜻한 위로를 전해 주길 바란다.

　2장은 아이와 함께 성장하는 과정에서 부딪히는 수많은 시행착오와 그 속에서 찾아낸 지혜를 공유한다. 우리는 아이 교육이라는 거대한 산 앞에서 좌절하기도 했다. 때로는 아이의 예측 불가능한 모습에 당황하며 길을 잃었던 경험들. 그럼에도 불구하고 우리 아이를 위한 '나만의' 교육 노하우를 찾아가는 생생한 이야기들이 담겨 있다. 이 책은 경쟁 교육의 해법 대신 아이가 스스로 성장하고 자신만의 언어로 삶을 해석하는 것을 돕는 양육 방식을 제안한다. 육아는 아이의 성장과 함께 부모도 함께 흔들리며 성장하는 과정이라고 일깨워 준다.

3장에서는 '완벽하지 않아도 괜찮아'라는 따뜻한 위로가 함께한다. 아이를 키우며 오히려 부모 자신이 더욱 성숙해지고 단단해진 경험을 들려준다. 육아라는 거울을 통해 나 자신을 먼저 되돌아본다. 아이로부터 배운 사랑과 용기 그리고 삶의 진정한 가치를 발견하는 감동적인 순간들이 펼쳐진다. 아이를 생각하며 자신의 감정을 돌보고 소통하고 때로는 내려놓는 과정에서 진정한 회복탄력성을 배우게 되는 우리 모두의 자화상과도 같다.

예전에 『두뇌성격이 아이 인생을 결정한다』라는 김영훈 박사님의 책을 읽은 적이 있다. 보상의 뇌가 발달해 어떤 과제에 성공하고 보상받을 때 에너지가 생기는 아이가 있다. 타인과 관계를 중요시하고 인정받고 싶다는 욕구가 강해 칭찬을 받아야만 에너지가 생기는 아이도 있다. 또 어떤 아이는 갖고 있는 에너지가 강해 끊임없이 호기심과 탐구력으로 자기 스스로를 독려하며 앞으로 나아가는 아이도 있다. 또 다른 아이는 목표만 주면 그것이 당연히 자신의 할 일이라고 생각하며 매진한다.

아이를 키우는 데 있어서 정답은 없을 것이다. 중요한 것은 부모라는 환경에서 아이와 부모가 상호 작용을 하며 애착을 형성해 가는 것이다. 부모를 통해 세상을 탐험하고 소통 능력을 키워 가는 과정이다. 이러한 과정은 경험을 통해 뇌에 흔적을 남기고 두뇌성격을 만들어 간다고 한다.

이 책은 육아의 정답을 제시하지 않는다. 다양한 부모들의 이야기를 통해 독자 스스로가 자신의 답을 찾아갈 수 있도록 이끄는 등대와 같은 역할을 한다. 때로는 함께 웃고 때로는 함께 눈물짓는다. 부모로서의 삶이 얼마나 소중하고 아름다운 여정인지 깨닫게 되는 소중한 시간이다. 『사랑을 배우는 시간』이라는 제목처럼, 이 책을 통해 독자 여러분 모두가 자신만의 속도로 사랑을 배우길 바란다. 아이와 함께 성장하는 행복을 온전히 누리시길 진심으로 바라는 마음이다.

바쁘고 어려운 상황에서 시간을 내어서 함께해 주신 15인의 작가님께 진심으로 감사드린다. 부모 교육이라는 특별 기획을 발굴해 주신 국민강사교육협회 김규인 협회장님과 한 권의 책을 만들기까지 아낌없는 마음을 내어 주신 송주하글쓰기아카데미의 송주하 대표님께도 깊은 감사를 드린다.

민혜영

차례

들어가는 글 ★5

1부 부모란 어떤 존재인가

1. 부모는 마음으로 품는 사람 ― 김용화 ★14
2. 결핍은 상처가 아니라, 사랑의 원동력 ― 김정선 ★20
3. 사랑 없이는 부모가 될 수 없다 ― 김주연 ★26
4. 하늘이 준 선물 ― 민혜영 ★31
5. 부모란 영혼의 안식처 ― 석정숙 ★37
6. 울타리 ― 안인노 ★42
7. 사랑 앞에서 서툴렀던 나, 그리고 진짜 엄마가 되기까지 ― 유미인 ★47
8. 인내라는 이름으로 ― 윤현호 ★52
9. 아이를 품고, 삶을 배우다 ― 이현주 ★57
10. 서툴러도 괜찮아 ― 임혜현 ★62
11. 역지사지 ― 전재영 ★66
12. 말보다 삶으로 표현해 주는 사랑 ― 정순옥 ★71
13. 아이들의 눈높이에서 공감해 주는 부모 ― 정종관 ★76
14. 길을 안내하기보다, 곁을 지키는 사람 ― 주민정 ★81
15. 나의 거울 ― 허영선 ★86

2부 흔들리면서 크는 아이

1. 부모는 방향을 정해 주는 사람이 아니라,
   등불을 비춰 주는 사람이다 — 김용화 ★92
2. 쌍둥이 20년 육아, 가장 큰 산은 입시였다 — 김정선 ★98
3. 믿고 비빌 언덕이 있다면 흔들려도 좋아 — 김주연 ★104
4. 자연에서 배운 아이들 — 민혜영 ★109
5. 오락가락 흔들리는 배 — 석정숙 ★115
6. 흔들려도 괜찮아, 너는 성장하고 있어 — 안인노 ★121
7. 상처도 성장의 일부니까 — 유미인 ★126
8. 있는 그대로 받아들이기 — 윤현호 ★132
9. 틀 밖에서 노는 아이와의 동행 — 이현주 ★138
10. 흔들리면서 크는 아이와 엄마 — 임혜현 ★144
11. 시련을 만나는 태도 — 전재영 ★148
12. 지켜보는 용기, 기다리는 사랑 — 정순옥 ★153
13. 고맙다, 아들들 — 정종관 ★157
14. 진정한 내려놓음은 사과에서 시작된다 — 주민정 ★163
15. 자녀와 함께 성장하는 부모 — 허영선 ★168

3부 완벽하지 않아도 괜찮아

1. 부모가 되는 길, 아이와 함께 자라는 시간 — 김용화 ★176
2. 엄마에서 나로, 새로운 길을 걷다 — 김정선 ★181
3. 불완전해서 더 다채로운 우리, 사랑으로 물들다 — 김주연 ★186
4. 부모 앞에서는 자존심을 버린다 — 민혜영 ★191
5. 완벽하기 때문에 사랑받는 것이 아니라
   사랑받기 때문에 완벽해진다 — 석정숙 ★197
6. 곡선을 만나 나를 더 사람답게 만든다 — 안인노 ★202
7. 있는 그대로의 나를 받아들이는 연습 — 유미인 ★207
8. 엄마로 성장시켜 준 아이 — 윤현호 ★213
9. 불완전할 용기 — 이현주 ★218
10. 실패하며 성장하는 우리 — 임혜현 ★223
11. 경험이 단단한 인생을 만든다 — 전재영 ★227
12. 부모라는 길, 성장이라는 이름 — 정순옥 ★232
13. 부모이니까 — 정종관 ★237
14. 부모의 독립이 먼저다 — 주민정 ★243
15. 나를 직면하는 용기 — 허영선 ★248

마치는 글 ★253

1부

부모란 어떤 존재인가

1.
부모는 마음으로 품는 사람

김용화

어릴 적 나는 부모님을 당연한 존재로 여겼다.

아침에 눈뜨면 곁에 있어 주고 배가 고프면 밥을 해 주고 감기에 걸리면 약을 챙겨 주는 사람이 바로 부모였다. 언제나 내 편이 되어 주었고 항상 내 옆에 있는 사람이라고 믿었다.

결혼하고 부모가 될 준비를 하면서 처음으로 부모라는 이름의 무게를 조금씩 실감하기 시작했다. 오랫동안 임신이 되지 않아서 부모님은 걱정했다. 우리 부부는 조급해하지 않으려 애썼다. 언제 가는 좋은 소식이 찾아올 거라 믿고 기다리고 있었다. 그러던 중 우리 부부에게 아이가 찾아왔다. 바로 오빠의 딸, 조카였다. 올케언니가 직장을 그만두고 숙녀복 가게를 시작하게 되었다. 어린 조카를 맡길 사람이 필요해졌다. 짧게는 몇 달, 길게는 1년이 될 수도 있는 시간 동안 우리 부부는 준비되지 않은 부모 역할을 맡게 되었다.

세 살배기 아이를 돌보는 일은 생각보다 쉽지 않았다. 하루 세끼를 챙기고, 낮잠을 재우고 배변을 도와주는 일은 육체적으로도 정신적으로도 벅찼다. 특히 처음 경험하는 목욕 시간은 어색하고 조심스러웠다. 서툰 모습 속에서 부모 역할이 얼마나 섬세하고 인내심이 필요한 일인지 실감하게 되었다. 다행히 조카도 잘 적응해 주었다. 함께 책을 읽고 색연필로 그림을 그리고 쌓기 놀이를 하며 웃는 아이 얼굴을 볼 때마다 하루의 피로가 눈 녹듯 사라졌다. 그때 처음 알게 되었다. 부모란 피를 나누는 관계만이 아니라 마음으로 품는 존재라는 것을. 아이에게 건네는 따뜻한 말 한마디, 다정한 손길 하나가 소중한 시간을 만들어 주었다. 그 시간은 부모다움을 배워 가는 과정이었다. 물론 육아는 여전히 힘들었다. 하지만 조카가 "엄마"라고 부르는 소리를 들을 때마다 가슴이 뜨거웠다. 그 한마디에 모든 고생이 사라지는 것 같았다.

마침내 우리 부부에게도 아이가 찾아왔다. 전혀 예상하지 못했던 임신이었다. 몸의 이상을 느끼고 병원을 찾았을 때 초음파 화면 속에서 아주 작게 움직이는 생명을 보며 설명할 수 없는 감정이 북받쳤다. 내 몸 안에 아이가 있다는 사실이 믿기지 않았다. 입덧은 나를 많이 힘들게 했다. 냄새를 맡는 것도 괴로웠고, 식사 준비는 물론 식사 자체도 어려웠다. 몸은 쉽게 피로해졌다. 하루하루가 힘들었다. 하지만 조카와 함께했던 시간이 있었기에 견딜 수 있었다. 그때의 경험이 큰 위안이 되어 주었다.

출산을 앞두고 또 한 번 가슴을 쓸어내리는 순간이 찾아왔다. 예정일이 15일이나 지났는데도 아이가 나올 기미가 보이지 않았던 것이다. 마음이 타들어 갔다. 병원에서 유도 분만을 권유했다. 바로 입원하고 촉진제를 맞았다. 한 시간 정도 지났을 때였다. 갑자기 양수가 터졌다. 의사 선생님이 급하게 달려왔다. 양수가 지금 터질 리가 없다며 걱정했다. 검사를 해 보니 말씀하셨다.

"아이가 탯줄을 목에 감고 있어요. 상태를 좀 더 지켜봐야겠어요."

숨이 턱 막혔다. 불안과 걱정이 한꺼번에 밀려왔다. 30분 정도를 더 기다렸다. 결국 아이는 스스로 탯줄을 풀지 못해 제왕 절개 수술을 하게 되었다.

'부디 우리 아이가 무사히 태어나게 해 주세요.'

수술대에 누워 있는 동안 간절히 기도했다. 마취제가 들어간다는 말이 들리고 곧바로 잠이 들었다.

아들이었다. 아이는 3.7kg으로 건강하게 태어났다. 하지만 남편은 마취에서 깨어나지 않는 나를 보며 걱정이 많았다고 한다. 예상 시간보다 세 시간이 더 지나서야 눈을 떴다. 아이 걱정부터 했다. 정신을 차리고 보니 내 옆에 작고 따뜻한 아기가 누워 있었다. 세상에 온 아이를 품에 안는 순간 비로소 진짜 엄마가 되었음을 실감할 수 있었다. 엄마 속을 까맣게 태웠던 아이는 천사 미소를 지었다. 그 미소가 모든 고통과 두려움을 덮어 주었다.

일주일 만에 퇴원해서 집으로 돌아왔다. 조카를 키워 본 경험은 있었지만, 막상 내 아이를 돌보려고 하니 쉽지는 않았다. 갓난아이는 너무 작고 여리기만 했다. 만지는 것조차 조심스러웠다. 목욕시킬 때가 특히 그랬다. 남편과 처음으로 아이 목욕을 시키는 날이었다. 미리 사 둔 아기 전용 욕조를 준비했다. 온도를 확인하고 물을 반 정도 받았다. 남편이 무릎을 꿇고 앉아 아이 머리부터 감겼다. 나는 아직 몸이 완전히 회복되지 않은 상태였다. 아이는 목욕이 좋았는지 눈을 감고 잠자코 있었다. 머리를 감기고 천천히 몸을 욕조에 담갔다. 남편은 어설프고 조심스럽긴 했지만, 아빠답게 잘 해내고 있었다. 손수건으로 아이 몸을 조금씩 닦았다. 감기에 걸릴까 봐

5분 정도 씻기고 바로 몸을 말렸다. 첫 목욕을 하는 순간이었다.

특히 힘들었던 부분은 아이가 이유 없이 울 때였다. 기저귀도 갈아 주고 분유도 먹였는데도 쉬지 않고 울었다. 열이 있나 싶어서 체온계로 재 보기도 했다. 안 되겠다 싶어 내내 안고 있었다. 아이는 혼자 자는 성향이 아니었다. 계속 안아 주다 보니 팔과 허리 쪽에 통증이 많이 생겼다.

두세 시간 간격으로 분유를 먹어야 하니 잠을 깊게 잘 수도 없었다. 백일 정도가 될 때까지 잠 때문에 힘들었다. 주변에 양육을 도와줄 사람이 한 명도 없었다. 양쪽 부모님 모두 일을 하고 있었다. 남편은 회사에 가야 하는 상황이라 낮에는 온전히 내가 아이를 돌봐야 했다. 몇 시간이라도 푹 자 보는 게 소원이었다. 그렇게 힘든 시간이 조금씩 지나가고 있었다.

힘들긴 했지만, 첫아이가 너무 예뻤다. 바로 둘째를 계획했다. 제왕 절개가 너무 힘들어서 둘째는 자연 분만으로 낳고 싶었다. 그러기 위해서는 24개 월 정도 기간을 두어야 한다고 들었다. 30개월 지난 후에, 둘째가 찾아왔다. 입덧이 첫째보다 더 심했다. 음식 냄새를 맡지 못했다. 요리하기 힘든 상황이었다. 큰애 밥은 먹여야 해서 최대한 냄새가 덜 나는 메뉴로 밥을 차렸다. 인근에 사는 남편 직장 동료 가족들이 큰애를 보살펴 준 덕분에 잠시 쉴 틈이 생기기는 했다. 입덧은 6개월 동안이나 이어졌다. 게다가 태동이 심해서 일상생활이 힘들 정도였다. 앉아 있기도 힘들어서 누워 있는 시간이 많아졌다. 초음파를 보던 의사 선생님이 움직임이 남다르다며 힘들지 않냐고 물었다.

아이를 가진 지 7개월 정도 되었을 때, 자연 분만이 힘들다는 이야기를 들었다. 하는 수 없이 근처 대학 병원으로 옮겼다. 그곳에서 검사를 다시 했고 아이를 낳을 때까지 그 병원에 다녔다.

가진통이 15일 이상 계속 이어졌다. 병원에 가기 위해 짐을 싸고 푸는 일이 반복되었다. 밤 10시쯤에 평소에 다른 진통을 느꼈다. 큰아이는 시어머니에게 맡겼다. 자연 분만은 처음이라 긴장되었다. 다른 산모들의 비명 때문에 더 그랬다. 간호사 한 명이 시간마다 체크해 주고 손도 잡아 주어서 그나마 위로가 되었다.

진통이 3분 간격으로 오기 시작했다. 분만실로 옮겼다. 허리가 부러질 듯 아팠다. 생리통의 수십 배 정도의 고통이 전해졌다. 형광등 불빛에 눈이 부셔서 눈을 감았다. 의사 선생님은 의식을 잃었다고 생각해서 계속 눈을 뜨라고 했다. 단지 눈이 아파서 감고 있는 거라 말했다. 그 뒤로 힘주라는 말과 호흡하라는 말밖에 기억나지 않는다. 30분 정도 지났을 때 아기 울음소리가 들렸다. 또 아들이었다.

둘째는 어릴 때부터 활동량이 많았다. 당시 집에서 벤자민 고무나무 화분을 여러 개 키우고 있었다. 화장실 청소를 하고 나왔는데 벤자민 잎이 모두 사라지고 없었다. 둘째 소행이었다. 두 돌쯤 지났을 때였다. 놀이터에서 놀다가 넘어져 이마를 찧었다. 피가 멈추지 않았다. 119에 바로 신고했다. 병원에 가서 응급 처치를 받기도 했다. 첫째보다 손이 많이 가는 아이였지만, 막내라 늘 사랑스러웠다.

부모는 자신을 희생하면서도 자식을 위해 웃을 수 있는 유일한 존재다. 아이를 낳고 키우는 과정이 녹록지 않았다. 그럼에도 아이가 주는 기쁨이 더 커서 둘째를 낳았다. 아이가 아파서 고민했던 것도,

아이 때문에 잠들지 못했던 시간도, 때론 사고를 쳐서 걱정했던 순간도 자식이라 이겨 낼 수 있었다. 세상에 그런 존재가 있다는 것만으로 살아가는 충분한 이유가 된다.

2.
결핍은 상처가 아니라, 사랑의 원동력

김정선

　어린 시절, 부모님은 타지에서 식당을 운영했다.

　항상 바빴기 때문에 우리 삼 남매는 자연스럽게 할머니 손에서 자랐다. 그런데 이상하게도 귤이 열 개 있으면 항상 오빠는 다섯 개, 나는 세 개, 여동생은 두 개를 받았다. 아무도 이러한 분배 방식에 대해 의문을 품지 않았다. 나는 어느새 불공평함에 무뎌진 채 자랐다.

　조금 커서 "왜 맨날 오빠가 더 많이 가져가?" 하고 따져 본 적도 있다. 하지만 돌아온 건 할머니의 단호한 눈빛과 빗자루 세례였다. 그래도 할머니는 우리 삼 남매를 누구보다 깊은 사랑과 정성으로 돌봤다. 운동회나 소풍에는 바쁜 부모님 대신 할머니가 왔고, 일흔이 넘은 연세에도 도시락을 하루도 거르지 않고 매일 여섯 개씩 쌌다. 사랑의 양이 일치하진 않았지만, 모두가 그 사랑 속에서 부족함 없이 자랐다.

　어릴 적 나는 늘 심심했다. 딱히 할 일도 없었고, 부모님 얼굴 보기도 어려웠다. 그래서 매일 동네 친구들과 해가 질 때까지 뛰어놀거나, 도토리를 주워 할머니와 도토리묵을 만들어 먹곤 했다. 대신 공부는 자유였다. 100점을 맞으면 할머니가 칭찬을 해 줬지만, 꼭 칭찬 끝엔 "계집애가 공부 잘해서 뭐 하냐?"라는 한마디가 덧붙었다. 고등학교 진학을 앞뒀을 땐 실업계 고등학교에 가라고 하고, 대학에 간다니까 그 시간에 취직이나 하라고 했다. 이런 말을 들을 때마다, 나는 내가 어디로 가야 할지 도무지 알 수 없었다. 그럴 때마다 나는 오빠를 떠올렸다. 인문계에 갈 실력이 아니었지만 인문계 고등학교에 진학했고, 성적은 전문대 수준이었지만 끝내 재수까지 해서 4년제 대학에 들어간 우리 집 장남 말이다. 오빠를 보며 나는 어릴 적부터 '나도 인문계 고등학교에 갈 거야. 그리고 졸업하면, 꼭 4년제 대학교에 가고 말 거야.' 하고 다짐했다.

대학 입학금을 부모님에게 받으면서, 다시는 학비 때문에 손 벌리지 않겠다고 스스로 다짐했다. 그 다짐을 지키기 위해 대학교 4년 내내 평일에는 과외를, 주말에는 백화점에서 아르바이트하며 열심히 돈을 벌었다. 운이 좋게도 과외는 4년 내내 형제 둘을 한집에서 동시에 했고, 내가 근무하는 날은 이상하리만큼 장사가 잘된다며 백화점 사장님은 나를 예뻐했다. 그러다 보니 사장님은 항상 다음에 또 오라며 일당을 두세 배씩 챙겨 주시기도 했다. 내 인생 최고의 날들이었다. 학교도 무사히 졸업했고, 학교에 다니는 내내 통장 잔고도 생각보다 훨씬 두둑했다.

졸업하자마자 IMF가 터지면서 세상은 온통 불황이었다. 다행히도 나는 졸업과 동시에 바로 은행에 입사했다. 정말 행운아였다. 입사 후 남의 돈과 씨름을 하며 20대를 보냈다. 은행에는 돈이 넘쳐 났지만, 중요한 것은 그게 내 돈은 아니라는 점이다. 1원이라도 안 맞으면 집에 갈 수 없었다. 그러면서 자연스레 깨달았다. 남의 돈이 참 무섭다.

그렇게 치열한 직장 생활 속에서도 인생의 큰 선물을 하나 만났다. 바로 남편이다. 항상 내가 하고 싶은 모든 것들을 응원해 주고, 필요할 땐 든든하게 지원도 해 주는 멋진 남자다. 결혼 허락을 받으러 갔을 때 부모님은 너무 이른 나이에 결혼하는 것 같다며 걱정했지만, 남편은 씩 웃으며 말했다.

"전 다 준비됐습니다. 몸만 오면 됩니다."

그 말에 마음이 움직였고, 결국 스물일곱 살에 결혼을 결심했다. 그동안 모아 둔 돈을 부모님께 드리며 조금이나마 죄송한 마음을 덜었고, 그렇게 나만의 인생 2막이 시작되었다.

결혼 후 남편과 함께 보낸 첫 크리스마스, 몸이 어딘가 이상했다. 급히 병원에 갔더니 의사가 말했다.

"임신입니다. 다음 달에 다시 확인해 봐야 알겠지만, 지금 상태로 봐선 쌍둥이 같습니다."

이게 무슨 일일까? 지금 내가 쌍둥이를 낳는다는 걸까? 그 순간 머릿속이 하얘졌다. 주변에서 쌍둥이를 본 적도 없었는데, 쌍둥이 엄마가 된다고 하니 실감이 나지 않았다. 얼마 지나지 않아 입덧 지옥이 시작되었다. 하루하루가 어떻게 흘러갔는지도 모를 정도였다. 거의 8개월 동안 콜라 외에는 아무것도 넘기지 못했고, 다른 음식을 먹으러 하면 계속 구토하기 일쑤였다. 입원과 퇴원을 반복하다가 결국 막달에는 아기들이 너무 커져 병원에 쭉 입원해 있었고, 그렇게 쌍둥이를 낳았다.

폭우가 쏟아지던 무더운 여름, 을지병원에서 처음 나의 두 아이를 만났다. 남자아이는 3.4kg, 여자아이는 2.9kg으로 건강하게 태어난 이란성 쌍둥이였다. 서양에서는 늦게 나온 아이가 양보했다고 해서 첫째라지만 우리나라에서는 먼저 나온 아이가 첫째였고, 나의 쌍둥이들은 자연스레 오빠와 여동생이 되었다. 그러나 예정일보다 두 달이나 일찍 세상에 나온 탓에 두 아이는 오랫동안 인큐베이터에 신세를 져야 했다. 한 달 동안 몸조리도 못 하고 매일 병원에 면회하러 갔다. 그리고 아이들을 집으로 데려온 날, 진짜 전쟁이 시작됐다.

친정 엄마가 아이들을 키워 주겠다고 했지만, 도저히 아이들을 두고 은행으로 발걸음이 떨어지지 않았다. 고민 끝에 내 마음을 남편에게 털어놓았고, 남편은 흔쾌히 퇴사하고 편하게 아이들을 키우라며 나에게 큰 힘을 줬다. 물론 부모님은 직장을 그만두는 것을 걱정했지만 나는 망설임 없이 전화를 걸어 사직서를 제출했다. 그렇게 쌍둥이 엄마로서의 인생을 시작하게 되었다.

'나는 과연 좋은 엄마가 될 수 있을까?'라는 생각을 해 보지도 못한 채로 엉겁결에 쌍둥이 엄마가 된 나. 이제 나를 내 이름으로 불러 주는 사람은 없었다. 모두가 나를 "쌍둥이 엄마"라고 불렀다. 형제 중 결혼한 사람도 없고, 육아를 가까이서 본 적도 없었다. 그런 나에게 그때 그 시절 책은 정말 좋은 선배님이자, 친구가 되어 주었다. 육아 서적을 읽으며 많은 정보를 얻을 수 있었다. 세상이 좋아지면서 인터넷으로 더 많은 정보를 얻을 수 있었고, 이때부터 육아는 점차 속도와 재미가 붙기 시작했다. 하지만 계속해서 쌓여 가는 엄청난 양의 집안일이 어려웠고, 무엇보다 잠이 부족하다는 점이 힘들었다. 다행히도 친정이 가까워서 친정 부모님은 거의 매일 집에 와서 아이들을 돌봐줬다. 오랜 식당 경력으로 손맛이 일품인 엄마 덕분에 우리 가족은 곰돌이 가족처럼 통통해져 갔다.

 아이들을 키우다 보니 하루하루가 쏜살같이 지나갔다. 아이들은 30개월까지만 열심히 키우면 스스로 뭔가를 할 수 있는 나이가 되는 것 같다. 그러나 의사 표현을 하기 시작하며, 또 한 번의 전쟁이 시작되었다. 먼저 우유병을 달라며 우는 아이들을 보며 누구에게 먼저 줘야 하나 항상 고민스러웠고, 서로 안아 달라며 동시에 우는 아이들을 보면 속이 상했다. 하나밖에 없는 책을 서로 읽어 달라며 싸우는 아이들, 똑같은 크기의 사과를 보며 서로 자기 것이 작다며 우는 아이들. 나에게 큰 숙제가 생겨 버린 것이다. 아이들을 차별 없이 키우고 싶었는데, 두 아이는 매번 똑같은 것을 가지고도 서로 남의 떡이 더 커 보인다며 울고 싸웠다. 공평하게 키우고 싶었던 다짐은 포기하는 마음이 될 때가 많았다. 그래도 매번 마음을 다잡으며 정성을 다하려고 노력했다.

 누구나 시련이나 고민은 있다. 어리석은 사람은 이 시련을 벽으로만 느낀다. 현명한 사람은 디딤돌로 삼아 더 나은 성장을 이루어 낸다. 어린 시절 받았던 차별은 나에게 큰 상처가 되었다. 하지만 그 상황에 굴하지 않았다. 더 나은 삶을 살기 위해 애썼다. 우리 아이들에게 내가 받은 고통을 주고 싶지 않았다. 가능하면 둘 다 존중하면서 키우려 했다. 지금도 시행착오를 겪고 있지만, 매 순간 더 나은 방법을 찾아가는 중이다.

3.
사랑 없이는 부모가 될 수 없다

김주연

꽃 같던 아이가 시들어 가고 있었다. 사소한 것에도 웃음이 터지던 아이의 얼굴에서 웃음기가 사라졌다. 자신감이 없어 보였다. 없는 시간을 쪼개어 웅변대회에 데리고 다녔고, 무대에 많이 세우며 크고 작은 상도 받게 했다. 같은 실수를 반복하지 않고 스스로 잘하는 아이로 만들기 위해 모든 것을 세심하게 챙겼다. 내가 힘을 낼수록 아이는 웃음을 잃고 무기력해져만 갔다.

매일 아침 7시에 출근해서 밤 11시에 집에 도착했다. 열일곱 시간 서서 일하면서도 지치는 기색을 보이지 않았다. 직원에게는 모범이 되고, 고객에게는 서비스의 기본자세를 보여 준다고 생각했기 때문이다. 직장에서도 가정에서도 잘하고 있는지 늘 스스로 따지며 채근했다. 그런 내가 집에 돌아와서 할 수 있는 일은 딸의 숙제나 일기를 살피는 정도였다. 피곤하지만 꼼꼼하게 살폈다. 부족한 부분을 빠르게 피드백해서 아이가 수정하고 성장하도록 하는 것이 나름의 엄마 역할이라고 생각했다.

퇴근하자마자 숨 돌릴 틈 없이 딸의 학원 과제 노트와 일기장을 펼쳤다.

"이건 어제 쓴 거야? 띄어쓰기 또 틀렸네. 어제도 얘기했잖아. 일기는 하루 생활 중 뭔가 깨달은 것을 긍정적으로 쓰라고 했지!"

내 말투가 날카롭다는 걸 나도 안다. 그런데 같은 실수를 보는 순간 나도 모르게 목소리가 높아진다. 아이는 말없이 고개를 숙인다. 작은 어깨가 움찔하는 게 보인다. 그 순간 나도 가슴이 철렁 내려앉는다. 그렇지만 나약한 엄마가 되기 싫어서 못 본 척했다.

빠르고 강한 지시와 지적이 아이를 더 빨리 완벽하게 만들어 줄 것이라 생각했다. 감성적으로 반응하는 건 나약함을 드러내는 것이라 여겼다. 힘든 가운데서도 최선을 다해 너까지 챙기고 있다는 걸 보여 주고 싶었다. 자신감 있게 능숙하게 행동하는 것이 당당한 모습이라고 알려 주고 싶었다. 하루빨리 주도적이고 능동적인 사람으로 성장하기를 바랐다. 겨우 열 살 아이에게.

학교 시험 성적표를 들고 서 있는 아이는 금방이라도 무너져 내릴 모래성 같았다. 성적표에 적힌 85점이라는 숫자는 시험 기간임에도 주말이라며 놀던 딸의 모습을 떠올리게 했다. 머리끝까지 분노가 치밀었다. 아이 몸체보다 큰 책상을 뒤집어엎고 책들을 내던졌다. 하루 24시간을 30시간처럼 열심히 해야 한다는 것을 알게 하고 싶었다. 모래성처럼 서서 울고 있던 딸이 조용히 작게 중얼거렸다.

"나는 아무것도 하고 싶지 않아."

아무것도 하고 싶지 않다던 아이의 말은 날이 지날수록 무기력한 행동으로 나타났다. 집에서도 학교에서도 웃음소리를 들을 수 없고 선생님과 가족들은 애를 태우면서도 이유를 찾지 못하고 있었다.

어느 날 횡단보도를 사이에 두고 마주한 딸은 메말라 버린 꽃잎처럼 바스러질 것 같은 표정으로 넋을 놓고 있었다. 내가 온 힘을 다해 정성을 들이며 키우고 있는 그 꽃이었다. 부모로서 누구보다 잘해 왔다고 여겼던 11년이 어쩌면 오답투성이일지도 모른다는 생각이 처음으로 들었다.

 소중한 꽃이라서 잘 키우려고 온 힘을 다하는데 왜 시들어 가는지 알고 싶었다. 여기저기 고민을 털어놓던 중 봉사 활동을 함께 하던 분의 질문에서 방향을 찾았다. 부모님으로부터 무엇을 받았는지 돌아보라고 했다.
 나의 아버지는 하루의 고단한 농사를 마치고 어둑할 때 집으로 오면서도 산딸기를 따서 호박잎에 가득 담아 오는 것을 잊지 않았다. 산딸기로 새빨갛게 물든 까슬까슬한 호박잎은 별다른 말이 없이도 느껴지는 아버지의 사랑이었다. 그런 사랑을 길게 주지는 못했다. 원인 불명의 병을 얻었기 때문이다. 유명하다는 한의원이나 병원을 찾아다녔지만 크게 효과가 없었다.
 어머니는 젊은 나이에 병들어 몸져누운 남편과 오 남매를 위해 밤낮없이 하루도 쉬지 않고 생계를 꾸렸다. 한 번도 자식들에게 잔소리하지 않았다. 지문이 닳도록 부모로서 아내로서 묵묵히 책임을 다해 살아 냈다.
 나무는 봄에 연한 싹을 틔우고 여름에 녹음으로 무성한 잎을 채운다. 작열하는 태양을 등에 업고 그 존재감을 알린다. 가을에는 회상하기 좋게 다채로운 색으로 가벼워지고, 겨울에는 모두 내어 주고 앙상함을 선택한다. 두 분은 사계절을 지나는 나무 같은 삶을 살았다. 언덕을 내어 주고 그늘을 만들어 주었다. 부모라는 이름으로 자식의 삶을 휘두르지 않았다.

부모로부터 받은 것들을 돌아보니 지금의 나는 폭주하다가 곤두박질친 기관차였다. 아이의 한마디가 나를 다시 안전한 선로 위로 돌아오도록 만들었다.

부모 역할을 훌륭히 하고 있다는 착각을 했다. 학교나 교육청에서 제공하는 부모 교육이 눈에 들어올 리 없었다. 나에게는 필요 없다고 생각했고 시간도 낼 수 없었다. 그러나 나의 부족함을 깨닫고 모든 종류의 부모 교육을 들으러 다녔다. 아이를 이해하고자 심리학을 공부하고 청소년을 위한 추천 도서를 밤새워 가며 읽었다. 공부를 통해 아이의 생명력을 메마르게 한 발원지가 나라는 것을 발견할 수 있었다.

바스러지기 직전의 위태로운 아이를 구하기 위해 내가 변해야 했다. 생각을 바꾸고 행동을 변화한다는 것은 새로 태어나는 것과 같은 재결단이 필요했다. 잠이 부족해도 매일 책을 읽었고, 공감하기 위해 애썼다. 아이는 어제와 다르게 말하고 행동하는 엄마를 의심했다. 엄마가 언제 어떻게 또 화를 내며 자신을 무력화시킬지 모른다고 생각하며 속마음을 쉽게 보이지 않았다. 애쓰는 나를 믿어 주지 않는 아이에게 서운함을 느낄 때마다 다이어리에 '참을 인忍'을 다섯 번씩 썼다. 작은 일에도 화내던 습성이 쉽게 되살아나려 했다. 이번 기회를 놓치면 영영 아이를 잃을지도 모른다는 불안함이 컸기에 나는 달라져야 했다.

3년을 노력하고서야 조금씩 편안함을 느꼈다. 나의 농담에 의심

없이 웃음을 보이고, 아이는 엄마에게 실없는 농담을 해도 안전하다는 것을 믿게 되었다. 세 번을 아이 앞에서 무릎 꿇었다. 책상을 뒤엎었던 폭력적인 일과 그때 상처 준 말들에 대해 깊이 사과했다. 첫 번째 사과는 아이도 어리둥절해하며 그냥 끄덕였다. 1년 뒤 다시 사과했을 때 아이는 정말 무서웠고 슬펐다는 말을 꺼냈다. 고등학생이 된 후 우리의 관계가 얼마나 변했고 인간적으로 좋아졌는지 이야기 나눌 때가 있었다. 아직 아이 마음에 옅은 상처가 남아 있는 듯 보였다. 엄마의 부족한 모습 때문에 생긴 마음의 상처를 그대로 두지 않기를 바라며 한 번 더 사과했다.

"그땐 엄마도 참 애썼는데, 그치? 고생했어요, 엄마."

아이의 넓은 마음이 엄마를 품어 낸다.

부모는 '불완전한 인간'으로서 아이와 함께 성장해 가는 존재임을 깨닫는 데 비싼 값을 치렀다. 부모란 불완전함 속에서도 사랑하려 애쓰는 사람이다. 부모 마음속에는 '잘되길 바라는 간절함'이 자리하고 있다.

부모 됨은 자격이 아니라 사랑을 전하는 여정이다. 사랑 없이는 부모가 될 수 없다. 그 사랑은 배우고 익히고 끊임없이 다듬어 가야 하는 살아 있는 기술이다. 내가 아이를 키우는 것이 아니라 아이가 나를 사람답게, 부모답게 키워 가는 시간들.

아이의 언어로 사랑을 보여 주자 꽃 같던 아이는 생기를 되찾았다. 불완전한 부모마저 품어 낸 아이는 이제 어딘가에 단단한 옹이를 가진 나무로 성장하고 있다.

4. 하늘이 준 선물

민혜영

홍대 근처 회사에서 일을 마치고 밤 7시쯤 버스 정류장에 거의 다 다랐다. 어떤 아저씨가 오토바이 핸들을 만지고 있는 모습이 보였다. 오토바이에 올라타지는 않은 채로. 나는 큰 도로 쪽이 아닌 가게들이 늘어선 길을 따라 걷고 있었다. 그런데 그때 갑자기 무언가가 나를 치고 지나갔다.

나도 모르게 주저앉았다. 분명 의식을 잃은 상태가 아니었는데도 순간 아무 생각이 나지 않았다. 갑자기 사람들이 나를 둘러싸는 것이 어렴풋이 느껴졌다. 동그랗게 모여 있는 사람들의 다리가 보였다. 무슨 일이지? 이때까지만 해도 상황 파악이 되지 않았다. 갑자기 누군가 소리쳤다.

"임신했잖아요."

또다시 들렸다.

"아가씨, 괜찮아요?"

"빨리 구급차 불러요."

그때 정신이 들었다. 나 임신했는데. 내 아기는…. 배를 감싸 안은 채 오열하고 있었다.

"어떡해요, 우리 아기."

누구한테 이야기했는지 모른다. 그냥 목 놓아 울었던 기억밖에 나지 않았다.

잠시 후 누군가 보호자를 알려 달라고 했다. 정신을 차려 보니 구급차 안이었다. 1번이라고 말하고 손짓을 했다. 단축 번호 1번을 눌렀는지 남편과 통화하는 소리가 들렸다. 아내분이 오토바이에 치였습니다. 이대 목동병원 응급실로 간다는 소리가 선명하게 들렸다. 아무런 힘이 없었지만, 그때 정신이 들었다. 나를 친 것이 오토바이였구나! 갑자기 어깨가 아파 왔다. 하지만 어깨가 아프다는 사실은 금방 기억나지 않았다. 두 손은 배를 꼭 안은 채 하염없이 뜨거운 눈물이 귓가로 흘러내렸다. 사랑하는 우리 아기….

사고가 난 날은 육아 휴직계를 내기 일주일 전이었다. 산부인과와 정형외과 검사를 모두 마쳤다. 어깨가 부러졌기에 정형외과 병실에 입원했다.

사랑하는 우리 아기의 태명은 '행복이'다. 행복이가 우리 부부 곁을 떠나지 않았다는 사실이 천만다행이고 감사했다. 구급차에서 하염없이 흘렸던 뜨거운 눈물은 눈물이 아니라 마치 뜨거운 피라도 흘러내리는 듯한 느낌이었다.

하지만 행복이는 엄마의 뱃속에 잘 있다는 것이다. 그 하나의 사실만으로 부러진 나의 어깨는 문제 되지 않을 만큼 감사했다.

아무런 준비도 없이 입원하게 되었다. 어깨 치료는 생각보다 시간이 걸렸다. 임신 중이라 부분 마취를 하고 어깨 수술을 한 상태. 철심을 박아 둔 어깨는 아기를 낳고 1년 뒤에 빼면 된다고 했다.

언니들 모두 자연 분만을 해서 나도 당연히 그럴 줄 알았다. 하지만 자연 분만이 힘들다고 했다. 한 달 뒤면 출산 예정이었다. 의사 선생님은 자연 분만을 하게 되면 수술한 어깨가 벌어진다고 말한다. 제왕 절개를 해야만 한다는 사실이 좋지는 않았다.

한 달 정도 입원 기간 동안 회사 대표님부터 직원들까지 모두 다 녀갔다. 친구들과 가족들이 병문안을 쉴 새 없이 왔다.

그런데 어느 날, 사고를 낸 사람이 온다는 것이다. 화가 났다. 병실에서 곰곰이 생각해 보았다. 내가 왜 다쳤을까? 분명히 오토바이를 보았고, 나는 그걸 피해서 옆길로 걸었는데 말이다. 사고 이야기는 나중에 남편한테 들었다. 피자집 오토바이였고 사장님이 오토바이에 오르지 않은 채로 시동을 걸다 오토바이를 놓쳐 버렸다고 한다. 오토바이는 그대로 직진하지 않고 곡선을 그리면서 달려와 나의 왼쪽 어깨를 강타했다.

생각할수록 화가 치밀어서 합의를 해 주고 싶지 않았다. 나를 제외한 모든 가족이 합의하고 마음을 예쁘게 가져야 아기한테도 좋다고 말했다.

"혜영아, 죄는 미워하되 사람은 미워하지 말아라."

돌아가신 시아버님이 했던 말씀이 가장 기억에 남는다. 그것이 나에게도 좋은 일이라고 덧붙이던 시아버님의 목소리가 아직도 귓가에 생생하다.

임신 초기부터 했던 태교 중 가장 좋았던 것은 아빠의 목소리를 들려주는 것이다. 밤에는 아빠의 목소리로 동화책을 읽어 주었다. 고음인 엄마의 목소리도 좋지만, 중저음인 아빠의 목소리가 태아에게는 더 좋다고 들었다. 처음에는 행복이와 우리 사이의 정서적인 교감이 잘되었으면 하는 바람으로 시작했다. 시간이 흐르면서 아빠가 책을 읽어 주면 태동이 훨씬 커지는 것이 느껴졌다. 아마도 아기가 뱃속에서 동화책의 내용을 들으면서 반응하는 것이 아닐까 싶었다.

아빠의 목소리로 말을 건네는 것뿐만 아니라 손으로도 체온을 느끼게 해 주고 싶었다. 손에는 오장육부가 담겨 있다고 한다. 그래서인지 작은 손길에도 온몸의 온기가 전해져서 따뜻한 기운이 느껴졌다. 아빠는 이렇게 손으로 행복이와 교감하며 만났다. 과연 우리 행복이는 아빠의 따뜻한 체온을 정말 느꼈을까? 지금도 문득 궁금해진다. 시간이 지나면서 셋이 이야기 나누는 시간이 점점 길어졌다. 태담을 통해 아이가 건강하게 자라길 바랐다.

임신하고도 일을 계속했다. 기업에서 그래픽 디자인 분야 일을 했다. 또 부업이 하나 있었다. 바로 해외 브랜드 아동복 쇼핑몰 운영이었다. 온라인 쇼핑몰을 인수한 지는 1년 정도 되었다. 낮에는 회사에서 일을 했고, 밤에는 온라인 쇼핑몰을 운영했다. 쇼핑몰 사업이 너무 잘되고 있을 때였다. 행복이를 임신하고 한쪽 일을 접을까도 생각했다. 디자인 일은 천직이라고 생각했고, 온라인 쇼핑몰은 그야말로 신세계였다. 일하지 않는다는 생각은 한 번도 해 본 적이 없었다. 이때 디자인실 과장으로 일을 하고 있었는데, 나의 목표는 실장이 되는 것이었다. 디자인 실장 정도면 프로젝트를 총괄하는 아트 디렉터급이다. 그래서 가고자 하는 목표가 더 확실했는지도 모른다.

평일에는 회사에 있는 시간이 많았다. 태교한다기보다는 좋은 마음과 긍정적인 생각으로 일을 했다. 새로운 것을 만들어 내는 일이라 즐거울 때가 더 많았다. 회사 대표님은 여자분이었는데 나의 마음을 누구보다 잘 알아주었다. 대표님은 본인 경험담을 많이 이야기해 주었다. 임신했을 때의 이야기, 아기를 낳는 과정, 아기를 키울 때 힘들었던 일 등 대표님의 경험담은 많은 본보기가 되었다. 나도 존경하는 대표님의 행보를 따라가고 싶었다.

회사에서는 라디오와 친구를 맺었다. 이야기를 듣거나 노래를 듣거나 항상 라디오와 함께 일했다. 라디오를 들으면 아이가 흥이 많아진다는 이야기를 들었다. 많은 전문가는 태교 음악으로 클래식만이 무조건 좋은 것은 아니라고 한다. 본인이 끌리는 음악을 듣는 것이 가장 좋은 태교라고 했다. 출퇴근길에는 일부러 비발디의 「사계」를 듣기도 했다.
"혜영이 아기는 색감은 타고 날 거야."
일하면서 매일 태교하는 나에게 친구가 한 말이다. 관점에 따라 다르게 볼 수 있다는 것을 알게 되었다. 나는 회사 다니는 동안 솔직히 태교를 못 했다고 생각했는데 그게 아니었다. 자연스럽게 태교를 한 거라고 스스로 위안을 삼았다.

사고 후 마지막 한 달은 친정에서 지내기로 했다. 친정 엄마가 모든 것을 해 주니 천국이 따로 없었다. 사랑하는 행복이와 함께 꿈같은 시간을 보냈다. 엄마가 행복하면 아기도 항상 웃는다고 생각한다. 오롯이 뱃속의 태아와 시간을 함께한다는 것 자체가 행복한 날들이었다. 행복이는 엄마 아빠 만날 날을 기다리며 엄마 뱃속에서 튼튼하게 자라고 있었다. 감사한 일이다.

사람의 마음속에는 두 마리 늑대가 살고 있다. 하나는 악마이고, 하나는 천사다. 이 두 마리가 싸우면 과연 누가 이길까. "먹이를 많이 먹이는 쪽이 이긴다."라는 인디언 속담이 있다.

평소에 나는 긍정적인 편이다.

"긍정적인 생각은 부정적인 생각을 이긴다. 엄마가 행복하면 뱃속의 태아도 행복하다."

긍정적인 생각이 아이에게 좋은 영향을 미친다.

사랑하는 아기는 10개월 동안 무럭무럭 자라서 우리 부부의 곁으로 왔다. 임신했을 때부터 썼던 「엄마 뱃속 여행기」라는 엄마 일기장을 여기서 마무리한다.

큰아이가 세상에 태어나면서 첫 번째 일기장이자 한 살 이야기인 「하늘이 준 선물」이 시작되었다.

5.
부모란 영혼의 안식처

석정숙

　부모는 자식에게 못 해 준 것만 기억하고 자식은 부모가 못 해 준 것만 기억한다는 말을 들은 적이 있다.
　엄마와 옛날 얘기를 하다 보면 엄마는 "내가 해 준 게 없다. 미안하다."라는 말을 종종 한다. 나는 시골에서 중학교를 마치고 대구에서 고등학교를 다녔다. 친할머니와 사는 3년 동안 엄마는 한 번도 오지 않았다. 무관심에 화가 나고 신경질이 났다. 가끔 고향 집에 들를 때면 짜증스러운 말로 엄마 마음을 상하게 했다.
　고부간에 갈등이 있어 대구에 오지 않았다는 것을 내가 결혼하고도 한참 지나서 알게 되었다. 나를 미워해서 그런 게 아니라는 걸 알고 마음에 위안이 되었다. 부모는 자식에게 영원한 마음의 고향이다. 기쁠 때나 슬플 때 가장 먼저 떠오르는 사람이 부모다. 자식은 부모 마음 깊은 곳을 헤아리기 어렵다. 부모는 자식에게 미안한 마음을 가지고 사는 존재다.
　아들 셋에 딸 하나 키운 친정 엄마가 결혼 전에 이야기했다.
　"애 셋 낳기 전까지는 부모 마음 모른다. 시집가서 살아 봐라."
　딸 셋을 낳고 보니 그 말을 조금 이해할 수 있을 것 같다.

캠퍼스 연인으로 만나 6년 연애 끝에 결혼했다. 그 당시 남자들의 결혼 적령기는 대부분 20대 후반이었다. 말 없는 경상도 남자. 남편은 나보다 한 살이 어렸다. 스물다섯, 꽤 이른 나이에 가장이 되었다.

남편 고향은 대구지만 직장을 따라 울산에서 자리를 잡게 되었다. 양쪽 집안의 어려운 사정으로 어쩔 수 없이 남편 직장에서 내어 준 사택에서 신혼집을 꾸렸다. 말이 좋아 사택이지 연탄 때는 오래된 건물에다 외진 곳이라 시내까지는 한 시간가량 걸렸다. 열 채 남짓 있는 사택은 적막감이 돌고 외부인의 출입도 거의 없어 유배지 같은 느낌도 들었다. 시장이나 병원을 가려면 일주일에 한 번 운행하는 회사 버스를 타고 볼일을 봐야 했다. 출발 시간과 도착 시간이 정해져 있어서 늘 쫓기듯 불안했었다.

직장 생활을 하다 살림만 하니 남편 귀가 시간만 기다리게 되었다. 남편은 사람만 좋았지 직장 동료들과 밖으로 나돌기 일쑤였다. 저녁을 해 놓고 기다리면 연락도 없이 늦은 시간에 오는 일도 있었다. 낯선 도시에 남편 하나 믿고 왔는데 공기도 나쁘고 환경도 그렇고 외로움이 밀려왔다.

생리가 불규칙해서 두 달째 소식이 없어도 그러려니 했다. 느낌이 이상해서 임신 테스트기를 사서 확인해 보니 빨간색 줄이 두 개 나왔다. 병원에 가서 임신을 확인하고 기쁘기도 했지만, 실감은 나지 않았다. 남편에게 말하니 반가운 기색이 없었다. 서운한 마음이 많이 들었다. 사랑하는 사람과 함께 살고 싶어서 결혼했다. 드라마에 나오는 신혼부부처럼 알콩달콩 깨가 쏟아지는 행복한 모습을 꿈꿨었다. 현실은 달랐다. 혼자 있는 시간이 더 많았다. 아이를 가지는 문제에 대해서도 생각이 달랐다. 그런 상황에서 불쑥 아이가 생겼다. 무엇을 어떻게 할지 막막했다. 일단 시내에 있는 서점에 가서 임신·육아 책을 사고 엄마 수업을 시작했다. 보건소에 가서 임신부들에게 무료로 주는 철분제를 받아 오니 아기의 존재감이 피부로 와닿았다. 열 달 동안 뱃속에서 건강하게 자라 주기를 빌고 빌었다. 태교가 중요하다는 말은 많이 들어서 마음의 안정을 위해 노력했다. 화를 내거나 스트레스받는 일은 되도록 멀리했다. 클래식 음악이 태교에 좋다고 해서 CD 30개 세트를 사서 매일 틀어 놓고 많이 들었다. 아기의 건강을 위해 음식을 먹을 때도 5대 영양소를 생각해서 골고루 먹었다. 다행히 입덧도 없어서 잘 먹었다.

 텔레비전 광고에 나오는 음식은 다 먹고 싶었다. 한겨울에 뜬금없이 딸기가 먹고 싶었다. 배부르게 저녁을 먹은 뒤 딸기를 사 올 수 있냐고 말했더니 어이없다는듯 무시했다. 지금은 흔하지만, 그때는 제철에만 과일을 맛볼 수 있었다. 빨갛게 탐스러운 싱싱한 딸기가 자꾸 눈에 아른거렸다. 집도 시내와 멀고 차도 없고 잠잘 무렵이라 먹고 싶어도 참았다. 그때는 몰랐다. 딸기가 먹고 싶은 사람은 뱃속의 아기였다는 것을. 한겨울에 딸기 먹고 싶은 마음이 채워지지 않아 평생을 두고 남편을 원망하게 될 줄.

 배가 점점 불러오고 외출할 때 입을 만한 예쁜 옷이 없었다. 한 푼이라도 절약해서 빨리 집을 사야겠다는 마음으로 임부복 사고 싶은 마음을 억눌렀다. 고급스럽고 귀여운 원피스 옷 한 벌 입어 보지 못했다. 병원에 정기검진을 받는 날 회사 버스를 탔다. 다른 새댁이 입은 원피스 임부복을 부러운 눈으로 쳐다보기도 했다.

 매달 산부인과에 들러 초음파 검사를 받을 때면 아기에게 이상은 없는지 가슴이 콩닥콩닥 떨리기도 했다. 초음파에 생명체가 움직이는 것을 보노라면 신기하기만 했다. 누구를 닮은 아기가 태어날지 기대감도 생겼다. 시댁에서는 아들을 바랐는데 나는 딸을 원했다. 출산 예정일 하루 앞두고 양수가 터져서 급하게 병원으로 갔다. 다섯 시간의 산고 끝에 자연 분만으로 딸아이가 태어났다. 손가락 발가락이 다섯 개인지부터가 궁금했다. 건강한 아기를 가슴 위에 올려놓는 순간 생명의 탄생이 참 위대하다는 생각이 들었다. 두 번 다시 경험하고 싶지 않을 만큼 아팠다. 반면 말로 표현할 수 없는 감동의 눈물이 흐르기도 했다. 남편이 들어와 고생했다며 손을 잡아주었지만 요즘 젊은 아빠들처럼 눈물을 흘리거나 감격해 하지는 않았다. 나중에 물어보니 "기쁨보다 책임감이 너무 느껴지더라."라고 했다. 사실 철은 없어도 살아 보니 책임감은 있는 것 같다.

　시어머니가 산후조리를 해 주고 난 뒤 나 혼자 육아를 시작했다. 밤낮이 바뀐 아기를 돌보는 일이 아주 힘들었다. 우리는 밤낮이 바뀐 아이를 가슴에 안고 두 시간마다 젖병을 번갈아 가며 물렸다. 방 안 한구석에 젖은 기저귀가 쌓여 있고 짱구 베개와 아기 포대기는 어지럽게 놓여 있었다. 아이가 우리를 의지하는 것이 아니라 우리가 아이를 의지하는 기분이 들었다. 잠시 연탄을 갈고 안방에 들어오면 아기 특유의 향이 안방에 자욱이 퍼져 있었다. 또 다른 생명이 우리 곁에 와 있는 그 순간이 고마워 잠시 피곤도 잊었다.

　햇볕 쨍쨍한 날 아기 옷이랑 흰 기저귀 빨래를 빨랫줄에 널어놓으면 행복이 물밀 듯이 찾아오곤 했다.

　그러나 이 철없는 부모가 항상 문제인 것이다. 큰아이 21개월 때 연년생인 둘째가 태어났다. 12월 31일에 태어난 둘째 아이는 아빠를 닮아 피부가 까무잡잡하고 두상이 도토리 밤톨처럼 예뻤다. 애교도 많고 말귀도 잘 알아듣고 사랑스러웠다. 두 명을 키우려니 체력적으로 힘들고 마음에도 여유가 없었다. 둘째 아이는 스스로 잘할 거라는 믿음이 있어 마음을 제대로 헤아리지 못해 늘 미안하다. 그래도 다행인 것은 아이가 크게 아프지 않고 자라 주니 고마울 따름이었다. 둘째를 낳은 지 9년이란 세월이 지나 시댁에서도 아들 이야기가 없던지라 남편이 정관 수술을 했다. 그런데 뜻하지 않게 셋째가 들어섰다. 셋째를 낳으면 뭐든지 다 해 주겠다며 온갖 감언이설로 설득하였다. 재능교육 교사를 시작한 지 얼마 되지 않았던 때라 갈등을 많이 했다. 하늘에서 한 번 더 기회를 준거라 생각하고 출산을 결심하게 되었다. 첫째, 둘째 때와는 달리 남편도 술친구를 멀리하고 집에 일찍 오고 나를 편하게 해 주었다.

남편의 얼굴 사진에 이런 문구가 새겨져 있었다. '가족이 있는 곳이면 그 어느 곳이든 가정이다.' 나이 먹어 이제야 가정의 고마움을 알게 된 듯하다. 사람은 세월이 지나야 철이 드는가 보다.

인도 속담에 "가정에서 마음이 평화로우면 어느 마을에 가서도 축제처럼 즐거운 일들을 발견한다."라는 말이 있다.

준비하지 못한 채 부모가 되었다. 처음이라 모든 것이 서툴렀다. 아이를 키우는 것은 생각보다 쉽지 않았다. 가끔 욕심이 지나쳐 아이들에게 상처를 주기도 했다. 이제는 아이들 말에 귀 기울이는 부모가 되려고 한다. 간섭은 최대한 줄이고 자율적으로 살 수 있도록 애쓰고 있다.

부모의 역할은 편안한 소파와 같은 존재가 되는 것이라 생각한다. 아무 걱정 없이 편안하게 부모의 품에 기대어 사랑과 믿음을 충전할 수 있도록 말이다. 영혼의 안식처처럼.

6.
울타리

안인노

20대 중반 지금의 남편을 만났다.

같은 직장에서 일하면서도 서로의 존재를 알지 못했다. 우연히 남편 부서 선배로부터 소개팅 제의를 받았다. 1년 넘게 연애했다. 당시 나는 셋째 언니, 넷째 언니와 함께 자취 중이었는데, 셋째 언니는 혼자 자취하는 남편을 막내 남동생 같다며 가끔 불러 저녁도 함께 먹었다.

그러던 어느 날 나에게 남편과 결혼하면 어떻겠냐고 물었다. 사실 그때는 결혼 생각은 하지 않았다. 언니는 그동안 남편을 보면서 제부로 '딱'이라고 했다. 언니가 그렇게 말해서일까? 나도 남편에 대해 긍정적인 생각이 들었다. 부모님께 인사드리던 날, 언니의 입김 때문이었을까? 부모님은 남편을 마음에 들어 했다. 남편의 부모님께도 인사드렸다.

하지만 결혼 이야기가 오갈 때 걱정이 앞섰다. 친정은 형제자매가 좀 많다. 나는 4남 5녀 중 막내로 태어났다. 내 앞에 결혼하지 않은 언니, 오빠가 셋이나 있었다. 완고한 아버지는 서열대로 결혼해야 한다며 반대했다. 셋째 언니가 결혼하지 않아 내 바로 위에 언니, 오빠도 결혼 이야기를 하지 못한 상태였다. 그런데 막내인 내가 결혼한다고 하니 부모님 입장에서는 기가 찰 노릇이었다. 지금 시대에는 서열이 무슨 상관이겠냐마는, 90년대 초 시골에서는 이해하지 못할 상황이었다. 셋째 언니는 본인 때문에 결혼 못 하는 동생들을 보며 급기야 결혼 안 하겠다고 선언했다. 덕분에 막내 오빠, 바로 위 언니, 나 이렇게 세 명은 2년 사이에 결혼하여 보금자리를 찾아갔다.

1992년 9월 초, 결혼하고 6개월 뒤 아버지는 돌아가셨다. 아버지는 갑자기 배가 아파 병원에 찾았다. 급성 맹장이었다. 응급 수술을 했지만 따뜻한 봄날, 이 세상과 이별을 했다.

누가 말했던가. 이별이 있으면 새로운 만남이 온다고. 아버지가 돌아가시고 얼마 지나지 않아 나에게 큰아이가 찾아왔다. 며칠 동안 속이 좋지 않아 혹시나 하는 마음에 병원에 갔더니 "임신이네요."라고 한다. 임신요? 간호사는 임신 맞다고 재차 말하며 산모 수첩과 임신부로서 지켜야 할 내용을 안내해 주었다. 얼떨결에 산모 수첩을 들고 병원을 나섰다. 결혼했으니 임신하는 건 당연하다고 생각하면서도 집으로 오는 내내 머릿속은 혼란스러웠다. 아직 엄마가 될 준비가 되지 않아서인지, 설렘보다는 걱정이 앞섰다.

퇴근한 남편에게 산모 수첩을 보여 주며 "여보! 우리가 엄마·아빠가 된대."라고 했더니 남편도 기쁨과 걱정이 교차하는 표정이었다. 그렇게 아이와의 만남과 동시에 입덧이 시작되었다. 물만 먹어도 속이 뒤집혀 다 토해 냈다. 병원에서는 무리하면 유산할 수 있으니 최대한 움직임을 적게 하라고 했다. 신대방에서 강남까지 전철을 타고 출퇴근하였기에 일을 지속하기란 쉽지 않았다. 유산 증후가 있어 결국 다니던 직장은 그만두어야 했다. 그렇게 집에서 꼼짝하지 않고 화장실만 다니며 거의 누워서 지냈다. 창밖에 보이는 바깥세상은 나와 다른 시간을 보내고 있다. 벚꽃은 여기저기 만개하고 뉴스에서는 여의도 벚꽃 축제도 한다고 한다. 그래! 올해는 눈으로만 감상하자. 내년에 출산하면 나도 어디든 갈 수 있어. 혼자 다독이며 창문을 타고 오는 부드러운 봄바람으로 만족했다.

아버지 49재가 있어 청양에 있는 친정으로 조심조심 발걸음을 옮겼다. 집에만 누워 있다가 오랜만에 바깥바람을 쐬어서인지 기분은 한결 좋았다. 아직 입덧이 있어 속은 울렁거렸지만, 친정 엄마를 만날 수 있다는 마음에 설 다. 차창 밖 나뭇잎들은 그새 연둣빛으로 갈아입고 나를 반기듯 하였다. 매년 찾아오는 계절인데 그날따라 새로운 계절을 보는 듯했다. 이렇게 예쁜 계절을 그동안 바쁘다는 핑계로 지나쳤나 싶었다. 순간 콧노래가 나와 흥얼거리기도 했다. 한참을 달려 친정집에 도착하니 한 동네 사는 집안 어르신들이 아버지 49재 준비를 도와주고 있었다. 마루에서 전을 부치던 작은 엄마는 나를 반겨 주었다.

그렇게 못 먹어서 어떡하냐며 조개전을 건네주었다. 음식 냄새만 맡아도 헛구역질이 나왔는데, 이상하게 전은 군침이 돌았다. 작은 엄마가 준 조개전을 얼른 받아 한 입 먹었다. 너무 맛있었다. 제비 새끼처럼 옆에 빠짝 붙어 앉아 주는 대로 받아먹었다. 한참을 먹어도 멈추지 않자, 그러다 제사 지낼 것도 없이 다 먹겠다며 한 소리 한다. 그때 옆을 지나가던 엄마가 그 소리를 듣고는, 그거라도 먹어서 다행이라고 말했다. 그렇게 전을 실컷 먹고 입맛을 찾게 되었다. 입덧도 점점 사라지면서 아기도 안정기에 접어들었다.

예정일이 2주가 지났지만 아기는 나올 기미가 보이지 않았다. 의사는 계속 기다릴 수 없다며 유도 분만을 하자고 한다. 병원은 도보로 5분 거리에 있어 남편과 출산 가방을 챙겨 집을 나섰다. 병원에 도착하여 이것저것 검사 후 촉진제를 맞고 아기가 나오기만 기다렸다. 하지만 아기는 아무 반응이 없었다. 한참 뒤 의사는 다시 촉진제를 놓아 주었다. 그렇게 병원에 온 지 하루가 지나고 다음 날 되어서야 배가 아프기 시작했다. 나보다 늦게 온 산모들은 이미 출산해 회복실로 이동했는데, 나만 분만 대기실에 이틀째 있었다. 진통 간격은 짧아져 배는 아프지만, 아기는 여전히 나올 생각이 없었다. 안간힘을 쓰는 모습을 보던 남편은 이러다 산모 잡겠다며 수술해 달라고 부탁했다. 완고한 의사는 낳을 수 있다는 말만 반복했다. 탈진 직전에 분만실에 들어가 서른여덟 시간 만에 큰아이를 출산했다. 아이 울음소리 듣는 순간 정신을 잃었다. 어느새 아기는 내 가슴에 얼굴을 살포시 묻고 있었다. 손바닥만 한 생명, 쭈글쭈글한 얼굴이지만 너무나 예쁘고 귀한 천사였다. 아이를 보는 순간 그동안 힘들었던 시간이 주마등처럼 스쳐 지나갔다. 아이는 건강한 딸이었다.

힘들게 출산했다는 소리에 친정 엄마는 한걸음에 병원에 달려왔다. 엄마를 보는 순간 울음이 터졌다. 딸이 애처로워 보였는지 눈가가 촉촉해졌다.
"애썼다. 우리 딸, 잘할 거라 믿었어."
그렇게 말하며 내 손을 꽉 잡아 주었다. 하나 낳기도 이렇게 힘들었는데 엄마는 아홉 명을 어떻게 낳았을까? 한 번도 생각하지 못했다. 엄마니까 당연히 그래야 한다고 생각했었다. 이렇게 힘들었는데 어떻게 견뎠는지, 대단함을 넘어 존경스러웠다.

　나에게는 연년생 언니가 있다. 어린 시절 거의 매일 싸웠다. 그럴 때마다 엄마는 그렇게 싸울 거면 둘 중 한 명 나가라고 했다. 심하게 싸우는 날에는 부엌에 있는 부지깽이를 가지고 때렸다. 언니와 나는 엄마한테 서로 고자질했다. 둘이 쫓겨 나왔을 때도 원수처럼 으르렁거렸다. 집 밖에서 둘이 시간을 보내며 서로 의지하게 되었다. 엄마는 우리끼리 알아서 해결할 수 있도록 시간을 준 것이었다.

　한겨울 눈이 펑펑 내리던 날, 학교에서 돌아오는 길은 유난히 길고 추웠다. 대문을 열고 들어서면 "인노 왔니?"라며 이름을 부르던 엄마 목소리가 지금도 들리는 듯하다. 그 말은 안전하게 잘 다녀왔냐는 의미였다. 그때는 몰랐다. 그 말이 울타리였다는 것을. 당연하게 보호와 사랑을 받는 거라고 여겼고, 매일 따뜻한 밥과 따뜻한 잠자리가 주어지는 것으로 생각했다.

　부모님은 표현을 잘하는 편은 아니었다. 그러나 함축된 말 속에 얼마나 많은 사랑이 담겨 있었는지, 부모가 되고 나서야 알게 되었다. 지금은 곁에 없지만, 나에게 있어 세상에서 가장 든든했던 울타리는 부모가 아니었을까? 나에게 있어 울타리는 늘 기다려 주고 믿어 주는 사람이 있는 안식처 같은 곳이었다. 나도 우리 아이들에게 그런 소중한 공간이 되어 주려고 한다. 거친 세상을 살아가며 잠시 쉬어 갈 수 있도록 말이다.

7.
사랑 앞에서 서툴렀던 나, 그리고 진짜 엄마가 되기까지

유미인

시부모님 댁에서 신혼 생활을 시작했다. 남편과 함께여서 든든하긴 했지만 새로운 공간과 생활 방식, 관계들 속에서 내 자리를 찾는 일은 생각보다 쉽지 않았다. 어른들이 있는 집에서는 작은 말 한마디도 조심스러웠고, 주방의 도구 하나 쓰는 일조차 허락이 필요해 보였다.

그런데 어느 날부터 생리를 하지 않았다. 혹시나 하고 사 온 임신 테스트기를 확인해 봤는데, 곧장 두 줄이 선명하게 나타났다. 처음엔 얼떨떨했다. '설마, 이렇게 빨리?' 그런데 몇 초 지나지 않아 가슴 한편에서 벅차오르는 감정을 느낄 수 있었다. '내 안에 생명이 자라고 있구나.' 허니문 베이비. 누군가에게는 흔한 이야기일지 몰라도 내게는 마법 같았다. 사랑하는 사람과 시작한 둘만의 세계에 새로운 존재가 찾아왔다는 사실만으로 세상이 다르게 보였다.

그날 밤, 남편과 손을 꼭 잡고 아기 이름을 지어 보았다. 아들일까, 딸일까. 얼굴은 누구를 닮았을까. 우리는 핸드폰으로 아기 옷과 신발을 검색하면서 한참을 웃었다. '나 엄마가 되는 거구나.' 그 순간만큼은 모든 게 따뜻하고 안정감 있게 느껴졌다. 시부모님께 소식을 전하자 그들도 무척 기뻐해 주었다. 축복 속에 있으니 괜히 마음이 놓였다. '앞으로 잘 해낼 수 있을 거야.' 하고 스스로를 다독였다.

하지만 행복은 오래가지 않았다. 결혼한 지 6개월이 되지 않아 남편의 사업이 부도났다. 하루아침에 상황은 돌변했고, 시댁 분위기도 삭막해졌다. 이전까지만 해도 "우리 며느리"라며 웃음으로 맞아 주시던 시어머님도 어느 순간부터 말을 아꼈다. 나는 점점 눈치를 보게 되었고, 숨 쉬는 것조차 조심스러워졌다. 남편은 실의에 빠졌고, 종일 말없이 앉아만 있었다. 생계를 유지하기 위해 나는 파트타임 일을 시작했다. 아침에 허리를 펴지도 못한 채 일어나 도시락을 싸고, 대중교통을 갈아타며 출근했다. 서서히 불안이 커져 갔다. 이런 상황에서 아이를 잘 키울 수 있을까? 혼자서 화장실 바닥에 앉아 울다가, 조용히 눈물을 닦으며 밖으로 나왔다. 아무 일 없다는 듯이.

입덧은 또 다른 고비였다. 냉장고 문을 열 때마다 구역질이 올라왔다. 반찬 냄새 하나에도 눈물이 났다. 물 한 모금조차 넘기기 어려웠다. 어느 날은 출근길에 버스 안에서 쓰러질 뻔한 적도 있다. 병원에서는 충분히 쉬어야 한다고 했지만, 쉴 수 없었다. 돈도, 여유도, 기대할 곳도 없었기에…. 그 무렵 시어머님께서 "태교는 잘하고 있니?"라고 물었지만, 차마 대답을 할 수 없었다. 음악 몇 곡 들려주는 것, 아이에게 짧은 동화책을 읽어 주는 것이 전부였다. 그마저도 힘들 땐 멍하니 누워 하루를 넘기기 바빴다. 그런데도 아이에게 말을 건넬 때면 이상하게도 마음이 따뜻해졌다. '엄마는 너를 기다리고 있어.' 그건 누군가에게 처음 전하는 진심이었고, 그 말이 내 안에서 날 지켜 주는 주문이 되었다.

출산 예정일이 다가올수록 상황은 더 어려워졌다. 출산 전날까지도 아르바이트를 했다. 마지막 날, 일을 마치고 병원에 입원해 다음 날 아침 제왕 절개를 받았다. 병원비가 부족해 친오빠에게 어렵게 전화를 걸었다. 그전까지는 한 번도 돈 얘기를 해 본 적 없는 사이였다. 망설이다 "오빠, 미안한데…"라고 시작한 그 한마디에 눈물이 먼저 쏟아졌다. 산후조리 할 곳도 마땅치 않아 결국 오빠 집으로 향했다. 다행히 오빠와 올케는 따뜻하게 맞아 주었다. 아들만 키우던 집이라 그런지, 여린 여자아이에게 쏟아지는 시선은 매 순간 사랑 그 자체였다. 기저귀를 갈며 "너무 작다, 너무 예쁘다."라며 웃는 올케의 모습에, 나도 덩달아 웃게 됐다. 그곳에서의 시간은 내 인생 가장 평온한 시기였다. 짧았지만, '엄마'라는 이름을 천천히 받아들이게 된 시간이었다. 하지만 평온함은 오래가지 않았다. 삼칠일쯤, 시어머님한테서 전화가 왔다.

"애기 보고 싶다. 집으로 오너라."

몸이 아직 완전히 회복되지 않았지만 어른의 말씀이라 거절할 수 없었다. 짐을 싸서 아이를 안고 시댁으로 향했다. 도착하자마자 아이를 안아 든 시어머님은 아무 말 없이 거실로 들어갔고, 나는 조용히 짐을 풀었다. 점심시간이 되어 내어 주신 밥상에는 미역국 한 그릇과 김치 한 접시뿐이었다. 온몸이 욱신거리는 상태에서 그 밥상을 바라보며 마음 한편이 무너져 내렸다. "그동안 수고했어요."라는 말 하나가 간절했지만, 그날도 나는 아무 말 없이 밥을 삼켰다. 그리고 더 아픈 말이 돌아왔다. 아이를 안고 밖에 나갔던 어머님이 두 시간쯤 지나 돌아와서 무심히 말했다. "애가 너무 작아서 못 보겠다." 그 말은 내 심장을 내려앉게 만들었다. 열 달을 품고, 입덧을 견디고,

두려움 속에서 품었던 내 아이. 작고 연약했지만, 나에겐 누구보다 소중한 존재였다.

그날 밤, 나는 오랜 시간 아이를 가슴에 꼭 안고 잠들었다. 그때 마음속으로 조용히 다짐했다. 이 아이의 전부가 되어 주자. 어떤 외면도, 어떤 평가도, 이 아이를 향한 내 사랑을 꺾지 못하게 하자. 그 순간부터 나는 진짜 엄마가 되기 시작했다. 아이를 키운다는 건 단지 밥 먹이고 잠재우는 일이 아니라, 그 아이의 울음에 귀 기울이고, 아픔에 함께 울어 주는 사람이 되는 일이었다. 세상이 작다고 외면할 때, 나는 더 단단히 아이를 품었다. 내 품이, 이 세상에서 가장 안전한 곳이 되기를 바라며.

나는 지금도 부족한 부모다. 좋은 부모가 되고 싶다는 마음은 간절하지만, 현실은 늘 나를 시험에 들게 한다. 감정이 앞서 아이에게 언성을 높이고, 바쁘다는 이유로 아이의 눈빛을 지나쳐 버릴 때도 많다. 어느 날, 아이가 내게 "엄마, 왜 화났어?"라고 물은 적이 있다. 나는 순간 아무 말도 하지 못했다. 그 작은 목소리에 죄책감이 물밀듯이 밀려왔고, 아이가 잠든 그날 밤, 아이의 얼굴을 보며 나는 한참을 울었다. '오늘도 아이에게 상처를 주지 않았을까.' 그런 날이 반복될수록, 나는 조금씩 부모라는 이름으로 자라나고 있었다. 놀랍게도, 아이는 그런 나를 있는 그대로 받아 준다. 미안한 마음으로 다가가면, 아이는 먼저 안긴다. 그리고 말한다.

"괜찮아, 엄마."

그 말은 세상의 어떤 위로보다 강력하다. 그 짧은 한마디에 모든 자책이 눈물로 녹아내리고, 다시 마음을 다잡게 된다. 내일은 오늘

보다 더 웃어 주자. 조금 더 안아 주고, 조금 더 기다려 주는 엄마가 되자.

　아이의 손을 잡고 걷는 어느 날, 그 작고 따뜻한 손끝에서 문득 이런 생각이 들었다. '아, 내가 이 아이의 세상이 되어야 하는 게 아니라, 이 아이가 내 세상을 바꿔 주고 있었구나.' 부모란, 실수하지 않는 완벽한 존재가 아니라 사랑하려는 마음 하나로 매일 다시 시작하는 사람이다. 나는 아이를 키운다고 생각했지만, 돌아보면 아이가 나를 부모로 자라나게 했다. 그리고 그 모든 날이, 나를 더 따뜻한 어른으로 만들어 주었다. 내 아이는 내가 사랑을 배우는 이유이고, 내가 더 나은 사람이 되고 싶은 가장 소중한 존재다.

8.
인내라는 이름으로

윤현호

　고등학교 2학년 때 군인이 되고 싶었다.
　그러나 내 주변에는 군인이 없었다. 우연한 기회에 대위인 남자 한 명을 알게 되었다. 인터넷이 발달하지 않은 시대라 현직에 있는 사람에게서 정보를 얻는 것이 가장 좋은 방법이었다.
　그 사람과 나는 열 살 차이가 났다. 군에 관한 지원 양식이라든지 참고해야 할 것이 무엇인지 알기 위해 3개월을 만났다. 그는 인상이 선했고 175㎝ 키에 마른 체격으로 군복이 잘 어울렸다. 나의 이상형에 가까웠다. 군인이 되는 것을 포기하고 그 사람과 결혼했다. 3개월이 지나 첫아이가 생겼다. 남편을 닮은 아이가 태어났으면 좋겠다고 생각했다. 임신 4개월 동안 입덧이 심했다. 음식을 거의 먹지 못했다. 괴로웠다. 5개월이 되자 입덧은 자연스럽게 사라졌고 비빔밥이 생각났다. 남편과 집 근처 식당을 찾아다녔다. 건물은 허름하지만, 안에는 손님이 제법 있는 식당을 발견했다. 비빔밥을 시켰다. 배가 고파서인지 입덧이 멈춰서인지 허겁지겁 먹었다.
　내가 다섯 살 되던 해, 집 앞에 있는 미나리 논에 들어갔다. 흙탕물이 가득했다. 거머리가 내 발에 붙었다. 뒹굴며 울었다. 그때 기억 때문인지 초록색에 대한 트라우마가 생겼다. 상추, 오이, 고추를 제외하고는 시금치 같은 나물은 거의 먹지 못했다. 태교를 위해서는 영양가 있는 음식을 골고루 먹어야 했다. 어떤 음식이 좋을까? 그나마 나물이 섞인 비빔밥이 있어서 다행이었다. 아이를 출산할 때까지 일주일에 두 번씩 먹었다. 아이를 가지면서 식성도 달라졌다.

남편은 1녀 5남 중에 둘째다. 형제가 많아서인지 딸이면 좋겠다고 했다. 이름도 생각해 놓았다. 딸은 '조아해' 아들은 '조아요'라고 했다. 딸 이름은 괜찮은데 아들 이름은 마음에 들지 않았다. 돌림자를 따서 다른 이름으로 짓겠다고 했다. '조용기'라는 이름으로 짓고 싶었다. 임신 8개월쯤 남편은 직장 이동으로 부산에 가게 되었다. 나는 인천에 사는 시누이 집으로 들어갔다. 불편하기는 했지만 임신 중이라 혼자 지낼 수 없었다. 출산 예정일이 되었는데 아이가 나올 기미가 보이지 않았다. 병원에서는 2주만 더 기다려 보자고 했다. 시간이 지날수록 걱정이 되었다. 출산 예정일보다 14일이 지났다. 하루만 더 지나면 제왕 절개를 할 수밖에 없었다. 남편은 주말이면 매주 올라왔는데 그날은 야간 당직으로 인해 오지 못했다. 너무 보고 싶었다.

토요일 밤 10시쯤 진통이 왔다. 남편에게 급하게 연락했다. 늦은 시간이라 차편이 없었다. 와도 다음 날 새벽 첫차를 타고 와야 했다. 아이 낳을 때 옆에 있어 주겠다고 약속했던 남편이 없다. 눈물이 났다. 시누이와 함께 병원으로 향했다. 분만실로 들어갔다. 허리 통증이 심했다. 좌우로 몸을 움직였다. 간호사는 그렇게 하면 아이가 나오지 않는다고 참으라고 했다. 허리가 끊어지는 통증으로 인해 시간이 지체되었다. 진통이 시작되고 아홉 시간이 지났다. 견딜 수 없을 정도로 고통스러웠다. 간호사가 힘을 주라고 외쳤지만 몸이 말을 듣지 않았다. 그저 남편이 오기만을 기다렸다. 날이 밝았다. 남편이 도착해서 밖에서 기다리고 있다고 했다. 마음이 놓였다. 일요일 오전 7시 11분, 우렁찬 울음소리와 함께 딸이 태어났다. 3.5kg의 건강한 아이였다. 예정일보다 2주가 늦어 그토록 힘들었나 보다. 이제 끝났다. 내가 엄마가 되다니, 감격스러웠다. 딸의 얼굴을 보는 순간 눈물이 났다. 충남 서산에 있는 엄마 아빠가 보고 싶었다. 남편이 분만실 밖에 있어서 감사했다. 허리가 끊어지는 듯한 진통을 겪고 나니 두 번 다시 아이를 낳고 싶지 않았다.

　출산 후 몸무게가 많이 빠졌다. 딸은 태어나자마자 밤낮이 바뀌었다. 모유 수유를 했다. 살이 붙어서 통통했다. 안기도 힘들었다. 낮에는 자고 밤만 되면 안아 달라고 보채고 울었다. 졸려서 괴로웠다. 결국 아이를 안고 벽에 기대어 잤다. 딸이 백일까지 누워서 잔 적이 거의 없다. 모유가 잘 나와 1년 정도 먹였다. 돌이 되었는데도 젖을 뗄 수가 없어서 일주일 동안 시누이 집에 보냈다. 5일 후에 보고 싶어서 갔다. '엄마'하고 달려올 줄 알았는데 아는 척도 안 하고 시누이만 찾았다. 서운했다. 엄마도 몰라보냐며 화를 냈다. 고모네 집에서 사촌 오빠들이 놀아 주니까 좋았나 보다. 그 어린아이가 무얼 알았을까. 지금 생각하면 철없는 엄마였다.
　딸이 방긋 웃고 재롱부리는 모습에 출산의 고통을 잊었다. 첫돌이 되기 전에, 또 아이가 생겼다. 딸은 성장 발육이 빨라서 10개월에 걸었고 돌 때는 뛰어다녔다. 남편은 부산에서 올라와 함께 살았다. 개인적인 일로 나갈 때나 회사 야유회 갈 때도 딸을 데리고 갔다. 지갑에 딸 사진을 넣고 다녔다. 완전 딸 바보였다. 남편을 보며 친정아버지가 생각났다. 아버지는 남편보다 더했다. 중학교 1학년까지 아버지 팔을 베고 잤다. 어디든지 데리고 다녔다. 어린아이임에도 의사를 존중해 주었다. 자상했다. 아버지는 친구 같은 존재였다. 남편과 딸의 관계를 보면 나의 어린 시절과 닮았다.

딸을 데리고 동네에 나가면 할머니들이 "너 남동생 보겠구나." 했다. 놀라웠다. 둘째는 아들이었기 때문이다. 첫째 때 진통이 심해서 둘째도 걱정했는데 다행히 다섯 시간 만에 태어났다. 아들을 보는 순간 10개월의 힘듦이 눈 녹듯이 사라졌다. 스물한 살에 딸, 스물두 살에 아들, 내가 벌써 두 아이의 엄마라니 실감이 나지 않았다. 남편이 한 달간 산후조리를 해 주었다. 엄마는 시골에 계셔서 올라오지 못했다. 집안일을 잘 하지 않던 남편인데 아이가 태어나니 달라졌다. 한 달 후 엄마에게 내려갔다. 엄마가 해 주는 밥을 먹고 아이도 봐주니 몸이 회복되었다. 두 아이의 양육은 생각보다 힘들지 않았다. 딸은 제 또래보다 발육이 빠르고 활발하며 말도 잘했다. 아들은 워낙 조용하고 혼자도 잘 놀았다. 손에 연필 한 자루만 있으면 몇 시간도 즐겁게 노는 아이였다.

그런 아들을 잃을 뻔한 일이 있었다. 딸이 일곱 살, 아들이 여섯 살 때의 일이다. 7월 17일 강원도 속초에 놀러 갔다. 간식을 사려고 작은 가게에 들어갔다. 물건을 고르고 있었다. 옆에 있던 아들이 보이지 않았다. 놀라서 밖으로 나왔다. 차가 많이 다니는 길이었다. 언제 건너갔는지 맞은편에서 "엄마." 하고 불렀다. 오지 말고 그대로 가만히 있으라고 했는데 나를 보고 건너려고 했다. 그때 차 한 대가 지나갔다. 하마터면 아들이 치일 뻔했다. 얼른 건너가서 손을 꼭 잡고 같이 건넜다.

　부모란 어떤 존재일까? 아버지 어머니의 모습이 떠오른다. 난 까칠한 아이였다. 편식도 심했다. 초록 색깔 반찬은 먹지 않았고 남이 해 준 음식은 손도 대지 않았다. 몸이 약하고 잔병치레가 많았다. 사춘기에는 괜히 엄마한테 짜증 냈다. 그런 딸임에도 잔소리하지 않고 묵묵히 받아 주었다. 아들 셋, 딸 둘을 키우느라 얼마나 힘들었을까. 엄마를 생각하면 사랑을 넘어 인내라는 단어가 떠오른다. 엄마는 자식을 믿어 주고 기다려 준 거목과 같다. 나도 그런 부모가 되려 한다.

9*
아이를 품고, 삶을 배우다

이현주

"축하드립니다. 임신입니다."

그 말을 듣는 순간, 진료실 안에서 나의 시간은 천천히 흘러가기 시작했다. 기쁘기도 하고 두렵기도 한 현실 앞에서 혼란스러운 감정과 마주했다. 혼자 듣는 임신 소식이라 더 그렇다. 아이가 내 안에 있다는 것이 실감 나지 않았다. 의사 선생님은 임신 6주니 조심하라고 했다. 간호사에게 주의 사항을 들었다. 산모 수첩을 건네며 출산예정일과 검진 날짜를 꼼꼼하게 알려 준다. 날짜를 들어 보니 걱정이 앞선다.

임신 기간 내내 남편은 없을 예정이다. 일로 인해 한국에 없다. 임신 전에 결정한 일이었다. 임신 6주가 된 나를 홀로 남겨 두고 외국으로 떠났다. 혼자 집으로 돌아오는 길에서 한참 울었다. 서운하기도 하고 화가 났다. 임신하면 먹고 싶은 것도 많고 병원도 가야 하는데 혼자 해내야 한다고 생각하니 스스로가 측은해졌다.

집으로 가는 길은 새봄이 오려고 하는지 목련이 꽃망울을 피우고 있고, 개나리 진달래도 속속 보였다. 푸름이 가득한 계절이 지나고 가을이 되면 아기를 만날 수 있다는 생각은 잠시 서운함을 잊게 했다. 어떤 모습일까? 무엇을 준비해야 할까? 태교는 어떻게 해야 할까? 온갖 생각들로 가득하다.

　임신 4개월째 되는 날이다. 수업 마치고 돌아가는 길에 온몸이 쑤시고 아팠다. 오늘 수업이 많아서 더 그런가 보다. 집에 가서 쉬면 나아지겠지 생각하며 따뜻한 물로 샤워하고 누웠다. 시계를 보니 밤 11시다. 열은 내려가지 않는다. 온도를 재어 보니 40도까지 올랐다. 심지어 하혈까지 했다. 겁이 났다. 병원에 전화를 걸었다. 즉시 응급실로 오라고 했다. 응급실에서 검사하고 결과를 기다리고 있었다. 임신 신우신염이라고 했다. 열이 내려가지 않으면 수술해야 한다는 말을 들었다. 응급실에서 수액과 해열제를 맞으며 열이 내리기를 간절히 기도하며 기다렸다. 나흘째 되는 날 열이 내리고 회복되어 퇴원했다. 아이와 함께 퇴원하니 행복도 두 배다.
　퇴원 후 부모님이 전화했다. 많이 걱정했는지 목소리에 떨림이 있었다. 괜찮다는 딸 목소리에 안심했다. 부모님과 통화하니 나도 우리 부모님의 소중한 자식이라는 걸 느낄 수 있었다.

　임신 중 자주 생각했다. 좋은 부모가 될 수 있을까? 이 아이는 나를 통해 세상을 처음 배울 텐데. 나는 과연 세상에 대해 바르게 알고 있을까? 이런 질문은 나를 겸손하게 만들었다. 매일 아침 조금 더 나은 내가 되어야겠다는 다짐으로 하루를 시작했다. 어쩌면 아이가 내게 온 순간부터, 부모로서의 준비를 시작하고 있었는지도 모른다. 행동도 조심하고 말 한마디도 생각하며 대화했다. 나와 관계하는 사람들의 마음을 헤아려 보았다. 임신 초기에는 남편을 미워하고 원망했지만, 시간이 흐를수록 마음을 다스릴 수 있게 되었다.

그해 여름은 월드컵 축제 속 폭염 주의보가 연일 보도되는 해였다. 열대야로 잠도 잘 수 없고, 가만히 있어도 땀이 범벅 되어 하루에 옷도 세 번은 갈아입어야 할 정도였다. 태풍 루사로 도로가 침수되었다. 식수도 나오지 않아 다른 동네로 가서 빨래해야 하는 상황이었다. 화장실도 차를 타고 공공 기관으로 이동하면서 해결해야 했다. 휴대폰도 작동하지 않았다. 소통할 수 없어 가족들이 걱정으로 불안해했다. 임신 중인데 잘 먹고 있는지 아프지 않은지 말이다. 불편한 경험을 하면서 한 달 후 지났을까? 병원 마지막 검진 날이었다. 의사 선생님은 아이가 4.3kg으로 자연 분만은 어렵다고 했다. 자연 분만하겠다는 고집은 의미가 없었다. 건강하게 출산하려면 제왕 절개를 해야 한다고 했다. 일주일 후, 제왕 절개를 결심하고 마침내 아이를 만났다. 작고 연약한 존재가 내 품에 안겼을 때, 세상이 멈춘 것 같았다. 너무 작아서 깨질까 봐 조심스럽게 안았고, 그 눈을 바라보는 순간 말로 표현할 수 없는 벅찬 감정이 밀려왔다.
'아, 이 아이가 나를 믿고 세상에 왔구나.'
나는 그제야 진정한 부모로 태어났다고 느꼈다. 아이가 태어난 날은, 나도 다시 태어난 날이었다.
남편도 귀국하고 함께 아이를 볼 수 있어서 행복 세 배가 되었다. 20년이 지난 지금도 잊을 수 없는 순간이다. 우렁찬 울음소리로 병원을 들썩하게 했던 그 아이. 신생아실에는 내 아이를 포함해서 열두 명의 아이가 사랑스러운 모습으로 누워 있었다. 신생아실에서 보는 분들마다 아이를 보며 장군감이라고 했다. 일어나서 가방 메고 유치원 가도 되겠다고 한다. 신생아실 침대는 신생아가 누우면 공간이 많이 남는다. 하지만 내 아이는 발끝이 침대 끝에 닿아 있었다. 간호사가 신생아는 분유를 40㎖ 먹는데 우리 아이는 80㎖를 먹는다고 했다. 신생아실에서 제일 큰아이가 내 아이였다. 불편함 속에서도 건강하게 자라서 고맙고 기특했다.

부모님이 너무 기뻐했다. 무뚝뚝한 아버지는 매일 아이를 보려고 퇴근하면 병원으로 왔다. 하루도 빠짐없이 면회 시간 맞춰 얼굴을 보고 갔다. 그 모습을 통해 부모가 주는 사랑이 세상에서 가장 따뜻하고 크다는 사실을 알게 되었다. 아이는 하루가 다르게 성장했다. 젖몸살이 나서 아프지만, 고통을 참으며 젖을 물렸다. 어떤 날은 버겁기도 했지만, 아이와 함께하는 시간은 마냥 행복했다. 아이 웃음은 잠을 자지 못해 피곤해도 나를 위로해 주었다. 아이 울음은 인내심을 배우게 했다. 내가 아이를 키우고 있다고 생각했지만, 오히려 아이가 나를 키우고 있었다.

부모가 된 후, 나는 자주 스스로 질문한다. 부모란 무엇일까?
처음엔 부모의 역할을 돌봄과 책임이라고 생각했다. 하지만 시간이 지날수록 그것은 단지 시작일 뿐이라는 걸 알게 되었다. 부모가 된 나도 아이와 함께 배우고 성장하는 존재다. 기저귀를 갈아 주면 아이가 편해야 하는데 울음을 터뜨린다. 기저귀를 반대로 갈아입혔다. 얼마나 불편했을까? 완벽하지는 않더라도 늘 배우는 부모가 되려고 한다.
아이가 네 살쯤이었다. 이불을 덮어쓰고 조용하다. 무엇을 하는 걸까? 이불을 들춰 보니 비싸게 샀던 옥 목걸이를 가위로 한 알씩 자르고 있는 모습을 보았다. 그 순간 화가 나야 하는데 웃음이 나왔다. 아이의 창의적 생각을 존중해 주고 싶은 마음이 커서 웃음이 나오지 않았을까 싶다. 나와 눈이 마주치자, 환한 미소를 지으며 신나 하는 아이의 모습은 아직도 선명하다.

부모로서 아이의 가능성을 믿어 주는 역할을 무엇보다 중요하게 생각한다. 아이가 자기 삶을 스스로 개척해 나갈 수 있도록 믿음과 응원을 보내 줄 수 있다. 잘 넘어지게 내버려 두고, 언제든 손을 내밀 준비가 되어 있는 그런 존재. 그것이 내가 생각하는 부모 모습이다.

부모가 된다는 건 완벽해지는 것이 아니라 책임 있게 성장한다는 것을 이제는 안다. 아이의 웃음과 울음 속에서 공감을 배운다. 밤새 우는 아이를 달래 주면서 사랑은 말보다 행동이라는 것을 배웠다. 혼자서 숟가락 들고 밥을 먹던 날, 벅차오르던 감정이 말해 주었다. 작은 걸음마 하나에도 기다림과 인내를 알아간다. 아이를 품는 그 순간부터 함께 배우며, 사랑하며 그렇게 부모로 살아간다.

10.
서툴러도 괜찮아

임혜현

태국 북부에는 '빠이'라는 도시가 있다.

치앙마이에서 762개의 고개를 세 시간을 달려야 갈 수 있다. 공중파 여행 프로그램에도 여러 번 소개가 되어 조금은 유명하다. 지구촌 각국의 여행자가 모이는 곳이다. 치앙마이 한 달 살기를 하며 아이 둘의 손을 잡고 빠이로 갔다. 첫인상은 강원도 어딘가 숨어 있는 작은 마을 같았다. 아기자기한 마을 안에 정갈한 자연이 들어차 있었다. 뗏목을 타고 동굴 탐험을 했다. 온천수가 나오는 계곡에서 물놀이를 하며 하루를 보냈다. 저녁이 되어 숙소로 갔다. 들판 한가운데 인디언 텐트 네 개만 덩그러니 놓여 있었다. 나무로 만든 오두막이 있고 원두막과 화장실 세 칸이 캠핑장의 전부였다. 조용하다 못해 적막이 흘렀다. 식당에서 운영하는 작은 캠핑장이라 손님이 빠지면 개미 한 마리도 보이지 않았다. 그날은 유난히 고요했다. 아이들은 재미도 없고 멀기만 한 곳에 가지 말자고 차 안에서부터 내내 투덜거렸다. 내 마음대로 왔지만 낯선 곳에서 아이들과 함께 보내는 밤이 조금은 걱정되었다. 엄마의 마음을 아는지 모르는지 아이들은 텐트 안팎을 강아지처럼 이리저리 뛰어다녔다. 술래잡기를 하고 흙

놀이도 하다 보니 밤이 되었다. 사장님은 아이들이 좋아하는 캠프파이어도 만들어 주었다. 불쏘시개로 불장난도 하고 고구마도 구워 먹었다. 남은 숯불로 라면을 끓였다. 고도가 높으니 물이 끓어오를 생각을 하지 않는다. 가방을 뒤져 보아도 냄비 뚜껑은 어디에 있는지 찾을 수도 없다. 대충 익힌 라면을 나눠 먹었다. 설익은 라면 한 가닥을 서로 먹겠다고 다투는 사이 불 냄새가 온몸에 배었다. 세수도 하지 않고 텐트로 들어갔다. 원시의 삶으로 들어간 듯 그곳에서는 양치도 사치였다.

밤공기가 내려앉은 작은 텐트 안에는 정적이 켜켜이 쌓여 갔다. 들리는 소리라고는 멀리서 닭 우는 소리, 근처를 지나가는 들개 무리의 울음소리뿐이었다. 끊기듯 들어오는 전기, 멀리 떨어진 화장실, 담요를 뚫고 들어오는 추위. 이 모든 불편함 앞에서 자꾸만 의문이 들었다.

'이런 곳까지 아이들을 데려와도 괜찮은 걸까? 내가 미쳤지. 따뜻한 집에서 귤이나 까먹으며 겨울을 나면 되는 걸 왜 사서 고생하며 만리타국까지 왔을까?'

아이들에게 고생을 시켜서 미안한 마음뿐이다. 그 순간 주인아주머니가 다가왔다. 딸과 함께 옆 텐트에 있으니 걱정 말라는 말을 했다. 아니 그런 것 같았다. 눈빛으로 전한 그 말 한마디가 마치 난로처럼 따뜻했다. 혼자가 아니라는 안도감과 믿음의 온기로 가득 찼다. 그래도 텐트의 지퍼는 끈으로 꽁꽁 묶어서 잠금장치 대신했다. 아이들도 잠자리가 내내 불안했는지 내 품에 쏙 들어와 잠들었다. 둘째 아이는 잠결에 몸을 뒤척이며 중얼거렸다.

"엄마, 우리 여기 또 오자. 하늘에 별도 완전 잘 보이고 재미있어."

그 한마디에 나는 깊게 흔들렸다. 좋은 호텔도 아니고 따뜻한 물도 안 나오고 놀 거리도 없는 이곳을 아이들은 또 오고 싶은 곳이라 부른다. 그제야 깨달았다. 내가 보여 주고 싶었던 여행은 어쩌면 무언가를 볼 수 있는 힘을 길러 주는 여행이 아니었나 싶다. 좋은 숙소, 알찬 일정, 더 나은 경험도 좋지만 그날 우리가 함께 본 노을과 초록 들판, 밤하늘의 별, 주인아주머니의 미소는 더욱 좋았다.

다음 날은 반락타이라는 중국인 마을에 갔다. 중국 춘절이라 중국 관광객들로 거리는 가득 찼다. 붉은 등이 켜진 호수를 구경하고 저녁을 먹었다. 마을의 아름다움에 취해 시간 가는지 몰랐다. 어느새 땅거미가 지고 있었다. 밤길을 달려 치앙마이로 돌아갈 엄두가 나지 않았다. 숙소 몇 군데 둘러보니 모두 방이 없단다. 첫째 아이는 나를 원망했다. 왜 무작정 떠났는지 이해가 안 된다며 차에서 자야 하는 거 아니냐며 짜증을 냈다. 동네를 구석구석 돌며 방을 찾기 시작했다. 작은 슈퍼마켓 주인에게 물어 방을 구했다. 가격도 저렴하고 방 상태도 좋았다. 그때야 첫째 아이는 말했다. 사실 아까 약간 화가 났는데 우리는 방을 구할 거라고 믿었단다. 우린 행운 아니냐. 그리고 엄마는 무슨 수를 써서라도 방을 구할 거라고 생각했단다. 아이의 말에 어깨가 으쓱해졌다.

방학이면 아이들은 학원 특강과 영어 캠프로 바쁘다. 우리는 학원 대신 현지 마을에서, 텐트에서, 들판과 산에서 방학을 함께 보냈다. 비싼 돈이 들어가거나 번듯한 프로그램은 없었다. 우리가 함께한 장소와 시간만이 존재했다. 자연을 보고 감탄하며 하루하루를 보냈다. 처음 치앙마이로 떠날 때 둘째는 37개월이었다. 바쁜 남편을 대신해 육아에 집중하던 나는 몸도 마음도 지쳐 있었다. 부모가 된다는 건 상상했던 것과 달랐다. 아이가 사랑스럽기보다는 힘겹기만 했다. 그래서 아들 둘을 데리고 한국을 도망치듯 떠났다. 많은 이들이 치앙마이에서 위로를 받고 한국으로 온다고 했다. 그곳에서 나는 오랜만에 아무것도 바라지 않고 자연과 하나가 되는 시간을 가졌다. 아이들과 함께 웃고 걷고 쉬었다. 치앙마이에서 내가 한 거라곤 그저 함께 있는 것뿐이었다. 여행을 다녀와서 아이가 친구들에게 말했다. 태국에서 진짜 재밌었던 건 아무도 없는 캠핑장에서 마음껏 뛰어놀았던 거라고. 그 말이 그렇게 고마울 수가 없었다. 아이는 이미 중요한 걸 알고 있었다. 그날 이후 여행을 다르게 보기 시작했다. 아이들은 주어진 환경 속에서 만족을 배우고 작은 행복을 발견해 나갔다. 나도 못하는 것을 아이들은 스스로 해내고 있었다.

부모는 아이에게 물고기를 잡아 주는 것이 아니라 잡는 법을 알려 주는 존재다.
요즘도 종종 아이는 거기 또 갈 수 있는지 묻는다. 그 말은 결국 그날이 좋았다는 아이만의 표현 방식이었다. 낯설고 불편한 장소에서도 금세 좋은 점을 발견해 내는 것이 기특했다. 그런 태도가 살아가면서도 아이들에게 중요한 지침이 될 거라 믿는다. 스스로 결정하고 자율적으로 행동하는 법을 알려 주는 부모가 되려고 노력한다. 무슨 일이 닥쳐도 오뚝이처럼 다시 일어나서 살아갈 수 있기를.

11.*
역지사지

전재영

  평소처럼 식사를 하던 중 아내는 갑작스럽게 아이를 가지는 것이 두렵다며 딩크족으로 살고 싶다는 생각을 털어놓았다. 청천벽력과 같은 소식이었다. 나는 1남 1녀 중 장남으로 태어나, 요즘 말하는 MZ 세대로서 계획대로 안 해 본 것이 없었고, 결혼도 마음먹은 대로 척척 진행됐다. 그런 나에게 아내의 발언은 전혀 예상치 못한 것이었다. 한동안 충격에서 헤어 나오지 못해, 아내에게 "그게 말이 돼? 그럼 나랑 왜 결혼했어?"라고 소리쳤다. 다툼 이후, 내 머릿속은 혼란스러웠다. '내가 싫어진 걸까? 날 닮은 아이를 낳기 싫었던 걸까?'라는 생각이 끊임없이 이어지며 나를 괴롭혔다.
  감정이 가라앉은 후, 문득 결혼을 망설였던 순간들이 떠올랐다. 아내를 평생 책임지고 행복하게 해 주고 싶었지만, 동시에 한 사람의 인생을 책임진다는 사실이 두려웠다. 이러한 망설임은 아내도 마찬가지로 느끼고 있었을 것이다. 엄마가 되는 것에 대한 두려움을 가지고 있었던 것 같다. 아내를 깊이 사랑했기에, 입장을 이해하려 애썼다. 그날 저녁 식사 자리에서 조심스럽게 생각을 물었다. 아내는 엄마로서의 책임감이 부담스럽다고 말했다. 자신이 좋아하는 것과 하고 싶은 것을 포기해야 할지도 모른다는 사실에 두려움을 느꼈다고. 아내 마음을 제대로 이해하지 못하고 엄마 되기를 강요했던 나 자신이 부끄러웠다. 그래서 좋아하는 여행을 자주 다니며 더 행복해지자고 제안했다. 그 후 우리는 여행을 즐기며 이전에 세워 보지 않았던 새로운 계획을 세웠다. 아내가 낚시를 그토록 좋아하는지, 그리고 나와 늦은 시간까지 이야기하고 싶어 했는지 미처 알지 못했다. 우리는 많은 대화를 나누었고 3년 후, 우리에게 아이가 찾아왔다.

추운 겨울 어느 날, 그때도 낚시를 하고 있었다. 그날따라 아내는 평소 즐기던 낚시를 하지 않고 뒤편 의자에 누워 있었다. 배가 아프다며 장염일 것이라 생각하고 계속 잠을 잤다. 전날 케이크를 많이 먹어서 그런 거라며 아내를 놀렸다. 그러나 혹시나 하는 마음에 임신 테스트기를 해 보았고, 결과는 두 줄이었다. 가슴이 벅차올라 아내를 꼭 끌어안았다. 세상의 모든 별을 따다 주고 싶은 마음이 이런 것일까? 아내에게 깊은 고마움을 느꼈다. 아이 태명을 고민했다. 아이가 태어날 계절은 여름이었지만, 우리에게 처음으로 찾아온 그 겨울의 추억을 간직하고 싶어 '겨울이'라는 이름을 태명으로 지었다. '겨울이'라는 이름만으로도 추운 겨울, 아이가 처음 찾아왔던 그 여행의 소중한 기억들이 생생히 떠오른다.

"축하합니다. 임신 4주 차입니다."

산부인과 의사 선생님이 말했다. 나는 여자는 아니지만, 친정 엄마에게 가는 느낌이 이런 걸까? 아이의 상태를 보고 말해 주는 의사 선생님은 따뜻했다. 뱃속 아이를 만나러 가는 날이면 기대되고 설 다. 매주 아이가 잘 크고 있는지 보러 갔다. 시도 때도 없이 찾아오는 부모들이 있다고 했는데, 그게 바로 우리였다. 입덧이 없었던 아내는 만삭이 될 때까지도 식욕이 넘쳤다. 요리를 못하는 아내를 위해 먹고 싶은 요리를 모두 만들어 주었다. 주변 지인들이 아내가 임신했을 때 잘해야 한다는 말이 귓가에 맴돌아, 요리는 항상 내 담당이다.

 아이가 생긴 지 12주, 병원에서 연락이 왔다. 지난주 했던 기형아 검사에서 다운증후군 수치가 고위험군에 있으니 방문해 달라는 전화였다. 가슴이 철렁 내려앉았다. 서둘러 병원에 갔다. 의사 선생님의 표정이 어두웠다. 추가 검사를 권유하였고 결과는 10일을 기다려야 한다고 했다.
 "10일을 어떻게 기다려요, 선생님, 더 빠른 방법은 없을까요?"
 다급한 질문에 빠른 방법을 알려 주었다. 서울에 위치한 산부인과에 결과가 바로 나오는 곳이 있다는 것이었다. 그날 저녁 우리는 대전에서 서울로 서둘러 올라갔고 그다음 날 검사를 받을 수 있었다. 검사 결과가 나올 때까지 아무것도 손에 잡히지 않았다. 그리고 전화가 울렸다. 다행히 결과는 괜찮다고 걱정하지 않아도 된다고 했다. 아내는 펑펑 울었다. 나는 아내를 꼭 안아 주었다.
 출산 예정일이 가까워졌고, 아이의 머리가 엄마와 같은 방향으로 누워 있는 역아여서 제왕 절개를 선택했다. 그리고 아이를 만나는 날, 우리는 설레는 마음으로 준비물을 모두 챙기고 병원으로 향했다. 아내가 수술실로 들어가고 나는 밖에서 기다렸다. 떨린 마음으로 기다리고 있을 때 소리 소문 없이 누군가 나왔다. 간호사는 아이를 안고 있었고 나는 멍하니 쳐다봤다. 아이를 처음 볼 때 감격스럽거나, 눈물이 나거나 할 줄 알았다. 그런데 내 감정은 그저 '신기하다'였다. 아무 느낌이 없었다. 수술실에서 나온 아내를 보러 서둘러 입원실로 들어갔다. 아직 일어나지 않은 모습에 눈물이 났다. 일어날 때까지 울었다. 아내가 일어나고 아이가 자신에게 안겼을 때 감정을 신이 나서 설명했다. "여보는 어땠어?"라는 질문에 "나도 엄청 기뻤지."라고 거짓말을 했다. 사실 아이를 처음 볼 때 감정보단 아내가 괜찮은지 먼저 보고 싶어서 그랬던 것 같다. 정신을 차려 보니 아이가 보고 싶었다. 아이를 만나러 갔다. 깨끗이 씻은 아이는 부기도 빠져 있었고 사랑스러웠다. 그때 서야 실감이 나기 시작했다. '내가 아빠라니, 우리 아들 너무 예쁘잖아.' 핸드폰을 열고 가족과 지인들에게 자랑했다. 온통 머릿속엔 아이 생각뿐이었고 아내와 아직 일어나지 않은 미래를 얘기했다.

"결혼한다고 여자 친구 데리고 오면 어떡하지? 운동은 내가 책임지고 가르칠 테니까 나만 믿어."

이런 대화를 몇 년 동안 지속했다.

아이가 커 가면서 우리처럼 행동하고 말을 따라 하는 것이 우리 부부에게는 웃음 버튼이었다. 신기하기도 하고 놀랍기도 했다. 모든 것이 아이 위주로 바뀌었고 좋아했던 여행도 가지 못했다. 아이가 아프면 내가 다치고 아픈 것보다 더 마음이 아팠다. 아이는 평균으로 태어났지만 먹성이 좋아 우량아가 됐다. 무거운 아이를 안다 보니 아내는 허리가 늘 아팠다. 퇴근하면 이유식 만들고 아내 먹일 요리를 했다. 저녁에는 내내 아이를 돌보았다. 그러다 보니 피로가 계속 쌓였다. 이런 일들이 반복되자 종종 싸우는 일도 있었다. 하지만 서로 고생하고 있다는 것을 알고 있기에 서로를 안아 주며 울었다. 둘이서 한 명을 키우는 것도 힘들었다. 아이는 활동량이 많아지고 우리는 거실 바닥에 누워 있는 날이 많아졌다. 둘이 같이 누워 그런 생각들이 스쳐 지나갔다. '우리 부모님은 그 시대에 대체 우릴 어떻게 키운 거야?' 부모가 되지 않았으면 몰랐을 부모님에 대한 감사함과 존경심이 느껴졌다.

'역지사지易地思之'라는 말이 있다. 상대방 입장이 되어 보아야 비로소 이해할 수 있다는 뜻이다. 나 역시 부모가 되기 전까지 알지 못했다. 부모가 되고 나서야 비로소 그 마음을 알게 되었다. 커 가면서 느꼈던 부모님에 대한 서운함이, '부모님도 최선을 다하고 있었구나.'라는 이해심으로 바뀌었다. 모든 일이 마찬가지다. 상대의 입장이 되기 전까지 함부로 판단하고 비판하지 말아야 한다. 이제 조금씩, 타인을 이해하는 마음을 배워 가는 중이다.

12*
말보다 삶으로 표현해 주는 사랑

정순옥

연애 7년, 결혼 생활 26년. 무려 33년을 함께 걸어온 동반자, 남편과의 인연은 꽤나 길다.

스무 살, 세상 물정 하나 모르던 나이에 사회에 첫발을 내디뎠다. 고등학교를 졸업하고 받은 첫 제안은 두 가지였다. 하나는 월급이 높은 개인 사무실의 경리직, 다른 하나는 월급은 적지만 여직원이 많고 규모가 큰 자동차 정비 공장이었다. 주저할 것 없이 후자를 선택했다. 어릴 적부터 꿈꿔 왔던 '큰 회사'에서 일하고 싶었기 때문이다.

그렇게 기아자동차 서비스 센터의 파견 직원으로 사회생활을 시작했다. 남편은 그 옆 자동차 검사 부서에서 근무했다. "기리까이 이빠이!"를 외치며 싱글벙글 웃는, 성실하고 친절한 사람이었다. 운 좋게 카풀을 하게 되면서 함께 보내는 시간이 점점 많아졌.

몇 해가 지나고, 성실한 남편은 쌍용자동차에 입사했다. 우리는 자연스럽게 결혼을 결심했다. 시댁은 영탑리 시골의 버스 정류장에서 한참을 걸어야 닿는 산 밑의 작은 집이었다.

남편은 장손이자 장남이었다. 시어머니는 아들을 장가보내기 위해 열두 번 치르던 제사를 여섯 번으로 줄였다고 했다. 엄마는 내 결혼이 마냥 반갑지만은 않은 듯했다. 집안일 한 번 제대로 해 본 적 없는 내가 홀시어머니를 모시고 큰 살림을 해낼 수 있을지 걱정했다. 나 역시 겁이 났다. 하지만 근면하고 성실한 사람과 함께라면 어떤 일이든 해낼 수 있을 거라 믿었다. 남편은 결혼 후 1년은 시댁에서 함께 살자고 제안했다. 분가할 여유가 없어서였다. 그 순간부터 콩깍지가 스르르 벗겨지기 시작했다. 마음 한구석이 서늘해졌다. 다시 고단했던 어린 시절로 돌아가는 것만 같았다. 지긋지긋한 시골살이, 고추밭, 산 밑 집, 먼 버스 정류장…. 그 모든 것이 다시 시작될까 봐 두려웠다.

결혼 날짜를 잡고도, 불안감에 밤잠을 설치는 날이 많았다. 처음으로 '이 선택이 과연 맞는 걸까.'라는 갈등이 마음속에서 일렁이기 시작했다. 결혼 준비가 거의 끝나갈 무렵, 나는 속앓이 끝에 병이 났다. 결국 울머불며 분가하지 않으면 결혼할 수 없다고 선언했다. 힘겨운 설득 끝에, 1년의 시간이 지난 후 16평짜리 작은 아파트에서 결혼 생활을 시작했다. 안도는 오래가지 않았다. 시댁에 미운털이 박혀 주말마다 어김없이 시골로 불려 가 농사일을 도와야 했다.

그러던 어느 날, 선물처럼 첫아이가 찾아왔다. 임신하면 호사를 누린다던데 그런 축복은 나에게는 없었다. 아들 사랑이 남달랐던 시어머니는 한 끼라도 자식에게 찬밥을 주는 것을 허락하지 않았다. 그 덕에 임신 중독증으로 온몸이 퉁퉁 부은 채, 막달까지 논두렁에 앉아 밥을 해야 했다. 그나마 다행이었던 건, 평일에는 쉴 수 있다는 사실이었다. 짧지만 소중한 나만의 시간이었다.

태교라도 제대로 해 보고 싶은 마음에, 복지관 홈패션 수업에 등록했다. 손재주 없던 내가 재봉틀 앞에 앉아 만든 아기 이불과 베개는 세상 어떤 것보다 귀하고 자랑스러운 작품이었다. 원단 값이면 기성품을 사고도 남을 법했지만, 내 손으로 아이를 위해 무언가를 해 줄 수 있다는 그 자체가 기뻤다. 덜덜거리는 버스를 타고 복지관을 오가며, 뱃속 아이에게 괜찮은 엄마가 되고 싶은 마음을 전하려 애썼다.

막달이 되자, 두려움이 밀려왔다. 임신중독증으로 힘들어한다는 말에, 친정 엄마와 언니가 한걸음에 달려와 주었다.

엄마는 퉁퉁 부은 내 다리를 어루만지며 말없이 눈시울을 붉혔다. 마음이 쓰였는지 자장면과 탕수육을 시켜 주고 봉투 하나를 건네고 갔다. 그 안에는 엄마의 마음과 배려, 그리고 내가 다시 버틸 수 있는 조용한 위로가 담겨 있었다. 그날 먹은 자장면 맛을 지금도 잊을 수가 없다.

찜통처럼 무더웠던 7월 24일, 첫아이를 만난 그날은 아직도 선명하다.

가진통이 시작되어 병원으로 향하는 길, '하늘이 노랗게 보인다는 게 이런 기분이구나.' 싶었다. 진통 간격이 점점 짧아지면서 숨이 가빠졌다. 통증을 견디려고 허벅지를 꼬집으며 참았다. 그 인내의 흔적은 양쪽 허벅지에 푸르스름한 멍으로 남았다. 삐쩍 말라서 아이를 낳을 수 있겠냐고 걱정하던 시어머니의 우려와 달리, 자연 분만으로 첫아이를 무사히 낳았다.

남편은 딸이라서 더 좋다며 기뻐했지만, 시어머니는 내심 아들을 기대했던 것 같다. 새벽 4시 32분, 친정 부모님은 잠도 잊은 채 한걸음에 병원으로 달려왔다. "괜찮냐?"라며 꼭 잡아 주던 엄마의 거칠고 거무스름한 손끝이 이렇게 따뜻한 줄, 아이를 낳고 나서야 비로소 알았다.

몸조리는 친정에서 했다. 시댁에는 재래식 화장실뿐이고 욕실도 없어 고민하지 않고 친정으로 갔다. 농사일로 바빴던 엄마는 아침, 점심, 저녁, 밥만 챙겨 줄 뿐 크게 도와주지 못했다. 남편이 출근하면 아이 보는 일은 온전히 내 몫이었다. 에어컨도 없이 종일 아이와 씨름했다. 아이는 땀띠 때문에 온종일 울었다. 젖 먹이는 법을 몰라 젖몸살이 생겨 팔도 들기 힘들었다. 아이도 울고 나도 울면서, 왜 이리 힘든지 알 수 없었다. 엄마가 된다는 것이 이렇게 어려운 일인지 몰랐다.

결국 산후 우울증이 찾아왔다. 아이 울음소리에 예민해졌다. 몸조리하러 온 딸을 두고 고추밭에 나가는 엄마가 원망스러웠다. 짜증 내는 날이 많아지면서 점점 지쳐 갔다. 그럴 때마다 엄마는 내 눈치를 봤다.

종일 농사일에 지쳤을 텐데도 밤이면 젖몸살로 아픈 내게 엄마는 뜨거운 물수건을 가져와 정성스럽게 마사지를 해 주었다. 그때는 그 고단함이 얼마나 큰 사랑인지 알지 못했다. 삼칠일이 지나 집으로 오는 날까지 엄마는 내게 한마디 불평조차 하지 않았다. 오히려 잘 챙기지 못해 미안하다는 말만 했다. 그땐 그 마음을 왜 당연하게 여겼는지 모르겠다. 그 사랑과 마음이 이제야 깊이 새겨진다.

고단한 엄마의 삶이 싫었다. 늘 자신을 뒤로 미룬 채 살아가는 모습이 안쓰럽고도 답답했다. 그러나 아이를 낳고 나 또한 엄마가 되어 보니 그 삶 속에 얼마나 깊고 넓은 사랑이 깃들어 있는지 비로소 알게 되었다. 자식을 위해 평생을 고단하게 살아온 그 뒷모습 속에는 말없이 가르쳐온 엄마의 '희생'이 담겨 있었다. 순하고 조용한 성품을 지닌 엄마는 평생을 자식을 위해 살다 돌아가셨다.

글을 모르던 엄마는 도화지 한 장에 내가 사다 준 만다라 도형을 그대로 따라 그려 놓았다. 그 위에 적힌 "따뜻한 사랑을 품어요. 사랑을 나누어요."라는 글귀도 정성스레 따라 그렸다. 그림을 잘 그리고 글을 쓰며 살고 싶었던 문학 소녀 '이인재'라는 이름을 내려놓고, 평생 '엄마'라는 이름표를 달고 살아온 그 삶이 애처롭기만 했다. 살아 계실 때는 미처 깊이 들여다보지 못한 죄송함에 우리는 한참을 울었다. 엄마는 그런 사람이었다. 사랑을 말로 표현하지 않아도, 온 삶으로 보여 주는 사람. 모든 고단함을 묵묵히 견디며 한마디 원망 없이 자식을 품어 내는, 끝까지 참아 내는 강한 사람이었다.

부모란, 자신의 꿈을 내려놓고 자식의 꿈에 날개를 달아 주는 사람이다. 말보다 긴 삶으로 사랑을 증명하고, 묵묵히 뒤에서 등을 밀어 주는 사람. 그 존재만으로도 삶의 버팀목이 되는 이름, 바로 '엄마'이자 '아버지'다. 이제 나도 두 아이의 엄마로서 그 자리를 살아간다. 엄마에게 받은 사랑만큼 돌려주고, 말없이 곁에 있어 주는 사람이 되고 싶다.

13*
아이들의 눈높이에서 공감해 주는 부모

정종관

　아버지는 독자다. 할아버지가 너무 일찍 돌아가셨다. 가난한 집에서 태어나 초등학교도 마치지 못하고 한 집안의 일손으로 자랐다. 누나 둘에 여동생 하나다. 나에게는 고모만 셋인 셈이다. 나는 이렇게 아들이 귀한 집에서 장남으로 태어났다. 어린 시절을 회상해 보면 그저 자연을 벗 삼아 즐겁게 뛰어놀았던 기억이 대부분이다.

　학창 생활을 보내고 군 생활을 시작하면서 어느덧 결혼 적령기가 되었다. 휴가를 내서 광주 집에 내려갔더니 아버지가 대뜸 선을 보라고 한다. 군인이기도 하고 장남이기도 해서 아버지 의중에 따르기로 했다. 결혼 상대는 반드시 아버지가 정해 주는, 아버지 마음에 드는 사람을 아내로 맞이할 생각이었으니까. 첫 번째 선을 마치고 다른 찻집으로 옮겨서 또 선을 봤다. 여섯 번이나 계속되었지만 썩 마음에 드는 여성이 없었다. 며느리를 볼 수 있을까 하는 기대가 컸는지 많이 섭섭해한다. 그런 아버지를 뒤로하고 강원도 양구에 있는 부대로 복귀해서 군 생활을 계속해 나갔다.

이듬해에 대위로 진급했다. 고향 교회 친구에게 연락이 왔다. "야, 친구야. 선 한 번 봐라. 좋은 아가씨 소개해 줄게." 지금의 아내다. 경기도 일산에서 신혼집을 차렸다. 그리고 두 아이의 아버지가 되었다.

아내는 두 아들을 모두 광주에 있는 시댁에서 낳았고 몸조리도 했다. 아버지는 온 천하를 얻은 것처럼 기뻐했다. 당신이 독자이기 때문일 테고 첫아이를 손자로 얻었기 때문이리라.

혼자 출산하느라 고생한 아내도 위로하고, 아들도 보고 싶은 마음에 휴가를 얻기 위해서 상관에게 보고했다. "야, 아들 너만 낳았냐? 아들 낳은 게 뭐 자랑이라고. 오늘이 마침 토요일이니까 오후까지 근무하고 집에 갔다가 내일 오전에는 출근해." 당시에 교통 인프라가 잘 되어 있지도 않았고 승용차도 없었던 나로서는 하루 만에 광주 집에까지 다녀올 수 있는 방법이 없었다. 아내와 아이를 만나는 것을 포기했다. 결국 며칠이 지나서야 정식 휴가를 받아서 꿈에서나 그려 보던 아들을 볼 수 있었다. 그리고 눈길도 마주쳐 주지 않는 아내를 살짝 안아 주었다.

"고생했어. 미안해."

아내의 흐느끼는 모습이 내 가슴을 후벼 팠다. 얼마나 서럽고 무서웠을까. 둘째 아들 때도 이런 일은 반복되었다.

지금까지도 아내에게 가장 미안했던 기억 중 하나다. 진급해서 지휘관이 되었다. 부대가 아무리 바쁜 일이 있더라도 부하들에게는 출산하는 아내의 곁을 지킬 수 있도록 보장해 주었다. 몸조리 후 집에 도착했다는 소식을 들으면 아내를 통해서 미역과 소고기를 보내서 축하해 주는 일을 잊지 않았다. 내가 모셨던 지휘관으로부터 그런 선물을 받았을 때 너무 좋았고 감사했던 기억이 생생하기 때문이다. 보고 배우고 느꼈던 대로 마음 가는 대로 했을 뿐이다. 지금 생각해 보면 그런 일이 있었던 다음부터 그 전우는 군 생활을 너무나 열심히 해 주었다. 힘든 일이 있을 때마다 먼저 나서서 해결해 주는 멋진 군인으로 성장했다. 30여 년이 지난 지금도 당시 전우들을 만나면 그때 많이 고마웠었다는 마음을 전해 준다. 작은 배려가 감동을 주고 군인으로서 최선을 다할 수 있도록 동기 부여가 되었던 것이다. 군 생활 중 가장 보람이 있으면서도 잘했던 일 중 하나다.

빵점 아빠. 스스로 생각해도 그렇다. 아무리 많은 점수를 주려고 곰곰이 생각해 봐도 역시 빵점 아빠 맞다. 군 생활은 많이 바빴다. 더 높은 계급으로 진급도 해야 했다. 이런 핑계가 아빠나 남편의 역할을 소홀하게 했다. 새벽에 출근하면서 봤던 별을 다시 보며 퇴근했던 날이 대부분이었다. 당시에는 토요일 오전은 정상 근무였다. 휴일이 시작되는 토요일 오후는 물론 일요일까지도 새벽 별 보기는 일상이 되었다. 어쩌다 시간을 내서 아이들과 놀아 주기 위해 놀이터라도 간다고 하면 너무나 좋아했다. 아이들만 좋아한 것이 아니고 아내가 먼저 꽃단장을 하고 나섰다. 외출이 그렇게 좋아할 일인가?

"당신은 뭐가 그렇게도 좋은 거야? 나는 모처럼의 휴일에 쉬지도 못하는데 힘들어 죽겠구만."

퉁명스럽고 정떨어지는 말에도 웃음을 잃지 않고 행복해했던 아내다. 아들 둘을 키우면서 아내가 짊어졌을 육아의 무게가 얼마나 힘들고 고통스러웠는지 짐작이 가는 대목이다.

"여보, 아이들 때문에 고생이 많지. 나 닮아서 그런지 둘 다 개구쟁이들이야. 고모들이 나 어릴 때 모습과 똑같다고 그러시네. 미안해!"

그때 알아줬더라면 참 고마운 남편이었을 테고 지금은 더 좋은 내 편일 텐데 말이다. 정말 좋은 아빠이기도 했을 텐데.

내 좌우명은 '사람이 똑바르면 그림자도 똑바르다.'다. 대나무처럼 올곧은 생각과 행동이 그 사람의 가치를 결정하기 때문이다. 그런 삶을 살고 있다고 자부한다. 아이들이 어렸을 때부터 바른 생각으로 자라야 질풍노도의 시기를 원만하게 보낼 수 있다. 성년이 되어서도 인성 바른 사람이 될 것이라는 고정관념이 있었다. 지금도 그 생각은 변하지 않고 있다. 아이들의 사소한 행동이나 말 하나에도 간섭하고 지적을 했다. 모처럼 아이들과 즐거운 시간을 보내겠다고 나선 나들이에서도 내 성격이 그대로 나타났다. 기분 좋게 나섰다가 울면서 돌아오는 일이 빈번했다. 아내는 늘 못마땅해했다. 아이들이니까 그럴 수도 있지 않느냐는 의견이다. 내 생각은 전혀 달랐다. 세 살 적 버릇이 여든까지 간다는 주의였으니까. 이런 아빠를 만난 아이들은 행복했을까? 걸음마를 시작하면서부터 엄마 아빠의 작은 미소에도 해맑은 웃음을 선물해 주던 아이들.

지금에 와서 돌이켜 보면 참 어리석었다. 아이들 입장에서 생각하고 행동했어야 했다. 자기 주도적인 사람이 되기 위해서는 어렸을 때부터 자기 조절 능력과 동기 부여가 될 수 있는 기회를 많이 갖는 것이 필요했다. 순진무구한 아이들의 자아에 또 다른 나를 주입시키기 위한 무모한 노력이 많았다. 그것도 욕하고 때려 가면서. 그때는 최선이라고 생각했다. 아이들을 보호해 주어야 할 큰 그늘이 되어야 했다. 아이들의 놀이터가 되어 주고 짓궂은 행동에도 웃어 줘야 했다. 넘어지면 "아이고, 내 새끼." 하면서 얼른 일으켜 주는 것이 아니라 스스로 일어날 때까지 기다려 줘야 했다. 장난감을 여기저기 어질러 놓으면 놀이하듯 같이 치우면서 행복해해야 했다. 밥을 안 먹겠다고 이리저리 도망 다니면 같이 따라다니면서 웃고 즐겨야 했다. 왜? 아이이니까. 부모들의 모습을 따라 배우는 거니까.

미국의 영화감독이자 배우인 오손 웰스는 이런 말을 했다.
"자신이 해야 할 일을 결정하는 사람은 세상에서 단 한 사람, 오직 자기 자신뿐이다."
백번 옳은 말이다. 누군가의 삶을 내 뜻대로 살게 해서는 안 된다는 의미다.
아이들을 키울 때, 내 생각대로 성장해 주길 바랐다. 그게 최선이라고 생각했다. 그래서인지 아이들은 주눅이 들어 있는 경우가 많았다. 그런 아집 때문에 아내와 갈등도 자주 겪었다. 힘들어하는 가족을 보면서 생각이 조금씩 바뀌었다.
양육은 부모보다 아이들 생각이 우선되어야 한다. 그래야만 자기 주도적인 삶을 살 수 있기 때문이다. 그런 삶을 사는 아이들이 고맙고 감사하다.

14.*
길을 안내하기보다,
곁을 지키는 사람

주민정

"엄마는 왜 그렇게 다 알고 있는 척해?"

중학생이던 아이가 무심히 던진 말 한마디에, 신념에 균열이 생기기 시작했다. 나는 모르는 게 없는 엄마였다. 아니, 그런 엄마가 되어야 한다고 부단히 스스로 채찍질했다. 시험 일정도, 친구 관계도, 심지어 다음 학기 교육 과정까지 모두 꿰뚫고 있었다. 아이가 고민을 꺼내기 전에 먼저 대안을 내놓는 것이 '사랑'이라고 믿었다. 엄마는 당연히 그렇게 해야 하는 줄 알았다. 아이가 시행착오를 겪지 않도록 모든 길을 닦아 놓는 것이 엄마의 역할인 줄 알았다. 과연 '모르는 게 없는 엄마'가 좋은 엄마일까?

큰아이가 태어나면서 사회에서 쓰고 있던 가면들이 벗겨졌다. 예상 범위를 벗어나는 일이 빈번했다. 모든 걸 계획하고 통제할 수 있었던 세상은 무너졌다. 그 틈으로 나의 민낯이 드러나기 시작했다. 큰아이는 산후조리원에 들어가지 못했다. 갑자기 생긴 고열로 중환자실에 입원했고, 패혈증으로 죽을 수도 있다고 했다. 아이를 위해 모유를 유축하는 일밖에 할 수 있는 게 없었다. 처음 느낀 무기력이었다. 세상이 두렵기 시작했다. 다행히 일주일 후 퇴원하여 아이를 품에 안았다. 더 이상 '쿨내' 진동하던 여자는 없었다. 세상의 모든 일에 정답이 있는 양 자신감으로 빛나던 눈빛은 불안으로 흔들렸다. 정답을 아는 척하던 입술은 말없이 떨렸다. 세상이 두려워졌다.

 태어나서부터 아파서였을까? 병원에서는 뇌출혈이 조금 있었고, 후유증은 없을 거라고 했지만 유난히 낯가림이 심했다. 내 뒤에만 붙어 있었다. 지금 생각하면 그저 새로운 세상이 조심스러웠던 아이에게 나는 따뜻한 눈길을 주었던가? 그보다 온갖 교육적 지식을 총동원했다. 아이의 기질을 수용하기보다는 내 기준에 맞는 아이로 변화시키려 했다.

 큰아이가 다섯 살 때, 유치원에서 큰 무대를 빌려 학예회 공연을 했다. 30명 정도 되는 아이들 가운데 체육복 차림의 한 아이가 눈에 띄었다. 바로 내 아들이었다. 아이는 나와서 서 있기만 할 뿐 율동도 전혀 하지 않았다. 무대에 서고 들어가는 동안 발을 제대로 떼지도 못하고 절룩거리며 들어갔다. 그렇게 한 시간 동안에 아이는 서너 번 무대에 섰다가 들어가기를 반복했다. 당시 나는 대학원과 일과 육아를 병행하느라 여유가 없었다. 적응을 잘 못한다는 것은 알고 있었지만, 시간이 약이라는 선생님의 말만 믿었다. 아이를 보고 있노라니 얼굴이 뜨거워졌다. 나는 참 미숙했다. 그 순간에도 무대에 서 있는 아이보다 나의 부끄러움이 먼저였다. 아이가 무대에서 내려왔을 때는 다시 가면을 썼다. 너무 수고했다고, 만족스러운 표정으로 아이를 칭찬했다. 지금 다시 그 시기로 돌아간다면, 아이를 진심으로 안아 줄 수 있으련만!

아이의 상황을 객관적으로 확인해야 했다. 의사 선생님은 '선택적 함묵증'일 가능성에 대해 언급했다. 아이는 편한 사람들 사이에서는 말을 잘했다. 그런데 유치원에만 가면 말도 하지 않고, 체육 활동도 어려워했다. 지인들은 유치원 탓을 했다. 그러나 여섯 살에 다른 유치원에 갔을 때도 상황은 변하지 않았다. 병원에서는 원인 분석은 없고, 그저 아이 기질이 그렇다고 했다. 대신 사회성을 키워 주어야 하니 일대일로 시작해서 친구 관계를 서서히 넓혀 주라고 했다.

강의와 학업으로 잠시 소원했던 지인과 연락이 닿았다. 지인 아들도 큰아이처럼 낯도 많이 가리고 예민했었다. 오랜만에 본 그 아이는 붙임성 있는 성향으로 변해 있었다. 산후조리원 친구들과 매주 캠핑을 가서 어울려 놀게 한 게 큰 도움이 되었다고 했다. 죄책감이 밀려왔다. 사실 대학원에 진학하면서 나 스스로는 행복한 시절을 보내고 있었다. 그동안 우리 아이는 힘들었다는 생각이 가슴을 후벼 팠다. 혹시 저 엄마처럼 노력했다면 큰아이는 달라졌을까? 그 자책은 수년간 계속되었다. 부모로서 책임을 다하지 못한 것 같아 아이에게 미안했다. 그리고 책임져야 한다고 생각했다. 과연 이때 나의 생각은 올바른 판단이었을까? 책임지고 바꾼다는 의지보다 품어 주고 기다려 주는 포용이 더 필요했던 건 아닐까?

우리 집은 항상 놀이터였다. 큰아이는 집에서만 입을 열었다. 친구와 관계를 맺으려면 집에서만 가능했기에 집에 게임기를 장만했다. 아이뿐만 아니라 아이 엄마들까지, 때로는 위아래 형제자매들까지 함께 저녁 식사를 하고, 여행을 가고 어울렸다. 아이는 친한 친구들이 생겼고, 그 사이에서는 꽤나 인기도 있었다. 그러나 그 친구들과도 여전히 학교에서는 말을 하지 않았다. 아이의 선택적 함묵은 쉽게 나아지지는 않았다.

어느 날 종이비행기를 들고 왔다. 무심코 열어 본 종이비행기 날개에 "너는 말을 못 해!"라고 쓰여 있었다. 또 나의 불안 발작 버튼이 눌렸다. 불안이 몰려올 때마다 할 수 있는 모든 것을 쏟아부었다. 친구들을 초대를 하고, 놀이치료를 연결하고, 학부모위원으로서 학교 일에도 적극 참여했다. 그 모든 노력이 아이의 미래를 위한 것이라고 믿었다. 세상 속에서 조금이라도 덜 힘들길 바라는 마음이었다, 그리고 부모로서 무엇이든 해야만 한다는 강박이 얽혀 있었다. 결국엔 사랑이라는 이름 아래 집착이 되어 버렸다.

다행히 중학교에 진학한 후로 자기 의사를 표현하는 모습에 안도했다. 동시에, 내 손을 조금씩 놓아가는 아이의 변화가 낯설고 서운하게 느껴졌다. 중3이 되어 사춘기의 문턱에 선 아이는 점점 나와 거리를 두었다. 말수가 줄고, 자기만의 세계를 만들어 갔다. 엄마가 만들어 놓은 안전한 공간은 더 이상 필요하지 않았다.

아이의 변화에 처음엔 기뻐하지 못했다. 긴 시간을 싸웠다. 아이의 홀로서기를 그리 바랐으면서도 예전의 방식으로 아이를 붙잡으려 했다. 아이의 실패가 곧 내 실패처럼 느껴졌기 때문이었다.

"엄마, 나는 엄마의 꿈이야?"

어느 날 아이가 물었다. 그 질문 앞에서 말문이 막혔다. 아이의 성공이 보상처럼 느껴졌던 시간이 주마등처럼 스쳤다. 그 무게가 아이에게 고스란히 전해지고 있었다. 그 사실에 가슴이 먹먹해졌다.

"엄마의 꿈은 네가 아니야. 네 인생의 주인공으로 살아가는 것, 그게 진짜 내 꿈이야."

이제 완벽한 부모가 되려 하지 않는다. 대신, 불완전함도 끌어안고 함께 성장하는 동반자가 되기로 했다. 실수해도 괜찮다. "내가 너를 믿는다."라고 말할 수 있다면 그걸로 충분하다. 완벽하지 않기에 함께 울고 웃을 수 있다.

부모란, 앞서 끌어 주는 존재이기보다 옆에서 함께 걸어 주는 존재임을 깨닫는다. 아이의 삶을 이끄는 손이기보다, 언제든 잡아줄 준비가 된 손으로 남는 것. 그것이 내가 꿈꾸는 부모의 모습이다.

15.
나의 거울

허영선

    남편과 결혼하여 아들 셋을 낳고 키우면서 어느덧 32년의 세월이 흘렀다. 신혼 초, 아무것도 없던 시절 젊음과 남편에 대한 믿음만 가지고 결혼했던 것 같다. 결혼 직후 남편은 해외 주재원 발령을 받게 되었다. 독일 베를린에서의 신혼 생활은 많은 희망과 기대감을 주었다. 독일어도 배우고 외국 생활도 익히면서 좀 더 발전할 수 있는 계기가 되겠구나 싶었다. 하지만 이런 시간도 잠깐이었다. 신혼여행에서 아이가 생긴 것이다. 말 그대로 허니문 베이비. 장남에 장손이었던 남편. 맏며느리로서 첫 소임은 다한 것 같아 안심되었다. 하지만 아이가 생겼다는 놀라움과 기쁨도 잠깐이었다. 생각지도 못했던 빠른 임신에 독일 생활 계획이 틀어졌다. 남편만의 탓도 아닌데 꿈에 부풀어 세워 놓았던 계획이 틀어졌다고 원망 아닌 원망도 했다.

    첫째 아이 때는 입덧이 너무 심해서 음식을 거의 먹을 수 없었다. 남편은 바쁜 회사 일정으로 새벽에 나가고, 새벽에 들어왔다. 정신적으로나 육체적으로 너무 지쳐 있었다. 남편은 이런 내가 너무 안쓰러웠는지 한국행을 권했다. 결국 귀국해서 첫아이를 출산했다. 허리를 잘라 내고 싶을 정도로 아팠다. 난생처음 겪는 고통이었다. 정신이 희미해질 때 즈음 아기 울음소리가 들렸다. 진짜 엄마가 되었구나 싶어 뭉클하고 묵직했다. 몸은 시원하고 홀가분했다. 아이 얼굴을 보니 엄마가 떠올랐다. 엄마도 나를 이렇게 낳으셨겠구나 하는 생각에 고맙고 미안해서 눈물이 났다. 우리 엄마는 어떻게 칠 남매를 낳으며 이 고통을 다 감당했을까.

다음 날 엄마에게 전화했다.

"엄마, 이렇게 아픈데 엄마는 왜 그렇게 애를 많이 낳았어?"

"아들 낳고 싶어서 그랬지."

그 말에 엄마의 한이 느껴져서 또 눈물이 주르륵 흘렀다.

둘째 아이는 입덧도 하지 않고 아주 잘 먹었다. 큰애는 3.15kg인데 둘째는 3.85kg이라 출산의 고통은 더 심했다. 아이를 낳다가 잠깐 정신을 잃기도 했다. 힘겹게 낳았는데 이번에는 다른 문제가 기다리고 있었다. 아이가 황달이라 인큐베이터에 넣고 치료해야 한다는 것이다. 독일은 수치에 민감했다. 가슴, 손, 발, 온몸에 심전도 전극을 붙이고, 주삿바늘을 꽂았다. 발버둥 치는 아이 모습을 보면서 얼마나 울었는지 모른다. 셋째 아이는 그나마 가장 순조롭게 출산했다. 이미 아이 둘을 낳은 경험이 있어서인지 큰 어려움은 없었다.

독일에서 아들 셋을 기르며 힘들 때가 많았다. 아이들이 돌아가면서 아프거나 한꺼번에 아프면 어찌할 바를 몰랐다. 하루는 저녁 식사 후 설거지를 하는데 큰아들이 배가 아프다며 갑자기 토했다. 바닥을 닦기도 전에 옆에 있던 둘째가 설사했다. 깜짝 놀랐고, 당황스럽고 난감했지만 배탈 났다고 판단했다. 어차피 혼자 감당해야 한다는 것을 알기에 몸이 먼저 움직였다. 욕조에서 두 아이를 씻기고, 옷 갈아입히고, 따뜻한 물에 정로환을 으깨서 먹였다. 독일은 병원이나 약국이나 일찍 문을 닫아서 집에 비상약을 늘 준비해 두었다. 남편에게 전화를 걸어 "당신은 나랑 결혼했어, 회사랑 결혼했어? 애들은 나 혼자 낳았어?"라고 말해 주고 싶었지만 참았다. 화를 낸다고 달라질 일은 없으니까. 뒷정리를 다 끝내고 동화책을 읽어 주며 아이들을 재웠다. 남편이 퇴근했을 때, 어떤 하루를 보냈는지 들려주었다. 남편은 "어이구, 울 각시가 고생했네."라며 안아 주었다.

힘들 때마다 엄마 생각이 났다. 엄마는 칠 남매를 낳고 기르면서 남편에게도 자식에게도 버럭 화를 내신 적이 없다. 자식이 없는 곳에서 했을지는 모르지만 미운 말이나 욕하는 모습을 본 적이 없다. 농사일에 하숙생까지 있어 바쁘고 힘들었을 터인데 찌푸린 표정도 보지 못했다. 그런 엄마를 보면서 살아온 덕분인지 힘들어도 거칠고 험한 말은 하지 않으려 노력했다. 어려움이 있더라도 묵묵히 이겨 내고 밝게 웃으려 했다. 지금껏 살아오면서 어려운 일이 있거나 힘들 때면 늘 거울이 되어 준 엄마를 생각한다.

세 아들이 웬만큼 성장한 때였다. 남편은 늘 바빴고, 일상생활 모든 것이 다람쥐 쳇바퀴 돌아가듯 비슷했다. 아이들 키우랴, 시부모님 모시랴, 직장 생활하랴 남편 못지않게 빡빡한 생활의 연속이었다. 바쁜 생활에 익숙해져서 모든 것이 주어진 패턴처럼 돌아가고 있었다. 자칫 삶의 재미나 활력이 떨어지기 쉬운 상황이었다. 남편과의 대화도 비슷했다. 예전에는 바쁜 생활이긴 해도, 가끔은 남편과 함께 이런저런 이야기를 나눌 수 있었다. 하지만 시간이 갈수록 기회도 적어지고 시간 자체도 줄어들었다. 그럴 때, 남편에게 새로운 변화를 제안했다. 똑같은 방식으로만 살지 말고 좀 유치해도 좋으니 재미있게 살아 보자고.

『어린 왕자』에서 읽었던 "길들인다는 건, 서로에게 특별한 존재가 되는 거야."라는 부분을 언급했다. 우리는 이제 새롭게 서로를 길들이는 것이라고 말이다. 대화할 때 약간 혀 짧은 소리 또는 "할 거야."를 "할 꼬야." 이런 식으로 말을 했다. 남편도 같이 따라 하며 재미있어하는 눈치였다. 이후 우리는 좀 더 즐거운 분위기 속에서 살아가고자 노력했다.

심리 상담을 공부한 덕도 제법 보았다. 가끔 남편에게 의견을 제시하거나, 또는 남편에게 원하는 바가 있으면 잘 활용했다. 남편도 나의 의견을 많이 존중하고 따라 주었다. 이렇게 유치하면서도 서로를 배려하고 즐겁게 하고자 하는 소소한 재미를 같이 만들었다. 말과 행동으로 방에서 거실에서, 식탁에서 가족들이 보는 앞에서 보여 주었다. 우리 부부가 많이 사용하는 단어는 "따랑해용.", "고마워.", "이뽀 이뽀." 등등이다. 이런 생활을 오래 하다 보니, 아이들도 자연스럽게 받아들게 되었다. 남편 휴대폰에 저장된 '내 생의 최고의 선물'이라는 호칭을 보고 아들들이 놀랐다. 우리 부부는 서로 상대방을 생각하고 아끼는 말과 행동을 실천하고자 노력하고 있다. '근엄하게'가 아니라 서로서로 '재미있게' 하고자 한다.

최근에 들은 말이 있다. 부모님을 보면서 '결혼'에 대해 자신감을 가질 수 있게 되었다고 말이다. 엄마 아빠처럼 하면 되겠구나 하고 생각했단다. 얼마나 고마운 말인지. 아들들이 결혼하고 예쁜 며느리도 보았다. 둘째가 이렇게도 말했다.

"자식은 부모 뒷모습을 보고 크잖아요. 엄마 아빠의 자식인 것이 자랑스러워요."

우리가 미처 눈치채지 못하는 사이, 아이들은 부모의 모든 행동과 말투를 따라 한다. 심지어 표정까지도. 친정 엄마가 나의 거울이었듯 우리 부부의 모습은 아이들의 거울이 되고 있었다. 살아가면서 더욱 현명하고 어른다운 모습이 되어야지. 세 아들에게 즐겁고, 행복한 거울이 되고 싶다.

2부

흔들리면서 크는 아이

1.
부모는 방향을 정해 주는 사람이 아니라, 등불을 비춰 주는 사람이다

김용화

    성인이 된 두 아들은 지금 자신들이 좋아하는 일을 하며 살아가고 있다.

    그 모습을 바라보며 문득 지나온 시간들이 떠오른다. 두 아이는 어린 시절부터 모범생이었다. 여기서 말하는 모범은 성적만을 의미하는 것이 아니다. 스스로를 돌볼 줄 알고, 남을 배려하며 힘든 일이 생기면 부모와 고민을 나눌 줄 아는 아이들이었다. 지금도 중요한 일이 있을 때면 어김없이 전화해 상의하는 아이들을 보면 부모로서 큰 실수 없이 잘 키워 냈다는 안도감과 감사한 마음이 든다. 하지만 그 과정이 늘 순탄했던 것은 아니다. 지금의 모습에 이르기까지 수많은 시행착오와 인내의 시간도 필요했다. 아이를 키우는 과정에서 결국 내가 먼저 바뀌어야 한다는 걸 깨닫기까지 나 또한 여러 번 부딪히고 흔들려야 했다.

    큰아이는 유독 감정 표현이 섬세한 아이였다. 표정과 행동에 감정이 잘 드러났다. 작은 것 하나도 놓치지 않고 엄마를 도와주려 했다. 바쁜 아빠를 대신해서 동생을 챙기고 집안일을 도왔다. 지금 생각해 보면 아이는 자기 감정을 잘 드러내지 않고 억누르며 책임을 감당하려 했던 아이였는지도 모른다. 초등학교 때부터 카메라와 방송에 관심이 많았다. 교내 방송반에 들어간 후로는 학교가 끝나고도 영상을 찍고 편집해 보겠다며 컴퓨터 앞에 앉아 있는 시간이 늘어났다. 학창 시절 내내 방송반 활동을 꾸준히 이어 갔다. 고등학생 때는 학교 폭력 예방 교육을 주제로 한 영상을 제작해 출품했고 상까지 받았다. 처음에는 단순한 흥미로 생각해서 그냥 두었다.

그런데 또래보다 늦게 사춘기가 찾아왔다. 작은 의견 충돌이 생기기 시작했다. 엄마와 이야기도 잘했던 아이는 어느 날부터 말수가 줄고 표정이 무거워졌다. 책임감을 무엇보다 중요하게 여기던 아이가 하던 일을 미루기 시작했다. 처음에는 그저 피곤해서 그런 줄로만 알았다. 속마음을 쉽게 털어놓지 않았다. 진로와 관련된 이야기를 꺼냈을 때 아이의 눈빛이 흔들리는 것을 보았다.

그런데 어느 날 내 인생에서 처음 있는 일이 일어났다. 큰아이의 담임 선생님이 상담을 요청해 왔다. 당황스러웠다. 아이에게 무슨 문제가 생긴 건 아닌지 걱정되어 가슴이 떨리고 다리까지 후들거렸다.

학교에 도착해 선생님의 이야기를 들어 보니 다행히 걱정했던 것처럼 큰일은 아니었다. 대학 입시를 앞두고 선생님과 아이 사이에 진로와 학교 선택을 두고 의견 충돌이 있었고, 그 문제로 부모를 불렀던 것이다. 안도의 숨을 내쉬며 선생님과 많은 이야기를 나누었다. 담임 선생님은 아이가 공과대학교 컴퓨터공학과에 진학해 장학생으로 입학하길 원했다. 하지만 아이는 방송 분야를 단순한 취미가 아닌 전공이자 진로로 계획하고 있었다. 감정을 숨기던 아이는 조심스럽게 자신의 이야기를 하기 시작했다. 나와도 의견 차이를 드러내기도 했다.

　아이가 "이걸로 진로를 삼고 싶다."라고 말했을 때 당황스럽고 서운했다. "그건 취미로만 해도 되는 것 아니니? 너무 불안정한 분야잖아."라며 선을 그으려 했다. 아이는 평소와 달리 목소리를 높였다. "엄마는 내가 정말 좋아하는 게 뭔지 생각해 봤어? 나 이것 할 때 제일 행복해." 그 말에 머리를 한 대 얻어맞은 듯한 충격을 받았다. 남편은 아이의 마음을 이해하고 아이를 믿어 보자고 했다. 부모가 결정하여 보낸 대학 생활은 아이가 즐겁게 하지 못할 것이라며 아이의 의사를 존중해야 한다고 말했다. 처음에는 아이도 남편도 이해할 수가 없었다. 시간이 지나면서 아이가 좋아하는 것을 해 주는 것이 맞을지 모른다는 생각이 들었다. 그 후부터 아이가 보여 주는 열정을 믿어 보기로 했다. 방송 관련 프로그램이 열리면 함께 찾아 주고 영상 촬영을 위해 필요한 장비도 지원해 주었다. 큰아이는 열심히 준비했고 결국 자신이 원하던 대학의 방송영상학과에 진학했다. 입학 후에는 방송 산업 전반을 다루는 실무 중심의 교육 과정을 배우며 새로운 것을 알아 가는 기쁨도 있었지만, 단순히 좋아서 시작했던 방송이라는 분야가 생각보다 현실적인 어려움이 많다는 것을 알게 되었다. 자신에게 더 맞는 것이 무엇인가를 끊임없이 고민하는 것을 볼 수 있었다. 방송영상학과에서 배운 경험을 바탕으로 다양한 일을 경험했고 여러 갈림길 거쳐 지금은 처음 꿈꾸던 것과는 전혀 다른 길을 걷고 있다. 그럼에도 여전히 자신이 좋아하는 일을 하고 있다. 사람 만나는 것을 좋아하는 아이는 현재 컨설팅 일을 하며 즐겁게 살아가고 있다.

　부모는 아이가 넘어지지 않게 울타리를 쳐 주고 싶어 한다. 나 역시 아이에게 울타리를 만들어 그 안에서 안전하게 지내기를 바랐다. 진학과 진로를 엄마가 원하는 방향으로 이끌려고 했던 것이다. 지금 돌이켜 보면 아이의 가능성을 보려 하기보다 내 불안을 앞세워 통제하려 했다.

넘어져도 다시 일어날 수 있는 힘과 실패해도 다시 도전할 의지를 기르려면 허용과 신뢰가 먼저라는 것을 뒤늦게 깨달았다. 아이의 감정을 먼저 알아차리고 훈계보다는 공감이 먼저라는 것을 알게 되었다.

나만의 교육 노하우는 화려하지 않다.

첫째는 기다림 대신 일상의 틈을 활용한 대화를 하는 것이다. 사춘기의 아이들은 대체로 말수가 줄고 자기 이야기를 쉽게 꺼내지 않는다. 때로는 부모와 눈을 마주치지 않으려 한다. 이런 모습에 부모는 답답하고 조급해지기 마련이다. 하지만 억지로 끌어내려 하면 오히려 거리가 멀어진다.

큰아이가 사춘기를 겪을 때 나 역시 비슷한 경험을 했다. 어떻게든 대화를 이어 가려다 더 멀어진 적이 있었다. 그래서 전략을 바꾸었다. 저녁 식사 준비를 같이 하거나, 마트에 같이 장을 보러 갈 때 옆에 나란히 걷는 시간을 활용했다. 정면으로 묻지 않고 무심한 듯 "이건 어때?" 하고 가볍게 말을 던지면 아이는 부담 없이 자신의 이야기를 꺼냈다. 마주 앉혀 심각하게 묻기보다 생활 속에서 자연스럽게 이어 가는 대화가 훨씬 편안했다. 대화는 기다림으로 만들어지는 것이 아니라 일상의 작은 순간들을 붙잡을 때 가능하다는 것을 깨달았다.

둘째는 판단하기보다 기록하며 듣는 것이다. 말로만 들어 주는 게 아니라, 아이의 말을 메모하며 기록하는 방법이다, 중요한 대화를 나눌 때 아이가 하는 말을 메모지에 적어 보여 주었다. 작은 행동이지만 아이에게는 큰 의미가 있다. '내 이야기가 존중받고 있구나.'라는 확신을 심어 주기 때문이다.

예를 들어 아이가 진로 고민을 털어놓을 때 그 말을 그대로 적었다. "엄마는 내가 정말 좋아하는 게 뭔지 생각해 봤어?"라고 했던 말을 종이에 적었다. 그 메모를 보여 주자, 아이는 엄마가 내 말을 진지하게 듣는다고 느끼는 것 같았다. 그 뒤로도 중요한 대화를 할 때면 아이의 말을 간단히 기록했다. 그 과정을 반복하면서 아이는 자신의 생각과 의견이 존중받고 있다는 확신을 점점 더 가지게 되었다.

셋째는 아이들을 묵묵히 응원하는 것이다. 앞에서 이끄는 대신 뒤에서 조용히 지켜 주며 힘을 실어 주는 태도다. 아이가 좋아하는 방송 활동을 할 때도 간섭하기보다는 필요한 순간에만 도움을 주었다. 기존에 사용하던 삼각대가 고장 났을 때는 새로 마련해 주었다. 영상 발표가 있는 날에는 "잘해라."라는 말보다 조용히 뒤에서 지켜봐 주는 것을 선택했다. 이런 작은 배려가 오히려 아이에게 큰 힘이 되었다. 아이는 자신이 좋아하는 일을 더 당당하게 해낼 수 있다. 나 또한 그 과정을 통해 때로는 직접적인 조언보다 한 걸음 물러서서 지켜봐 주는 태도가 아이에게 큰 응원이 된다는 사실을 배울 수 있었다.

"아이들은 스스로 자라나는 존재다. 우리가 해야 할 일은 그들이 자신답게 성장할 수 있도록 사랑과 지지로 곁을 지키는 것."이라고 프레드 로저스가 말했다. 부모는 방향을 정해 주는 사람이 아니라 등불을 비춰 주는 사람이다. 나도 아이들에게 그런 등불 같은 사람이 되려고 한다.

2*
쌍둥이 20년 육아,
가장 큰 산은 입시였다

김정선

두 아이를 동시에 키우는 건 그야말로 전쟁이었다.

아침에 눈을 뜨자마자 울고, 떼쓰고, 싸우기를 반복했다. 아이들은 마치 '오늘은 엄마의 인내심을 어디까지 시험해 볼까?' 하고 작정한 것 같았다. 육아에서 가장 힘든 건 뭐니 뭐니 해도 늘 잠이 부족하다는 점이었다. 누군가 "필요한 거 있어?"라고 묻기라도 하면, 망설임 없이 "애 좀만 봐줘!"라고 외치고는 곧장 침대로 달려가 한 시간이라도 눈을 붙이려 애썼다. 하루가 멀다 하고 쓰레기봉투는 기저귀로 꽉 찼고, 우유병은 싱크대 위에 성처럼 쌓였다. 두 아이의 빨래부터 청소까지, 집안일을 종일 해도 끝이 보이질 않았다. 그렇게 집안일에 지쳐 스르륵 잠들었다가 눈을 뜨면 또다시 반복되는 하루, 마치 하루가 두세 시간밖에 되지 않는 것만 같았다.

아이들이 쑥쑥 자라 학교에 갈 나이가 되었을 때, 나는 또 다른 벽에 부딪혔다. 책만 열심히 읽으며 자라던 아이들이, 이제는 본격적으로 공부를 시작할 나이가 된 것이었다. 주변 엄마들이 영어 유치원을 이야기할 때, 나도 남편에게 조심스레 말해 보았다. "우리 쌍둥이도 영어 유치원에 보내고 싶어." 그러나 돌아온 답은 단호했다. "두 명이나 어떻게 보내?" 돈 드는 교육은 전부 반대했던 남편은 미술 학원, 태권도 학원, 피아노 학원까지 다 안 된다고 딱 잘라 거절했다. 이때를 기점으로 교육에 비협조적인 남편과의 다툼이 시작되었다. 그러나 아이들이 배우고 싶다고 할 때마다 외면할 수가 없었다. 결국 남편 몰래 하나둘, 원하는 것들을 시켜 주기 시작했다. 갈등은 계속해서 깊어졌고, 결국 나는 결심했다.
'내가 직접 돈을 벌자.'

집에서 과외를 시작했다. 의외로 다른 아이들을 가르치는 일은 즐겁고 보람찼다. 수입도 생겼고, 더는 남편 눈치를 보지 않고 원하는 학원에 아이들을 보낼 수 있었다. 피아노, 미술, 태권도, 농구, 드럼, 승마까지. 하고 싶다는 건 다 시켜줬다. 수학이나 영어는 내가 직접 가르쳐 보려 했지만, 내 아이를 가르치는 일은 정말 다른 차원의 어려움이었다. 결국 포기했다. '다른 아이들을 가르쳐서 번 돈으로 애들을 학원에 보내야겠다.'라는 현실적인 결론에 도달했다. 아이들은 무엇이든 정말 열심히 했다. 피아노든 수영이든 서로 질세라 앞다투며 연습했고, 학교에서는 반장 자리를 두고 경쟁했다. 6학년 때는 둘 다 전교 회장에 도전하겠다고 나서는 상황까지 벌어졌다. 물론 나는 어떤 순간에도 아이들 사이에서 편을 들지 않았다. 내게는 똑같이 소중했고, 최선을 다하고 있다는 사실을 잘 알고 있었기 때문이다.

초등학교 5학년이 되었을 무렵이었다. 영어 교육에 대한 아쉬움이 점점 커지던 나는, 지인의 소개로 필리핀 어학연수를 알아보게 됐다. 남편을 설득해 아이들과 함께 세부로 3개월간 떠났다. 아이들은 하루 여덟 시간, 일대일 영어 수업을 받았다. 힘들어했지만 효과는 기대 이상이었다. 돌아온 뒤 청담어학원 레벨 테스트에서 둘 다 상위 반에 배정됐다. 하지만 가장 큰 배움은 삶의 소중함이었다. 연수 중 어느 날, 현지 선생님 집에 초대를 받았다. 허름한 방 한 칸에 부모와 아이가 유모와 함께 살고 있었다. 우리 아이 또래 여자아이는 시터로서 학교에 가지 않고 아이를 돌보고 있었다. 필리핀 사람들의 삶은 우리가 상상하는 것보다 훨씬 열악했다. 돌아오는 길에 아이들은 말했다.

"엄마, 우리 진짜 감사하면서 살아야 할 것 같아."

아이들은 언제나 서로에게 자극이 되는 존재이자 가장 강력한 경쟁자였다. 대회나 시험이 있으면 늦게까지 경쟁하듯 공부했고, 새벽에 먼저 일어나 복습하는 일도 흔했다. 사춘기에는 매일같이 다투었다. 두 아이가 싸우는 모습에 지쳐 있던 나는 아들이 기숙사가 있는 고등학교로 진학하겠다고 했을 때 안도했다. 아이들이 떨어져 지내면 사이가 좋아질 거라 믿었고, 잘된 일이라고 생각했다. 하지만 지금 돌이켜 보면, 아들을 그 치열한 전쟁터에 그렇게 쉽게 보내선 안 됐다는 생각이 든다. 아들이 진학한 전국 단위 사립고는 말 그대로 전장이었다. 친구가 아닌 경쟁자들 속에서, 아들은 매일 등수로 존재를 증명해야만 했다. 시험기간이면 새벽 2~3시에 울리는 전화 벨 소리에 놀라며 잠에서 깨곤 했다. 공중전화로 전화를 건 아들은 울먹이며 자신이 얼마나 힘든지 토로했다. 나는 아무것도 해 줄 수 없어 속만 태웠다. 아들이 치열한 입시 전쟁 속에서 버티는 모습을 지켜보며, 나 역시 매일 마음이 무너지는 시간을 견뎌야 했다. 그에 비해, 집에서 고등학교를 다닌 딸은 훨씬 안정된 생활을 했다. 아이들의 고등학교 시절 내내, 무엇이 옳은 선택인지 알 수 없는 채로 늘 갈팡질팡했다.

아이들이 어렸을 때는 먹이고 입히는 것만 잘하면 된다고 생각했다. 하지만 아이들이 자라면서 자연스럽게 '교육'에 관심을 두게 될 수밖에 없었다. 그러나 두 아이를 동시에 챙기는 일은 쉽지 않았다. 같은 학년에 같은 일정, 같은 시험. 한 아이를 챙기면 다른 한 아이는 "왜 나는 안 해 줘?"라며 속상해했다. 아이들이 어렸을 때보다 훨씬 정신적으로 더 힘든 시간이 이어지고 있었다. 할 수 없이 나는 입시 공부를 시작했다. 설명회를 찾아 전국을 다녔고, 대치동 강의를 들으러 SRT를 타기도 했다. 기숙사에 있는 아들이 가끔 집에 올 때면, 이런저런 정보를 알려줄 수 있는 유능한 엄마가 되어 가고 뿌듯했다.

이때 나를 움직이게 한 건 두 가지였다. 첫째, 어린 시절 교육에 무관심했던 부모님에 대한 보상 심리.

둘째, 늘 내 편이던 남편이 교육비 문제로 어느새 내 '반대편'에 서 있다는 서운함. 지금도 가끔 아이들과 웃으며 말한다. "아빠가 하라는 대로 했으면 지금 이렇게 못 컸지."

이석원 산문집에는 이런 말이 나온다. "부모는 언제나 우리에게 두 가지 방식으로 교훈을 준다. 나도 저렇게 살아야지, 나는 저렇게 살지 말아야지." 간결한 문장이지만 너무 크게 와닿는 말이다. 자식을 키우며, 부모가 거울이라는 말이 가장 무서운 말이 되었다.

　두 아이를 열심히 뒷바라지하면서 기쁜 일도 많았고, 힘든 일도 많았다. 그러나 이 모든 과정 속에서 나는 또다시 나만의 적성을 찾았다. 입시에 대해 열심히 공부하면서 입시 전문가가 되어갔고, 주변 학부모들은 나를 만나서 대학 진학과 관련된 도움을 받고 싶어 했다. 지금은 그동안 쌓아 온 경험을 바탕으로 학원에서 입시 상담을 해 주며 누군가의 길잡이가 되어 주고 있다. 그동안 치열하게 공부해 온 두 아이는 고등학교 졸업 후 서울로 대학을 갔고, 아들은 의대생, 딸은 공대생이 되었다. 가끔 누군가가 나에게 아이들 둘을 어떻게 그렇게 잘 키웠냐며 노하우를 말해 달라고 한다. 그런데 나에게는 그런 노하우가 없다. 비결을 굳이 꼽자면, 둘이 쌍둥이로 태어났다는 점이다. 같은 시험을 보고 같은 대회를 목표로 하다 보니 둘은 말하지 않아도 자연스럽게 서로를 의식하며 더 잘하려고 애썼다.

　학교에 다녀온 아이들 앞에 따뜻한 밥을 차려 주고, 학교 이야기를 듣고 공감해 주는 그 시간들이 어쩌면 내가 가장 바랐던 삶이었다. 그때의 나는 정말 열심히 살았고, 그 모든 과정을 즐겼다. 가끔은 내가 너무 아이들을 숨 막히게 하는 게 아닌가 하는 생각도 들었다. 그래도 아이들과 지냈던 20년의 세월이 나에게는 어린 시절 부모님의 빈자리를 보상받는 시간이었다. 그런 시간이 있었음에 감사하며 지금은 바빴던 부모님을 이해하고 최고의 효녀가 되기 위해 노력한다. 지금은 친정에 무슨 일이 생기면 세 남매 중 제일 먼저 달려가 무슨 일이든 척척 해결해 주는 해결사다.

불평만 하는 사람보다는 해결하는 사람이 되고 싶었다. 남편과 교육관 차이로 힘들었다. 하지만 남편만 바라지 않고 내가 할 수 있는 일을 찾기 시작했다. 아이들이 공부로 힘들어할 때, 직접 발로 뛰었다. 입시 설명회가 열리는 곳이면 어디든 참여했다. 덕분에 입시 상담까지 할 수 있게 되었다. 불평만 해서는 인생이 변하지 않는다. 그 시간에 더 나은 방법을 찾아가는 자세가 필요하다.

3.*
믿고 비빌 언덕이 있다면 흔들려도 좋아

김주연

"엄마, 혹시 많이 바빠?"

토요일 오후, 바쁘게 일하던 내게 걸려온 딸의 전화. 수화기 너머로 들려온 울먹이는 목소리에 나는 숨을 멈췄다. 딸은 교과서를 다른 반 아이에게 빌려줬다가 한 달 넘게 돌려받지 못했다고 했다. 수업 시간마다 교과서가 없어 혼이 나고, 숙제도 제대로 못 하고 있다며 울었다. 몇 번이나 돌려달라고 말했지만 계속 미루기만 했단다. 오늘도 숙제를 해야 하는데 바쁘다며 다음에 주겠다는 말만 하고 가버렸다고 한다.

딸의 이야기를 듣는 동안 머릿속이 하얘졌다. 전화로 이야기하는 지금도 막막하고 떨리는 마음이 느껴지는데, 그동안 얼마나 외롭고 속상하고 두려웠을까. 무조건 오늘 해결할 테니 걱정하지 말고 기다리라고 말하고 전화를 끊었다.

세 달 전부터 미세하게 느꼈던 것의 실체가 드러났다. 중학생이 되고는 학교에서 있었던 일과 자기 생각을 제법 잘 말해서 안심했었다. 그런데 알 수 없는 벽을 치기 시작한다고 느껴졌다. 대화하면서도 뭔가를 빼놓고 말하는 것 같았다. 그래서 엄마는 너의 편이며 어떤 일이든 너의 입장에서 먼저 생각할 테니 도움이 필요하면 언제든 말하라고 해 두었던 것이다.

나는 자리를 박차고 나왔다. 어디로 가야 할지, 누구와 얘기해야 할지 머릿속을 정리하며 조용한 곳으로 향했다. 이 일을 어떻게 해결해야 딸이 다치지 않을까, 딸의 학교생활이 불편해지지 않을까. 여러 가지 경우의 수를 생각해 보며 머리를 정리했다. 이리저리 수소문하다가 책을 빌려 간 아이의 연락처를 알아냈다. 곧장 전화를 걸어서 단호하게 말했다.

"나는 혜주 엄마야. 오늘 이 일이 순조롭게 해결되지 않으면 나는 무슨 일이든 할 거야. 네가 한 달 전에 교과서를 빌렸고 이런저런 이유를 대면서 아직 돌려주지 않았다고 들었어. 혜주는 교과서가 없어서 수업 시간마다 선생님께 혼나고 있어. 너무 속상하고 괴롭다고 하는구나. 당장 교과서를 돌려줘. 너의 집 앞으로 받으러 갈 수도 있고, 네가 학교 앞으로 가져와도 좋아."

치과에 진료를 받으려고 대기 중이기 때문에 당장 돌려줄 수 없다고 했다. 저녁에는 약속이 있다며 월요일에 책을 돌려주겠다고 말했다. 숙제를 월요일에 제출해야 하니 말이 되지 않았다. 아무리 늦은 시간이라도, 무슨 일이 있어도 오늘 교과서를 돌려받아야겠다고 했다.

잠시 정적이 흘렀다. 그 책을 다른 친구에게 빌려줘서 지금은 자신이 갖고 있지 않다고 했다. 빌려 간 책을 주인에게 돌려주기는커녕 양해도 구하지 않고 또 다른 사람에게 빌려줬다니 이해할 수 없었다. 어쨌든 오늘 반드시 돌려받아야겠으니 그 사람에게 책을 받아 오라고 했다. 대답은 하지 않고 한숨을 푹 쉬더니 진료를 받아야 한다며 전화를 끊어 버렸다.

말 못 할 사정이 있는 얼굴로 머뭇거리던 혜주 모습이 계속 떠올랐다. 그래서 문자 메시지는 단호하지만 간절한 마음이 잘 전해지도록 여러 번 고친 후 보냈다.

한 시간쯤 뒤, 학교 교문 앞에서 책을 주겠다는 답장이 왔다.

무리를 지어서 다니는 아이인데 혹시 뒤통수 맞는 건 아닐까? 거칠게 욕이라도 한다면 나도 맞서서 욕을 해야 할까? 내가 약하게 보이면 어쩌지? 수많은 상상을 하며 학교 앞으로 향했다. 학교 앞에 승용차 한 대가 서 있었다. 여학생이 내리고, 운전석에서 어머니가 내렸다. 아이는 말없이 책만 주고는 등을 돌렸다. 죄송하다는 말은 해야지 했더니 겨우 고개를 숙이며 죄송하다고 말했다. 앞으로 두 번 다시 혜주에게 책을 빌리지 말라고 했다. 그리고 용기 내 줘서 고맙다는 말도 잊지 않았다.

걱정하고 있을 딸에게 책을 돌려받았다는 문자를 보냈다. 바로 전화가 왔다. 과거에 과격했던 엄마가 떠올라 걱정했다고 한다. 과거의 내가 아니라며 피식 웃는데 딸이 진지하게 물었다.

"엄마, 내가 왜 전교 1등을 하려고 하는지 알아?"

목표가 있어서 열심히 하는 것으로만 생각했다. 전교 1등은 선생님들이 알아보기 때문에 존재감을 가질 수 있고, 학교 폭력에서 자신을 보호해 주는 방어막이 된다고 했다. 이제야 알게 되었다. 공부는 딸이 안전하게 살기 위해 잡은 동아줄이었다.

매일 퇴근 후 10분씩 대화를 했지만 피곤한 엄마를 배려한 딸은 학교에서 겪은 힘든 일들을 말하지 않았던 것이다. 이번 기회에 학교생활에서 말하지 못한 다른 일들이 있다면 더 자세히 듣고 싶다고 했다.

딸은 솔직히 말할 테니 무작정 학교로 찾아가지 말아 달라고 했다. 모든 것을 의논하겠다고 약속했다.

딸은 울면서 그간의 일들을 털어놓았다. 중학생이 된 지 겨우 두 달째부터 많은 일들이 있었다. 가해 학생들은 교과서를 보고 있으면 손으로 쳐서 떨어뜨리게 하고, 스타킹을 신지 않고 등교한 날 스타킹을 뺏기도 했다. 평소에도 무엇이든 거칠게 표현하는 아이들이라서 대항할 수 없었으며 굴욕적이고 두려웠다고 했다.

선생님은 무엇이든 도전해 보라고 했으면서 전교 부회장 선거에 도전하겠다고 하니 공부만 하라며 만류했다. 음악실 청소에 배정되는 날엔 혼자 묵묵히 청소를 다 했다. 힘들었던 일들을 말하면서도 선생님이나 다른 아이들에 대한 험담은 하지 않았다.

"쉬는 시간에도 공부하는 게 잘난 척하는 것으로 보였대. 사실 그건 내가 안전하게 학교 생활하려고 잡은 목숨줄인데. 전교 부회장 나가 봐야 떨어질 거 뻔해서 만류한 거겠지. 다른 건 다 그냥 넘어가겠는데 화장실에서 스타킹 뺏어간 그 애는 너무 무서워. 그래서 이제 화장실은 친구랑 꼭 함께 가."

지금 꺽꺽 소리 내며 울면서 시원하게 말하는 이유는 그동안 혼자 이겨 내느라 애썼던 것을 엄마가 알아줘서 그렇다고 했다. 등교하고 싶지 않았던 적도 있었고, 아프다고 핑계를 대는 방법도 생각했지만 견뎌 냈다. 늦은 밤에 혼자 옥상에 바람 쐬러 갔다 오겠다고 할 때가 여러 번 있었다. 절대 죽을 생각한 것은 아니니 걱정하지 말라고 했다. 너무 힘들어서 견디지 못해 손을 내밀면 아빠 엄마가 언제든 온몸을 다해 잡아줄 것이라 믿었단다.

감성적으로 예민하고 어떤 상황에든 드러나지 않기를 바라는 아이다. 쉽게 재잘거리며 자신의 감정을 드러내면 빨리 이해하고 대처하련만, 혼자 끙끙 앓으며 스스로 해결하려는 습성은 청소년기를 넘기는 내내 부모의 애간장을 태웠다. 외톨이라고 느껴 슬플 때, 의도치 않게 실수해서 비난을 받았을 때, 체력이 떨어져 학교생활이 막막해서 방황할 때도 있었다. 그런 아이를 보고 있자니 여간 힘든 게 아니었다. 힘들 때마다 되새긴 말은 '언제든 비빌 언덕이 되는 부모가 되어야 한다.'였다. 방황하며 멀리 갔다가도 돌아와 쉴 수 있고, 좌절해서 무릎을 꿇었다가도 짚고 기대어 일어설 수 있는 존재. 그렇게 믿고 비빌 수 있는 언덕으로 기다린다고 말했고 아이는 흔들리고 방황하는 가운데에서도 자신을 지켜 내며 성장했다.

믿음은 앞으로 나아가게 하는 연료다. 부모가 자식을 믿어 주면 아이는 어떤 힘든 상황에서도 이겨 내는 힘을 얻게 된다. 예기치 못한 어려움은 앞으로도 많을 것이다. 흔들리는 바람에 주저앉지 않고 홀로 맞서는 용기를 배워 가면 좋겠다.

4.
자연에서 배운 아이들

민혜영

밤 8시가 조금 넘으면 두 아이는 서로 엄마 다리를 차지하려고 애쓴다.

"이번에는 나야. 어제 네가 앉았잖아."

이럴 때만큼은 의젓한 형도 코맹맹이 소리로 더 크게 말한다. 귀염둥이 둘째는 말없이 얼굴에 입이 반쯤 올라간 채 웃음으로 대꾸한다. 결국 길게 뻗은 두 다리 위에 올라앉은 아이는 막무가내 둘째다. 막둥이는 양다리를 벌려 나에게 등을 대고 냉큼 앉는다.

매일 밤 일어나는 일이다. 아이의 등을 감싸안은 채, 양쪽 책을 잡기 때문에 엄마의 사랑을 독차지한다고 생각했나 보다. 욕심 많은 막내를 중재하고자 내가 나선다. 양 겨드랑이 쪽에 똑같이 앉히는 것이다. 두 아이는 엄마의 양쪽 팔로 타협한다. 자리 경쟁을 하는 이유는 딱 한 가지. 바로 지금부터 베드 타임이다. 한 시간 정도 동화책을 읽어 주는 시간이 잠자기 전, 두 아이의 마지막 몸부림이다. 민율이는 네 살, 민음이는 두 살부터 시작한 베드 타임은 아이들 학교가기 전까지 거의 매일 이어졌다.

어릴 적부터 아이들은 궁금한 것도 많고 질문도 그치지 않았다. 큰아이는 그중에서도 호기심이 유난히 많았다. 길을 가다가도 뭔가 특이하거나 궁금한 것을 발견하면, 꼭 직접 만져 보고 싶어 했다. 가끔은 위험한 공사 현장에도 직접 다가가 확인하는 아이였다. 행여 다칠까 봐 노심초사했던 적이 한두 번이 아니었다. 궁금한 것은 그 자리에서 바로 물어봐야 하는 성격이다 보니 만능이 아닌 엄마로서는 가끔 당황스러울 때도 있었다. 아이들은 레고를 가지고 상상 놀이에 푹 빠져 지냈다. 한번 시작하면 두세 시간은 기본으로 훌쩍 지나가 버리곤 했다.

집에서는 아이들의 질문에 대해 대답을 다 해 주었다. 심지어 질문을 만들어 오라고 했을 정도다. 아빠는 아이들이 질문하는 것을 좋아했다. 수학 관련 전공자인 아빠는 특히 수학 문제를 만들어서 본인한테 내라고 한다. 민율이는 신나서 수학 문제를 만들기도 했다. 초등학교 4학년 때까지 학원을 보낸 적이 없다. 학교에서 방과 후에 하는 수업을 들었다. 어느 날 창의 수학 선생님이 전화를 주었다. 민율이가 또래 아이들과 질문하는 수준이 달라요. 조금은 특별한 거 같아요. 그러고는 영재 교육원을 알아보라고 소개해 주었다. 영재 교육원은 지역 내 학교에도 있고 관할 교육청에도 있지만 교육청을 추천해 주었다. 그때 당시는 처음 들어 보았다. 관심 가져 준 방과 후 창의 수학 선생님에게 감사했다.

큰아이 4학년 때 부모 상담 주간에 담임 선생님을 만났다. 60대 초반 정도 되는 선생님이었다. 선생님이 나를 보자마자 "민율이 때문에 힘들어요."라고 말했다. 질문이 너무 많아서 귀찮다고 했다. 나도 모르게 반사적으로 죄송하다고 말했다. 질문이 많은 건 좋은 거죠. 내가 귀찮아서 그렇다고 말하면서 친구 관계도 좋고 학교생활 잘하고 있다고 덧붙였다.

5학년 6학년 상담 때도 똑같은 이야기를 담임 선생님에게 들었다. 담임 선생님의 나이대는 점점 어려졌다. 6학년 때 선생님은 30대 초반 정도의 젊은 나이였다. 5학년 때 선생님이 "민율이가 질문이 많아요."

그중에는 좋은 질문도 있었고 아기 같은 질문도 있었다고 한다. 좋은 질문은 기발해서 반 아이들과 이야기를 나눌 정도로 훌륭하다고 했다. 아기 같은 질문은 방금 말해 주었는데 또 질문하는 거였다. 한번 상상에 빠지면 주변 소리를 잘 듣지 못할 때가 많다. 큰아이에게 질문에 관해 이야기한 적 있다. 질문하는 것은 좋은 거야. 그런데 선생님이 열심히 설명할 때가 있어. 그때는 질문하면 안 돼. 왜냐하면 리듬이 깨지거든. 선생님 설명이 모두 끝나고 내려올 때가 있어. 질문하고 싶으면 그때 하는 거야. 그림까지 그려 주면서 설명했다. 민율이가 질문했다.

"그게 언제야?"

설명을 잘 들으면 알 수 있다고 대답했다.

직장 생활을 할 때, 가장 부러웠던 것은 엄마 손 잡고 문화 센터 가는 아이였다. 디자인 분야로 전공까지 바꿔가며 원하는 일을 하기 위해 밤낮없이 매달렸다. 프리랜서로 바꾸는 것도 나로서는 엄청난 결정이었다. 고민 끝에 시간의 자유를 얻어 처음 시작한 것이 아이와 함께 문화 센터에 가는 것이었다.

그 순간 얼마나 기뻤는지 모른다. 그때 욕심을 줄이고 아이들과 함께 한 시간은 가장 잘한 일 중 하나다. 문화 센터, 도서관의 무료 공연 등 지역에서 하는 프로그램은 거의 빠짐없이 참여했다. 아이들 어렸을 때는 부모 교육에 관련된 정보들만 보았다. 1년에 부모 교육 특강을 대여섯 개는 들었을 정도다.

아이들의 샘솟는 에너지와 호기심을 어떻게 발산하면 좋을지 남편과 고민했다. 우리 부부는 자연을 선택했다. 큰아이 다섯 살 때부터 초등학교 때까지 캠핑은 우리 가족의 즐거운 활동 중의 하나였다. 하지만 내가 처음부터 캠핑을 좋아했던 것은 아니다. 지저분하고 힘들다고 했다. 요즘 캠핑장은 화장실도 깨끗하고 샤워 시설도 있다고 남편이 말했다. 아이들과 내 물건만 잘 챙기면 모든 것은 본인이 준비할 거라고 했다. 텐트 칠 때 의자에 앉아만 있어도 된다고 말했다. 꽤 괜찮은 조건이었다.

처음 캠핑에 남편이 준비한 텐트 안은 따뜻하고 포근했다. 캠핑용 매트 위에 패드를 깐 다음 이불을 펼쳐 놓았다. 텐트 밖은 바비큐를 해서 먹을 수 있는 캠핑용 그릴과 숯불 그릴 등 캠프파이어를 위한 이름 모를 도구들이 있다. 가족을 위한 4인용 테이블과 의자가 그릴 옆에 있다.

아이들은 나무 하나씩 들고 텐트 칠 때 박아 놓은 텐트 팩을 계속 두드리며 다니기도 한다. 줄에 걸려 넘어질 듯하지만 잘도 피해 다닌다. 형은 동생에게 바람 불면 우리 텐트 날아간다고 말한다. 아이들은 돌들을 하나씩 주워 텐트 팩 위에 올려놓기도 한다. 형제는 큰일이라도 하듯 작은 돌들을 나른다.

해먹은 그네가 되기도 하고 낮잠용 침대가 되기도 한다. 해먹을 잘못 타면 뒤집어진다. 아이들은 심하게 흔들리는 해먹을 즐길 때도 있다. 아빠가 해먹 밑에 깔아놓은 매트는 아이들의 뒤집어지기 놀이용이다.

캠핑장에 있던 모르는 아이들까지 우리 해먹을 같이 타면서 자기들끼리 깔깔대며 웃는다. 어느새 캠핑장에 아이들 몇 명이 모인다. 각자 서열을 정해 형, 누나, 동생 하며 자연에서 놀잇감을 찾는다.

오랫동안 오토캠핑을 즐겼다. 전국의 캠핑장을 찾아다녔다. 처음 시작할 땐 매주 다닌 적도 있다. 자연은 아이들의 놀이터이자 배움터이기도 했다. 캠핑을 사계절 내내 다녔다. 겨울 캠핑 때 텐트 가장자리에서 처음 경험한 응결 현상은 아직도 잊을 수가 없다. 추운 겨울철 따뜻한 텐트 안에 수증기가 차가운 텐트 천에 닿아 물방울이 맺혔다. 실생활에서도 많지만, 겨울 캠핑에서 눈뜨자마자 보는 것은 조금 더 특별하게 느껴졌다.

큰아이 중학교 1학년 때, 질문에 대해 다시 한번 당부한 적이 있다. 친구들이 사춘기에 접어드는 시기이기에 조심스러웠기 때문이다. 만약에 질문 시점을 모르면 수업 시간에 질문하지 말고, 수업이 끝난 후 바로 나가서 질문해. 아니면 교무실로 찾아가서 궁금한 거 여쭤봐. 선생님이 친절하게 가르쳐 주실 거라고 말해 주었다.

외국의 수업 방식은 선생님과 학생이 함께 한다. 대학에서도 교수와 학생들이 서로 질문하고 답하면서 수업 전체를 끌어나가는 수업 방식이 많다. 유대인의 전통적인 학습 방법 중 하브루타 방식이 있다. 서로 짝을 지어 두 사람이 함께 질문하고 토론하며 학습을 이끌어 가는 것이다. 하지만 우리나라 교육 제도는 아니다. 일방적으로 들어야 할 때가 많다. 그렇지 않으면 선생님이 수업 시간에 할 분량을 다하지 못한다. 그 뒤, 상담 때 물어보니 민율이는 수업 시간에 질문하지 않는다고 했다. 한편으론 마음이 쓸쓸하고 한편으로 아이가 성장해 간다고 생각했다.

"경험은 모든 것의 스승이다."라는 줄리어스 시저의 명언처럼 세상에 경험만큼 좋은 것은 없다고 생각한다. 다양한 경험을 통해 아이들은 배우고 성장한다. 작은 세상에서 조금씩 큰 세상으로 나아가는 길에 부딪히기도 하고 때론 넘어지기도 한다. 그때마다 누군가 일으켜 세우는 것이 아니라 스스로 일어나길 바랐다. 그곳에서 울기도 하고 아파도 보고 상처가 나면 그 상처도 보살필 줄 알아야 한다고 생각했다.

  우리 부부가 아이들에게 준 선물은 단순히 자연이 아니었다. 캠핑장에서 웃어도 보고, 다쳐서 울어도 보았다. 그런데도 다시 갈 수 있었던 것은 경험만큼 소중한 것은 없기 때문이다.

5. 오락가락 흔들리는 배

석정숙

어릴 적 꿈은 선생님이 되는 거였다.

중학교 국어 시간에 만난 총각 선생님 영향을 받아서다. 칠판에 글을 쓰면서 설명을 할 때는 하얀 분필이 부러질 듯 열정적이었다. 눈에서는 레이저 광선이 나올 것 같았다. 침이 튀어나올 정도로 힘찬 목소리는 교실 안을 가득 채웠다.

여고시절 받은 문화적 충격은 내 꿈마저 앗아 갔다. 처음 등교해서 자습시간이 되었다. 옆에 앉은 친구의 영어책 읽는 소리는 CNN 방송국 아나운서 같았다. 원어민처럼 유창한 발음을 하는 모습에 기가 꺾이고 공부에 자신감이 떨어졌다. 우물 안 개구리였다. 한번 꺾인 마음이 쉽게 회복되지 않았다. 공부에 집중도 안 되고 내 꿈이 뭔지도 잃어버린 채 시간만 흘러갔다. 대학 진학을 앞두고 가정 형편을 생각해 빨리 취직하고 싶었다. 장학금을 받을 수 있다는 말에 원치 않는 대학과 원치 않는 과를 선택했다. 그러다 보니 학교에 적응하기 힘들었다. 하루는 책이 없어 과 친구에게 책을 빌리게 되었다. 그 친구가 바로 지금의 남편이다. 그 만남이 대학을 다닐 수 있는 연결 고리가 되었다.

큰아이를 낳고 똑똑한 아이로 길러야겠다는 마음이 컸다. 내가 하지 못했던 공부 아이가 잘해 주기를 기대했다. "엄마."라는 말을 하기 시작하면서 글자를 가르치기 시작했다. 가나다라 글자와 그림이 코팅되어 있는 큰 종이를 벽에 붙였다. "자동차 찾아봐." 하면 찾고, "가방 어딨어?" 하면 손가락으로 짚는 아이를 보며 천재가 아닌가 놀라기도 했다. 8개월에 걷기 시작했다. 사택에 또래가 네 명 있었는데 우리 아이의 걸음마가 가장 빨랐다. 돌까지 걷지 못하는 아이 엄마들의 부러움을 샀었다. 아기 때는 뭐든 빠르면 좋은 건 줄 알았다.

사택이 외진 곳이라 어린이집 다닐 무렵에는 시내로 이사를 나왔다. 단독 주택에 살다 보니 아는 이웃도 별로 없고 근처에 어린이집도 없었다. 아이가 수줍음을 타서 선생님의 손길이 많이 갈 수 있는 곳이 좋겠다는 생각을 했다. 별다른 정보도 없이 소수 정예로 운영되는 가정 어린이집을 골랐다. 집에서 꽤 먼 거리였는데 차로 등 하원을 해 주기에 큰 문제는 없었다. 하원한 아이에게 오늘 뭘 배웠는지 물어보면 대답이 없었다. 집 주변에 같이 다니는 친구도 없다 보니 물어볼 데도 없고 속이 답답했다. 어린이집 친구들이 멀리 있어서 같이 놀 수가 없었다. 아이 엄마들끼리도 친구가 되어 같이 노는데 나 역시 친구도 없이 애 둘을 데리고 집에서 실랑이를 벌여야 했다.

철부지 엄마의 과한 욕심으로 힘든 2년을 보내고 공기 좋은 무주로 이사했다.

큰아이가 초등학교 병설 유치원에 들어가고부터는 아이 적성을 찾기 위해 노력했다. 집 앞에 있는 미술학원에 보냈다. 아이가 재미

있어하고 잘 다녔는데 학원 측 개인 사정으로 몇 개월 만에 문을 닫았다.

　악기 하나쯤은 다룰 줄 알면 삶이 외로울 때 친구도 되고 좋을 거 같아 피아노 학원에 보냈다. 처음엔 진도가 잘 나갔는데 체르니 단계에 들어가면서 흥미를 잃었다. 체르니 100을 끝내지 못하고 그만두었다.

　아기 때부터 마르고 입도 짧은 편이라 한약을 지어 먹였다. 구역질해서 한 첩을 간신히 먹였다. 약발을 받아서인지 초등 4학년 때부터는 먹는 것도 잘 먹고 살이 제법 쪘다. 달덩이처럼 얼굴이 부어 있고 밥 먹을 때 앉은 모습을 보면 어른이 앉아 있는 것 같았다. 친구들에게 놀림감이 될까 봐 운동을 시켰다. 수영도 하고, 발레도 한 달하고, 테니스도 남편 직장 후배에게 배웠다. 초등 고학년이 되면서 영수 학원에 다녔다. 필리핀 원어민 교사가 방문해서 영어 공부하는 친구도 있어 소개받아 시작했다. 실력이 좋아지는 것을 못 느껴 다시 학원으로 바꿨다. 수학은 옆집에 한의사가 있어서 수학 과외를 부탁했다. 큰아이 작은아이 둘 다 시작했는데 큰아이만 잘 따라 했다. 학교 시험에서 100점을 맞아서 선물로 만화책을 사 주었다. 미술 과외도 잠깐 했는데 과외비가 부담스러워 오래 하지 못했다.

　대학에 무슨 과를 갈지 의논하다 미술교육학과를 가고 싶다는 말을 들었다. 미술을 하려면 레슨비가 꽤 들고 취직이 쉽지 않을 거란 고정관념이 있었다. 아이 의견을 무시할 수는 없어서 한 가지 제안을 했다. 고3 때 매일 하루 한 장 그림을 그리면 미술교육학과를 보내 주겠다고 말하고 이젤을 사 주었다. 야간 자습을 하고 오면 피곤해서 아무것도 하기 싫은 법이다. 그래도 본인이 정말 원하는 일이라면 몸이 아무리 피곤해도 그림을 그릴 거라 생각했다. 아이가 얼마나 간절한지 알아보고 싶었다. 스케치북 한 권도 채우지 않았다. 열의가 없는 것을 보고 마음을 굳혔다. 만들기나 그리기를 좋아해서 유아교육이 적성에 맞을 거라 생각했다. 내 욕심으로 유아교육과를 가게 되었고 학창 시절 내내 힘들어했다. 졸업과 동시에 취직을 했다. 기쁨도 잠시 지치고 피곤한 모습에 웃음도 잃어 가고 있었다.

둘째 아이는 사춘기가 시작되면서 아이가 입을 다물었다. 친구들 관계가 어떤지 짐작도 못 했고 학교 성적도 중위권이라 갈등을 겪었다. 중간고사를 앞두고 일이 터지고야 말았다. 저녁에 학원 갔다가 돌아온 아이에게 "전교 부회장 감투도 썼으니 공부 열심히 해서 상위권 들어가야 한다."라고 압박을 가했다. 아이도 지지 않고 잔뜩 독기를 품고 말했다. "나 시험 빵점 맞을 거야." 그 말에 참을 수 없는 분노가 올라왔다. "당장 이 집에서 나가!" 하고 눈에 불을 뿜고 소리쳤다. 아이가 잘못했다고 빌 줄 알았는데 망설임 없이 문밖을 나서는 것이 아닌가. 기싸움에서 지고 어이를 상실했다. 분명 자식 잘 되라고 한 소리였는데 갈등은 깊어졌다. 그 후 마음의 거리를 좁히기 위해 무던히 애를 썼다.

막내는 아빠 엄마와 언니들의 갈등을 보고 자라서인지 속이 깊고 어른스러웠다. 둘을 키우며 실수가 많았던 만큼 지나친 기대는 하지 않았다. 인성 교육에 신경 써야겠다 다짐했다. 일곱 살 때 유치원에서 돌아오면 친구들이랑 놀이터에서 놀았다. 집에 들어오기 싫어할 때가 많았다. 돌아올 시간을 정하고 먼저 집에 와 저녁 준비를 했다. 어느 날 귀가 시간이 되었는데 20분이 지나도 오지 않았다. 혼내야겠다고 생각하고 아이가 돌아올 때만 기다렸다. 조금 후에 신바람이 나서 들어왔다. 목소리를 낮추고 시계를 보면서 말했다.

"지금이 몇 시지? 6시까지 놀기로 했는데 약속 시간을 어겼네. 매를 맞아야겠다. 몇 대 맞을래?"

아이는 자그맣게 말했다

"세 대요."

감정을 넣지 않고 사랑의 마음을 담아 때렸다. 약속은 꼭 지켜야 한다는 것을 마음에 새기기를 바라면서. 허탈하게도 시간을 못 지키는 일은 계속되었다.

돌이켜 보면 공부 욕심이 많았다. 공부를 잘하면 선택의 폭이 넓어지고 원하는 삶을 살 수 있으리라 생각했다. 인정받고 행복하게 살기를 바랐다. 아이들의 무한한 가능성을 마음껏 펼칠 수 있도록 힘이 되어 주고 싶었다. 지나침은 모자람만 못하다는 말처럼 부모의 과한 욕심으로 아이들 마음에 멍이 들었다. 시험 성적이 향상되어도 칭찬은커녕 최고가 되라고 다그쳤다. 상장을 받아와도 스스로 자랑스럽다는 마음이 들도록 추켜세우지 못했다. 학교생활에 문제가 없는지 친구 관계가 원만한지 따스한 말로 대화 나눈 적이 별로 없다. 내 몸이 힘들다는 핑계로 지친 몸으로 돌아온 아이들을 따뜻하게 품어 주지 못했다. 아이들이 사춘기에 방황할 때 가슴으로 안아 주지 못했다. 아이들 내면에 아물지 않은 상처가 많다.

"흔들리지 않고 피는 꽃이 어디 있으랴. 이 세상 그 어떤 아름다운 꽃들도 다 흔들리면서 피었나니."

도종환 시인의 「흔들리며 피는 꽃」이란 시다. 철부지 부모가 아이를 키우면서 수많은 시행착오를 겪었다. 부모도 아이를 키우는 과정에서 많이 흔들렸다. 불확실한 미래를 선택하기보단 현실에 타협하는 어리석은 존재였다. 부모라는 이름으로 일관성 있게 교육해야는데 그러지 못했다. 오락가락 흔들리는 배를 탄 아이들은 얼마나 힘들었을까. 쓰라린 상처를 준 것이 미안하다. 흔들리면서 똑바로 서는 법을 익히는 것이 삶이리라. 비록 못난 부모지만 아팠던 기억이 약이 되어 험난한 세상 흔들리지 않고 꼿꼿이 중심 잡고 살아가길 바란다.

6
흔들려도 괜찮아, 너는 성장하고 있어

안인노

작은아이 중학교 2학년 때 일이다.

퇴근하는데 전화벨이 울렸다. 담임 선생님으로부터 전화가 왔다. 잠시 침묵하던 선생님은 "어머니, 학교에 좀 오실 수 있을까요?"라고 한다. 당황했지만 조심스럽게 "혹시 무슨 일 있나요?"라고 물었다. 선생님은 학교에 오면 알려 준다며 빠른 시일 내에 왔으면 좋겠다는 말을 하고 전화를 끊었다. 큰아이가 학교 다닐 때는 학교에서 따로 보자고 전화 온 적이 없었는데, 갑자기 머리가 하얗고 복잡해진다. 학교에서 전화가 올 때는 둘 중 하나다. 아이가 잘했거나 잘못했거나. 후자인 것 같아 왠지 불안했다. 친구들과 싸웠나, 아니면 덩치가 작은 아이를 괴롭혔나, 혼자 별생각을 다 해 본다. 아들 녀석은 초등학교 고학년이 되면서 키와 체격이 급격히 자랐고 중학교에서도 큰 편에 속했다. 그래서일까 불안하고 초조했다. 당장 내일 학교에 가야겠다는 생각하며 마음 준비를 했지만 불안함은 쉽게 사라지지 않았다. 퇴근 후 저녁을 먹으며 아이의 동태를 살폈지만, 평소와 다름없었다.

베란다 너머로 동이 튼다. 전날 한숨도 못 자고 뜬눈으로 밤을 지새워서인지 눈이 뻑뻑하다. 집안 공기는 어제와 별다르지 않다. 아침밥 먹는 작은아이의 눈치를 보며 "아들, 학교에서 혹시 무슨 일 있니?"라고 묻자, 무슨 뜻이냐는 듯 쳐다보며 고개만 젓는다. 사춘기라서 무슨 말만 하면 저돌적인 태도를 보인다. 없으면 됐다며 더 이상 묻지 않았다.

오후에 학교를 방문했다. 담임 선생님은 환한 얼굴로 맞이해 주었다. 남학생들만 있는 교실이라서 그런지 뭔지 모를 쾨쾨한 냄새가 코를 찔렀다. 아들 녀석이 앉는 책상도 눈에 들어왔다. 그래도 깔끔하게 정돈되어 있었다. 선생님과 눈이 마주치자 죄인 같은 마음에 눈이 바닥으로 향했다. 그래서일까, 선생님은 묻지도 않은 아이들 이야기를 한참 하면서 분위기를 풀어 주었다. 작은 녀석에 대해서도 잘하고 있다고 살짝 띄워 주더니 이야기를 조심스럽게 꺼낸다.

며칠 전 학교에서 심리 검사를 받았다고 한다. 그런데 작은아이가 우울 척도 중 자살 위험 지수가 80퍼센트로 나왔다고 조심스럽게 이야기한다. 선생님은 처음에는 일부러 장난으로 검사했을 거라 생각했다고 한다. 가끔 그렇게 검사를 하는 아이도 있어 우리 아이도 그랬을 것 같다는 것이다. 선생님이 아이를 불러 결과를 말하며 혹시 장난이었는지 묻자 아니라고 답했다고 한다. 선생님이 보는 앞에서 솔직하게 재검사하자며 말했단다. 하지만 두 번째 검사 수치도 크게 변하지 않았다고 한다. 선생님이 보는 아들 녀석은 성격도 밝고 친구들 사이에서도 인기가 꽤 많은 아이였다. 그런 아이가 자살 수치가 높은 것에 선생님도 당황하며 깜짝 놀랐다고. 담임 선생님은 아이와 1차 상담을 하였고, 학교 전문 상담 선생님과도 1차 상담을 하였는데 원인이 엄마 때문이란다. 누나와의 성적 비교가 참을 수 없을 만큼 힘들었고 자신이 쓸모없는 사람인 것 같아서 살고 싶지 않다는 것이다. 그래서 엄마만 보면 짜증 나고 목소리도 듣기 싫다고 했단다. 아이의 우울증 원인을 듣고 나는 어이가 없었다. 아니, 기가 찰 노릇이다. 나 때문에 저런 생각을 했다는 것이 납득이 가지 않았다. 원인이 무엇인지 생각하면서 집으로 돌아왔다.

　작은아이는 초등학교 때까지 별다른 변화가 없었다. 중학교 입학 직후 사춘기가 본격적으로 시작되었다. 중학교 1학년 입학 후 3월 하순, 어느 정도 적응되었을 시점에 학부모 집단 면담이 있었다. 교실에 들어서니 학생들이 청소를 하고 있었다. 엄마들이 와서인지 아이들은 웅성거렸다. 그중 교실 바닥을 밀대로 닦고 있던 아들을 발견했다. 반가운 마음에 아들 이름을 부르며 학교생활 잘했냐고 안아 주며 엉덩이를 툭툭 두드렸다. 일은 여기서부터 시작되었다. 평소 등교 전이나 하교 후 집에 오면 간혹 아기처럼 안고 등을 토닥토닥하거나 엉덩이를 두드렸다. 학교에서도 반가운 마음에 별다른 생각 없이 했던 행동이다. 같은 반 아이들 시선에서는 그 모습이 이상했던 모양이다. 학원을 마치고 집에 돌아온 아들은 나를 쎄려보면서 엄마 때문에 짜증 난다며 책가방을 책상 위에 휙 던졌다. 침대 속으로 들어가 이불을 뒤집어 쓰고 몹시 화난 숨소리를 내기 시작했다.
　"아들, 왜 그래? 무슨 일 있었니? 왜 안 하던 행동을 하는 거야."
　내가 묻자 다짜고짜 나가라고만 소리를 질렀다. 무슨 일이 있었는지 알 수 없던 나는 왜 그러냐는 말만 하면서 아이를 다그쳤다. 녀석은 이불을 걷어차고 일어나더니 "엄마가 변태야? 변태냐고!"라며 소리를 지른다. 밑도 끝도 없는 말에 할 말을 잃은 나는 멍하니 서 있었다. "아까 학교에서 나 안고 엉덩이 만졌잖아! 친구들이 그 모습 보고 엄마 변태래! 쪽팔려서 학교 못 가겠다며. 다시는 학교 오지 마."라며 엉엉 운다. 반가운 마음에 아이를 포옹하고 엉덩이를 두드렸다. 아이들에게는 그 모습이 좀 이상했나 보다. 지금은 사춘기 아이를 이해할 수 있지만, 당시는 전혀 이해하지 못했다. 별것도 아닌 것을 그렇게 화를 내고 울 일이냐며 어이없다는 표정으로 오히려 내가 더 화를 냈었다. 그 이후로 아들 녀석은 내가 하는 말과 행동에 모두 불만을 표시하며 반항하기 시작했다. 잘했던 공부도 손을 놓기 시작하면서 늦게 귀가하는 날이 많아졌다. 녀석은 작심한 듯 내 속을 뒤집어 놓으러 내가 싫어하는 행동들만 일부러 하고 다니는 듯 보였다. 그러다 보니 녀석 얼굴만 보면 잔소리하게 되었다. 녀석도 무슨 말만 하면 짜증을 냈다. 큰아이는 고등학교 때 다른 지역에 있어 일주일에 한 번씩 집에 왔다. 작은아이가 치킨을 먹자고 하면 누나가 금요일에 오면 같이 먹자고 했다. 그럴 때마다 엄마는 누나밖에 모른다며 소리를 질렀다. 성적표를 갖고 오면 "누나 반만이라도 좀 해 봐."라는 말들이 상처가 되었던 모양이다. 어쩌면 그때가 사춘기 전성기였던 것 같다. 첫째인 딸아이는 사춘기 때 큰 변화가 없었다. 작은아이도 사춘기가 올 것이라는 생각을 전혀 하지 못했다. 지금 생각하면 정말 무식한 엄마였다. 지금도 그때를 생각만 하면 가슴이 먹먹해진다.

아이의 우울증이 엄마 때문이라는 말을 듣고 상담 센터에서 주 1회 상담을 받았다. 내 마인드가 바뀌지 않으면 관계 회복은 어렵다는 상담사의 말을 듣고 변화를 시도했다. 처음부터 쉽지 않았다. 상담사는 적극적으로 도와주었다. 힘들면 언제든지 전화하라고도 하였다. 상담사의 도움으로 나를 조절하기 시작하면서 그동안 힘들었을 아이가 생각났다.

아이에게 진심으로 사과했다. 변화하려는 노력을 꾸준히 보여 주었다. 시간이 흘러 고등학교 가면서 차츰 관계가 회복되었다. 지금은 믿음직하고 의지가 되는 아들이 되어 주었다.

사춘기 자녀에게는 말 한마디, 행동 하나가 큰 상처로 남을 수 있다. 갈등이 반복된다면, 부모 자신의 태도를 먼저 돌아봐야 한다. 사람은 자기 잘못을 알아차리기 힘들다. 일부러라도 나한테 거울을 비춰 봐야 한다. 내가 한 말에는 가시가 없었는지, 혹은 내가 한 행동에는 오류가 없었는지. 늘 점검할 필요가 있다. 나를 돌아보는 시간이 많을수록, 남을 탓하는 시간이 줄어든다고 했다. 그 말을 늘 생각하며 살아가는 중이다.

7.
상처도 성장의 일부니까

유미인

아이를 키우는 건 단순히 밥을 먹이고 재우는 일이 아니더라.

아이의 몸이 자라는 것만큼이나 마음도 함께 자라게 해 줘야 하는데, 그게 참 쉽지 않았다. 말을 알아듣기 시작할 무렵부터 아이는 점점 자기만의 생각과 감정을 드러내기 시작했다. 그걸 어떻게 받아들일지 몰라 나는 자주 당황했고, 때로는 서운하기도 했다.

"엄마 싫어!"

그 말을 처음 들었을 땐 정말 가슴이 철렁 내려앉았다. 내가 이 아이에게 얼마나 애썼는데, 어떻게 나한테 이런 말을 할 수 있지? 하루 종일 그 말이 머릿속을 맴돌았고, 밤엔 아이가 잠든 얼굴을 보며 괜히 눈물이 났다. 하지만 시간이 지나고 나서야 알게 됐다. 그 말은 아이가 나를 미워해서가 아니라, 감정을 표현하는 방식 중 하나였다는 걸. 그걸 깨닫기까지 나는 참 오래도 헤맸다. 장난감 정리를 하지 않겠다고 고집부리는 아이와 실랑이를 벌이다가, 결국 소리를 질러 버린 적이 있었다.

"도대체 왜 이렇게 말을 안 들어!"

아이의 눈이 휘둥그레지고, 곧 울음을 터뜨렸다. 그 모습을 본 순간, 나는 너무 크고 아이는 너무 작아 보였다. 아이의 마음을 훈육이란 이름으로 다치게 했다는 걸 깨닫고 나서, 그날 밤 나는 아이를 꼭 안고 말했다.

"엄마가 미안해. 너한테 소리 지르고 싶지 않았는데, 엄마도 좀 힘들었어."

그날 이후 '말 잘 듣는 아이'를 키우려 하기보다는, '마음을 표현해도 괜찮은 집'을 만들어 주고 싶었다. 화가 나면 왜 화가 났는지 묻고, 슬퍼 보이면 아무 말 없이 옆에 앉아 있어 줬다. 그렇게 완벽하지 않은 엄마지만, 아이와 함께 천천히 단단해져 갔다.

나는 일을 계속해야 했기에 아이를 매일 누군가에게 맡기고 집을 나서야 했다. 다행히 아이는 돌봐 주시는 분들의 사랑을 정말 많이 받았다. 가족처럼 지내던 분들이 돌아가며 아이를 돌봐 주었고, 아이는 그 안에서 안정감을 느끼며 자라났다. 어쩌면 저녁에 잠깐 얼굴 보고 잠드는 엄마보다, 하루 종일 함께하며 따뜻한 밥을 지어 주고 이야기를 들어 주던 그 시간들이 아이에겐 더 깊은 사랑으로 느껴졌는지도 모른다. 그렇게 우리 아이는 가족과는 조금 다른 방식으로, 돌봄과 관심 속에서 잘 자라 주었다.

초등학생이 되었을 땐 학교에서 칭찬도 많이 받고, 사람들과도 잘 어울리며 큰 걱정 없이 자라는 듯 보였다. 하지만 중학생이 되자 사춘기의 문턱에 들어서면서 아이는 조금씩 달라지기 시작했다. 말수가 줄었고, 감정 표현이 거칠어졌고, 내 말을 듣지 않으려는 날이 많아졌다.

어느 날, 지친 몸으로 집에 돌아왔을 때였다. 아이에 대한 어떤 '문제'가 생겼다는 이야기를 듣게 되었다. 그 이야기를 확인하는 과정에서 아이의 거짓말과 반항적인 태도가 내 앞에 드러났다.

나는 그동안 꾹꾹 눌러 왔던 감정들을 한꺼번에 쏟아 버렸다. 자주 화를 내지 않던 내가 결국 아이에게 손을 대고 말았다. 회초리도 아니고, 그냥 내 손으로. 아이도 울고, 나도 울고, 상황은 금세 엉망이 되었다. 그런데 갑자기 아이가 어딘가로 전화를 걸기 시작했다. 그건… 가정 폭력 신고였다.

순간 숨이 턱 막혔다. 동네에서 봉사를 하며 알게 된 분들과 경찰서에서 피해자와 가해자로 마주하게 될 줄은 정말 상상도 못했다. 너무 부끄럽고, 창피해서 정말 땅이 꺼지면 좋겠다는 생각까지 들었다.

다행히 큰 문제없이 마무리되었고, 아이도 "엄마한테 너무 미안했어."라고 말했지만 그 사건은 우리 둘 사이에 깊은 흔적을 남겼다. 나는 아이에게, 아이는 나에게 서로 미안한 감정을 안고 며칠을 말을 아끼며 지냈다. 말은 없었지만, 마음속엔 수많은 질문과 감정이 흘렀다. '정말 나는 좋은 엄마였을까? 이 아이는 얼마나 외로웠던 걸까?'

시간이 조금 흐른 후, 또 한 번의 일이 찾아왔다. 학교에서 주임 선생님의 전화가 걸려왔고, 선생님은 아이가 학교 폭력 문제와 관련되어 있는 것 같다며 학교 방문을 요청해 왔다. 가슴이 철렁 내려앉았다. 나의 첫 질문은 "피해자입니까, 가해자입니까?"였다. 귓속 저편에서 들려오는 소리는 단호하게 "둘 다입니다."였다. 믿을 수 없었다. 우리아이는 그런 행동을 할 아이가 아닌데….

마음속으로 계속 부정하며 정신없이 학교로 달려갔지만, 담임 선생님의 얼굴도 모르는 나 자신이 부끄러웠다. 일 때문에 바쁘다는 핑계로, '아이는 알아서 잘하고 있다.'라고 믿고 싶었던 내 게으름이 그 순간 몹시 원망스러웠다. 상황은 생각보다 복잡했다. 고등학교 선배로부터 시작된 갈등이 후배들 사이에서 확산된 문제였고, 아이 역시 상황에 휘말려 있었던 것이다. 분명히 말하고 싶다. 우리 아이는 누구를 괴롭히는 아이가 아니었다. 하지만 그 현장에 있던 것만으로도 많은 오해와 편견이 생길 수밖에 없었다. 다행히 심각한 상황은 아니었고, 돈을 달라는 선배들의 연락에 오히려 용기 내어 신고한 건 우리 아이였다. 그 후 아이는 이런 말을 건넸다.

"엄마, 나 사실 그때 선배들 시키는 대로 안 하고, 지나가던 선생님 붙잡고 직접 신고했어. 그래서 그 선배들이 나한테 앙심 품고 나중에 후배들 시켜서 허위 신고를 했던 거였어. 근데 웃긴 건 그 아이들이랑 고등학교 가서 나중엔 친해졌다는 거야."

아이의 말을 들으며 마음 한편이 안도와 자책으로 가득해졌다. 아이의 행동은 어른보다 더 어른스러웠다. 나는 아이를 의심했던 내 자신이 너무 부끄러웠다.

그 후, 아이는 지난 시간을 곱씹으며 스스로 성장하려고 애썼다. 사춘기라는 복잡한 시기를 거치며 힘든 일을 겪었지만, 그 경험이 오히려 아이를 단단하게 만들었는지도 모른다.

고등학교에 진학한 뒤 아이는 눈에 띄게 달라졌다. 그전까진 마지못해 하던 공부도, 이제는 스스로 계획을 세워 차근차근 해내기 시작했다. 특히 수학 시간에는 유난히 집중했고, 수업이 끝난 후에도 문제집을 붙잡고 씨름하는 날이 많았다. 어느 날 아이가 조용히 말했다.

"엄마, 나 수학 선생님이 되고 싶어."

내가 놀란 눈으로 바라보자, 아이는 수줍게 웃으며 덧붙였다.

"나는 어려운 걸 이해했을 때 그게 너무 뿌듯해. 그리고 나처럼 처음에 수학 힘들어하는 애들 보면 알려 주고 싶어져. 이해되는 순간 표정이 달라지거든. 그게 너무 좋아."

그 말에 나는 왠지 모를 뭉클함을 느꼈다. 세상이 그 아이에게 가르쳐준 건 상처만이 아니었구나. 이해받고 싶은 마음, 나누고 싶은 마음도 함께 자란 거였다.

그때부터 아이는 학교 수업에 더욱 집중했고, 내신도 조금씩 오르기 시작했다. 공부만 한 게 아니라, 학급 임원에 도전해 반 분위기를 이끌기도 했다. 조용하던 아이가 친구들 앞에서 발표도 하고, 행사 때 사회도 보는 모습을 보며 나는 믿기지 않을 정도로 놀랐다. 그중에서도 가장 인상 깊었던 건, 아이가 같은 반 친구에게 수학을 가르쳐 주기 시작했다는 이야기였다. 처음엔 그냥 쉬는 시간에 질문 몇 개 받아 주는 정도였지만, 점점 그 친구가 아이에게 매일같이 찾아와 물어보는 일이 많아졌다고 했다. 문제집을 나란히 펼쳐 놓고, 이해할 때까지 설명해 주고, 시험 전에는 함께 자습실에 가서 공부하며 도와줬다고 했다.

"그 친구가 시험 끝나고 네 덕분에 자신이 생겼다고 말하는데, 기분이 이상하게 좋더라."

아이는 그 말을 하며 정말 뿌듯한 얼굴을 지었다. 나는 그때 확신했다. 이 아이는 사람을 키우는 일을, 자기 삶의 의미로 삼을 수 있겠구나. 단순히 성적을 올리기 위한 공부가 아니라, 자기가 배운 것을 누군가에게 전하고 싶다는 마음이, 이 아이 안에서 진심으로 자라나고 있다는 걸 느꼈다. 아이의 꿈은 단단해졌고, 나는 아이를 보며 다시 희망을 품을 수 있었다. 아픈 만큼 자라는 건 아이만이 아니라, 부모도 마찬가지라는 것. 흔들리고 넘어졌던 시간들이 있었기에, 아이는 더 단단한 뿌리를 내릴 수 있었고, 그런 아이를 지켜보며 나는 또다시 배울 수 있었다. 아이의 옆에서, 아이의 뒤에서 나는 다시 마음을 다잡게 되었다.

'이 아이가 자기를 믿고, 또 누군가의 길잡이가 되겠다고 결심한 만큼, 나도 다시 이 아이를 믿어 주자. 지켜봐 주자.'

부모와 아이는 처음부터 완성된 관계가 아니었다. 함께 넘어지고, 오해하고, 다시 껴안으며 조금씩 엮어온 인연이었다. 서툴고 불완전했던 시간들이, 어느새 우리 사이를 사랑으로 채워 주고 있었다. 이제 나는 말할 수 있다. 내 아이는 더 많이 성장했고, 나는 그 아이 덕분에 더 단단한 사람이 되었다고. 부모가 된다는 건, 흔들림을 두려워하지 않고 용기를 품는 일이라는 걸 나는, 내 아이를 통해 배웠다.

8.*
있는 그대로 받아들이기

윤현호

　버스에서 내릴 때마다 조심하게 된다. 딸을 잃을 뻔한 기억 때문이다. 7개월이 되었을 때 친정에 다녀왔다. 서산에서 출발해 용산 버스 터미널에 도착했다. 사람들이 짐을 들고 내리기 시작했다. 자리에서 일어났다. 좌측 팔엔 포대기를 끼고 어깨에는 기저귀 가방을 메었다. 우측 팔로 아이를 안았다. 두 계단을 내려왔다. 팔 힘이 빠졌다. 딸을 놓쳤다. 쿵 하는 소리가 들렸다. 바닥에 아이 얼굴이 닿았다. 마구 울어댔다. 버스에서 내려 아이를 안았다. 이마에서 피가 흥건하게 나고 있었다. 사람들이 몰려들었다. 당황스럽기도 하고 미안하기도 해서 눈물이 났다. 갑자기 남편에게 화가 났다. '같이 갔으면 이런 일이 없었을 텐데.' 하며 원망했다. 주위에 있는 사람이 근처에 고려병원이 있다고 했다. 택시를 타고 갔다. 도착해서 머리와 몸 등 엑스레이를 찍었다. 잠깐 기다렸다. 아이는 울다 지쳐서 잠이 들었다. 내 부주의로 다친 거여서 남편에게 바로 연락하지 못했다. 10분의 시간이 한 시간처럼 느껴졌다.
　30분이 지나니 간호사가 불렀다. 다행히 머리에는 이상이 없다고 했다. 눈물이 났다. 지금도 그 순간만 생각하면 딸에게 미안하다.

건강하게 자라 주어서 고마웠다.

　딸은 태어나면서 초등학생이 될 때까지 살이 빠지지 않고 통통했다. 무엇이든지 가리지 않고 잘 먹었다. 반면에 아들은 입이 짧았다. 편식이 심한 것도 아닌데 많이 먹지 않고 밥 달라고 보채지도 않았다. 반면, 딸은 먹고 싶은 것은 바로 먹어야 하고, 가지고 싶은 것은 가져야 했다. 딸은 다이어트가 필요했다. 초등학교 2학년 때부터 1년간 수영장에 다녔다. 체중 관리에 큰 변화가 없었다. 수영을 끊고 에어로빅 학원에 보냈다. 어떻게든지 살이 빠지기를 바랐다. 한 달 교육비가 4만 원이었다. 매월 마지막 주에 딸을 통해 학원비를 보냈다. 6개월이 되었을 때 학원에서 연락이 왔다. 지난달 학원비를 안 냈다는 것이다. 분명 보냈는데 이상했다. 그 전화를 듣던 딸이 자기 방에 들어가 나오지 않았다. 어떻게 된 거냐고 물었다. 교육비로 가지고 싶었던 에어로빅복을 샀다는 것이다. 어이가 없었다. 잘못했다고 다시는 안 그런다고 했다.
　"가지고 싶었으면 말을 해야지, 자기 마음대로 여러 벌을 사다니."
　집에 가지고 오지 못하니까 학원에 두었다고 했다. 주변에서는 딸보다 아들이 키우기 쉽다고 하는데 난 딸이 훨씬 어려웠다.

　1997년 IMF로 인해 남편 사업이 부도났다. 억대의 수표를 회수하지 못했다. 남편은 지방에 가서 일했다. 집에 자주 올 수 없었다. 그때 딸은 초등학교 4학년, 아들은 2학년이었다. 혼자 아이들을 키우기 쉽지 않았다. 딸은 중학교 1학년부터 사춘기가 심하게 왔다. 표정은 싸늘하고 말은 퉁명스러웠다. 방에 들어가면 문을 잠그고 나오지 않았다. 이야기하자고 하면 대꾸도 하지 않았다. 학교 갔다 오면 컴퓨터로 게임만 했다. 하지 말라고 해도 소용없었다. 남편은 지방에 있어서 아이들 양육은 오로지 내 몫이었다. 게임으로 인해 딸과 자주 싸웠다. "내가 알아서 할 테니 그냥 놔둬."라며 화를 냈다. 어떻게 그냥 두고 볼 수 있겠는가. 집에서 게임을 못 하게 하니까 PC방으로 갔다. 게임 시간을 줄이라고 소리도 쳐 보고 눈물로 애원도 해 봤다. 할 수 없이 컴퓨터 부속품을 숨겼다. 그것도 잠시, 성화에 못 이겨 다시 주었다.

  딸은 교복을 입었는데 상의는 몸에 끼일 정도로 줄였고 치마는 무릎 위까지 짧게 잘랐다. 옷을 보면 찢어 버리고 싶을 정도로 화가 났다. 사춘기가 지나고 고등학교에 가서야 중학교 교복을 보며 "창피하니까 버려."라고 했다. 방학만 되면 파마했다. 뭐라고 해도 소용없었다. 사춘기에 끝은 있을지, 고등학교에 가서도 이러면 어떻게 해야 할지 앞이 캄캄했다. 사춘기는 중학교 3학년까지 계속되었다. 딸은 하지 말라고 하면 더 하는 것 같았다. 무슨 방법이 없을까 고민했다.

  어느 날 지인의 집에 방문했다. 토요일이었다. 차 한잔하고 있는데 지인 딸이 도서관에 간다고 거실로 나왔다. 나를 보며 "놀다 가세요." 하며 다정하게 인사했다. 키는 작았고 말랐다. 흰색 셔츠에 칠부바지를 입고 있었다. 그 딸도 중학교 1학년으로 사춘기였다. 지인은 너무 작고 말라 보이니 긴 바지로 갈아입고 가라고 했다. 싫다고 했다. 내 마음대로 할 테니까 놔두라고 소리쳤다. 깜짝 놀랐다. 결국 지인은 딸을 데리고 방으로 들어갔다. 싸우는 소리가 들렸다. 엄마의 만류에도 그냥 나갔다. 지인은 자기 마음대로 안 되면 욕도 한다며 눈에 눈물이 고였다. 엘리베이터에서 어른을 만나면 상냥하게 인사는 잘한다고 했다. 사춘기는 어느 집이나 비슷하다고 느꼈다.

집에 와서 곰곰이 생각했다. 하지 말라면 더 하니까 먼저 하라고 해 볼까? 중학교 2학년 겨울방학이 되기 일주일 전에 딸에게 말했다.
"이번에도 파마하고 염색도 해 보는 게 어때? 돈 줄 테니까 원하는 색으로 해. 이럴 때 하는 거지 언제 하겠어."
말이 없었다. 방학이 되었다. 미용실 안 가냐고 했더니 싫다고 했다. 고등학교에 가면 할 시간도 없으니까 게임도 마음껏 하라고 했다. 엄마가 왜 이러지 하며 의아한 표정이었다. 지인의 집에 가서 깨달은 점이 있었다. '내가 보기에 싫은 거지 아이의 눈에 예뻐 보인다면 그 자체로 인정해 주자.' 시간은 지나가고 세대도 변한다. 언젠가 한순간의 추억으로 남을 때가 올 거다.
나도 그랬으니까. 사춘기에 머리 스타일에 예민했고 옷 입는 것 또한 까다로웠다. 엄마의 말을 듣지 않는 딸이었다. 그러나 엄마는 잔소리하지 않았다. 엄마도 사춘기가 지나가길 기다리며 가슴앓이를 하고 계셨겠지. 2년 후에 딸에게 물었다.
"사춘기 때 파마하라고 하니까 왜 안 했어?"
딸이 말한다.
"청소기 돌리려고 생각하고 있는데 하라고 하면 하기 싫잖아. 방학에 하려고 했는데 엄마가 하라고 하니까 하기 싫어졌어."
"아, 우리 딸은 청개구리구나." 했더니 "맞아" 했다.

딸의 눈빛을 지금도 잊을 수가 없다. 말을 듣지 않고 무표정인 딸을 볼 때마다 화가 났다. 수업이 끝나고 집에 와서 방 안에만 있는 딸을 거실로 불렀다.

"잠깐 애기 좀 하자."

나와서 내 앞에 앉았다. 침묵이 흘렀다. '어떻게 해야 이 아이가 달라질까, 초등학교 때처럼 깔깔대며 웃을까?' 바닥만 보며 고개를 숙이고 있는 딸에게 "고개 들어!" 하고 소리쳤다. 놀란 듯이 나를 쳐다보았다. 딸과 눈이 마주쳤다. 온 세상을 다 잃은 듯한 슬픈 눈빛이었다. 눈가에 눈물이 가득 고여 있었다. 지금까지 그런 딸의 눈을 본 적이 없었다. 순간, 사춘기인 딸의 표정과 행동이 못마땅하다고 몰아세우기만 했던 게 미안했다. 자신도 어쩔 수 없는 성장통을 겪고 있는 것뿐인데 말이다. 딸 앞에서 엉엉 소리 내며 울었다. 이해해 주지 못하고 야단만 치는 엄마 때문에 얼마나 속상했을까. 마음속으로 생각했다. '다시는 내 딸이 저런 눈빛을 갖게 하지 않겠다.' 그 시간이 전화위복이 되었을까, 사춘기가 끝난 것일까. 이야기도 한두 마디씩 하고 거실에 나와 있는 시간이 늘어났다. 게임 횟수도 줄어들었다. 힘든 고비를 만날 때 많은 사람은 말한다. "이 또한 지나가리라." 마음에 돌덩이를 얹어 놓고 살았던 시간이지만 다 지나갔다. 지금은 친구 같은 딸이다. 엄마의 마음을 가장 헤아려 준다. 이번 어버이날에 수건 열 개를 선물로 주었다. 이런 글귀가 적혀 있었다.

'세상에서 가장 예쁜 우리 엄마, 세상에서 가장 멋진 우리 아빠.'
무엇이든지 자상하고 세심하게 챙겨 주는 딸이 있어 행복하다.

아이의 변화를 받아들이지 못했다. 내 잣대로 평가하기 급급했다. 아이의 슬픈 눈빛을 보면서 변하겠다고 마음먹었다. 아이의 있는 그대로의 모습을 받아들이기로 했다. 그 이후로 아이와의 관계가 점점 나아지기 시작했다. 독일의 작가 에크하르트 톨레는 이런 말을 남겼다.

"있는 그대로의 삶을 받아들일 때, 고요함과 평화가 찾아온다."

지금도 이런 마음으로 살아가고 있다.

9.
틀 밖에서 노는 아이와의 동행

이현주

　아이는 어릴 적부터 조금 특이했다. 장난감보다 색종이, 가베(점, 선, 면, 입체 등으로 된 조각으로 여러 모양을 만드는 놀이), 책에 관심이 많았다. 책은 읽지 않고 자기만의 규칙으로 방바닥 전체에 깔아 놓고 놀았다. 책들은 침대가 되고, 의자, 이불, 비행기도 되었다. 아이에게 책은 읽는 수단이 아니라 놀 수 있는 대상이었다. 사람들은 창의력이 좋다고 말했지만, 부모로서 고민이 되었다.

　아이가 다섯 살이 되어 어린이집에 보내기로 했다. 처음 등원하는 날이었다. 아침부터 들떠 있었다. 아이는 색종이를 좋아한다. 그런데 종이접기 시간에 색종이를 접지 않고 혼자 앉아 있었다고 한다. 색종이를 계속 찢기만 하고 뿌리는 행동을 반복했다고 한다. 선생님이 걱정하면서 전화했다.
　어린이집에서 돌아온 아이에게 "색종이는 왜 안 접고 뿌리고 찢었어?"라고 물었다. 아이는 "접는 건 재미없어. 가위가 더 좋아."라고 말했다. 아침 등원하자마자 알록달록한 가위가 눈에 띄었던 거다. 새 학기가 되어 어린이집에서 새로 산 유아 물품이었다. 집에 있는 일반 가위로 오렸을 때 나오는 모양이 아닌 핑킹가위로 오리고 싶은 거였다. 직접 오려서 모양을 내고 싶었던 모양이다. 선생님은 가위는 위험하다고 주지 않아 손으로 찢어서 뿌렸다고 했다. 아이의 말을 듣고 나서 반항의 표현이라고 단정 짓고 야단을 쳤다. 틀에서 벗어난 행동을 해서 화가 났다.

같은 반 아이들은 선생님 말씀도 잘 듣고, 한글도 떼고 수학도 잘 푸는 데 내 아이는 이름도 쓸 줄 몰랐다. 다른 집 아이들을 보면서 괜히 부끄러웠다. 다른 아이들은 다 하는 걸 내 아이는 왜 못 하는 걸까? 한심해 보였다. 아이를 데리고 집으로 오면서 차 안에서 한마디도 하지 않았다. 속상한 마음이 컸다. 집에 와서 아이와 눈도 마주치지 않았다. 밥을 먹고 욕실에서 씻겼다. 아이는 눈치를 보기 시작했다. 드라이로 머리를 말리면서 보니 시무룩한 모습이다.

다음 날 아침 아이는 스트레스를 받았는지 이불에 오줌을 쌌다. 바지를 벗기고 씻겨 주면서 아이의 눈을 보았다. 틀 속에 아이를 가둬 두려고 했던 모습에 미안한 마음이 들었다.

한글, 수학, 가베 활용법을 가르치는 방문 교육 사업을 했다. 동화책으로 논술도 가르치고, 가베로 창의 수업도 하고 놀이 수학도 하는 사업이다. 유아와 초등학생 대상 프로그램도 만들었다. 학기 초가 되면 어린이집 원장님들은 학부모 총회 때 학부모 교육을 요청하기도 했다. 학부모들은 창의적인 아이로 키우고 싶은 마음이 크다. 그런 엄마들에게 창의교육에 대해 전달한다.

가베는 프뢰벨이 만든 유아용 교구다. 1가베에서 10가베까지 구성되어 있다. 1가베에서 6가베까지는 입체도형이다. 7가베에서 10가베까지는 평면도형이다.

　틀에 박힌 공부가 아닌 다양한 관점으로 생각하는 학습을 원했다. 내 아이에게 먼저 전달해 보았다. 자연 관찰 동화책에 나오는 거북을 보여 주었다. 거북 하면 연상되는 단어를 이야기했다. 딱딱해, 토끼 친구야, 느려 등 다양한 말을 했다. 거북을 만들기로 했다. 책에서 본 거북을 보며 가베로 거북을 만들었다. 거북 모양 배를 타고 있는 장군을 만나자고 했다. 위인 동화책에서 이순신 장군을 만났다. 역사드라마에서 말 타는 장군이 나오면 장난감 말을 타고 달리며 나는 이순신이라고 말했다.

　가베로 거북선을 만들면서 직육면체 6가베 면을 이용하여 대응할 줄 아는 경험을 하게 했다. 6가베는 직사각형 면과 정사각형 면이 있는 입체 목각이다. 넓은 면 하나가 작은 면 두 개와 같다는 사실을 알아갔다. 아이가 직접 만지고 눈으로 보면서 경험하는 순간이다.

　유아 때 다른 아이들과 비교하며 내 아이를 부끄러워했던 모습을 들여다본다. 자기만의 방식으로 표현하는 아이의 열정을 알아보지 못하는 한심한 부모이다. 비교는 상처가 된다는 사실을 알면서도 하는 엄마였다. 아이의 자존감과 정체성이 부정적으로 변하게 되는 것은 부모 책임이다. 아이는 비교 대상이 아니라 존재 자체만으로 존중하고 사랑해도 모자라는데 말이다. 성인이 된 지금도 아이는 서운함을 표현한다. 분명한 건 비교하는 부모가 아이에게 주는 상처는 생각보다 깊고 오래 지속된다는 사실이다.

가장 힘들었던 시기는 초등학교 3학년이었다. 교과서 수업이 중심이 되자, 아이는 수업 시간에 손을 자주 들고 "다른 방법도 있어요?", "선생님, 그런데 왜 꼭 이렇게 풀어야 해요?"라는 질문을 던졌다. 처음엔 선생님도 흥미롭게 받아들였지만, 시간이 지나며 아이의 질문이 수업 흐름을 방해한다고 했다.

"엄마, 학교에서는 질문하지 말래. 그냥 조용히 있으래."

그 말을 들은 순간 마음이 철렁 내려앉았다. 질문은 창의성의 씨앗인데, 그 싹이 꺾이고 있는 건 아닐까 걱정됐다. 하지만 학교 탓만 할 수는 없다. 수업내용과 상관없는 질문도 서슴없이 하는 아이를 부모인 나도 이해되지 않을 때가 많다.

아이와 메모지로 글을 써서 냉장고에 붙이기로 했다. 표현이 억제되어 그런가 보다. 하루에 하나씩 아이가 궁금한 것, 상상한 것, 만들고 싶은 것을 글과 그림으로 표현하게 했다. "엄마 그림 그리고 싶어?", "그림 그려도 돼?"라는 아이의 질문에 해도 된다고 했지만, 걱정이 컸다. 벽지에 그림을 그리는 아이를 보고 말문이 막혔다. TV에서 데생하는 화가의 모습을 보더니 데생하고 싶다고 했다. 접시를 들고 오더니 벽에 동그라미 모양을 그리고 사과를 그렸다. 순식간에 벽지는 더러워졌다. 크레파스로 나무를 그리다가 사인펜으로 개미도 그렸다. 그림을 그리다 말고 책상으로 가더니 서랍 깊숙이 있는 매직과 먹물을 꺼냈다. 도화지에 하라고 했더니 벽이 더 편하다고 했다. 벽지는 알록달록한 색깔에서 금세 새카맣게 변했다. 방바닥도 먹물로 얼룩이 지고 아이의 파란 줄무늬 티셔츠도 더러워졌다. 한동안 벽지는 아이가 그림을 그릴 수 있는 공간으로 두었다.

그 일 이후로 아이를 미술 학원에 보냈다. 학원에서 마음껏 그림을 그릴 수 있도록 했다. 선생님은 아이디어가 특이하다고 했다. 개성 있는 그림이라고 칭찬했다. 학기 초 들었던 속상한 마음이 사르르 사라졌다. 학원에서 그림을 그린 지 3개월 되었을 때, 선생님이 전국 대회에 나가 보자고 했다. 경험 삼아 한번 나가 보라는 말이었다. 경험으로 나갔던 대회에서 초등 저학년 부문 우수상을 탔다. 호국보훈의 달 노란 바탕에 웃는 군인의 모습을 그렸다. 군인의 옷은 초록색 모양의 다양한 도형으로 나타냈다. 왜 다양한 도형으로 나타냈는지 물었다. 우리나라 군인은 육군, 해군, 공군 등 다양한 군인이 있어서 여러 가지 도형으로 나타냈다고 했다. 상을 받았다는 사실보다, 아이가 "엄마, 내 생각을 사람들이 이해해 줘서 기뻐!"라고 말했을 때 눈물이 났다. 그동안의 흔들림과 불안을 견디게 한 말이다.

창의적인 아이디어가 많다고 한 미술 학원 선생님 말씀이 생각이 났다. 초등학교 3학년 1학기 때 상금으로 받은 상품권은 삼십 만원이 넘었다. 병무청으로 가서 상을 받는 날 아이는 신나 보였다. 초록색 원피스를 입고 빨간 구두를 신고 양 갈래머리를 하고 있었다. 아이의 모습은 그림 속 군인의 웃는 모습과 닮아 있었다. 가족들이 칭찬을 많이 해 주니 그림을 계속 그리고 싶다고 했다. 중학교 때까지 그림을 계속 그렸다. 화실에서 그림을 그리는 시간이 가장 행복하다고 했다.

창의성은 마음의 문을 열고 세상을 다시 그리는 용기다. 부모는 그 용기를 지지하고 응원해 주는 존재다.

지금도 완벽히 정리된 아이는 아니다. 여전히 멋대로일 때가 많다. 틀에 박힌 사고를 하는 것을 좋아하지는 않는다. 그 모습이 새로운 길을 여는 힘이라는 것을 알아간다. 부모와 교육자는 그 틀을 깨도 괜찮다고 말해 줄 수 있어야 한다. 흔들리며 키운 아이는 정답을 외우는 아이는 아니지만, 자기 길을 상상하는 아이로 자라 가고 있다.

10. 흔들리면서 크는 아이와 엄마

임혜현

처음 아이를 낳고 돌보는 순간이 떠오른다. 바쁜 신랑 대신 어두운 방 안에 아이와 단둘이 덩그러니 있었다. 세상에는 아이와 나뿐이었다. 아이가 젖을 빨며 나의 눈을 빤히 쳐다보았다. 둘만의 세계가 시작되었다. 뭉클했다. 이왕이면 잘 키워 보자는 생각이 들었다.

누구나 내 아이가 영재로 보인단다. 나도 그랬다. 아이가 5세가 되자 영재 유치원에 보냈다. 아이는 종일 딱딱한 의자에 앉아서 수업을 받았다. 영재 유치원에 보낼 뿐만 아니라 사교육도 쉴 틈 없이 넣었다. 영어뮤지컬, 독서 프로그램, 축구단 등 욕심은 끝도 없이 늘어났다. 유치원에 같이 다니던 다른 아이는 더 많은 학원에 다녔다. 조바심이 났다. 남들보다 앞서야 한다는 조급함이 늘 있었다. 영어의 성과가 나오지 않았다. 엄마표 영어를 하는 모임에 들어갔다. 그들이 세워 주는 계획에 따라 영어 음원을 들려주었다. TV에는 영어로 된 영상이 종일 흘러나왔다. 유치원 마치면 학원으로 갔다. 학원이 끝나고 집에 오면 수십 권씩 책을 읽어 줬다. 책을 읽어 주면서도 아이와 나눈 대화는 대부분 이런 말이었다. "넌 할 수 있어. 너는 최고야. 책을 많이 읽으니 멋져! 너는 훌륭한 사람이 될 수 있을 거야." 칭찬처럼 들렸겠지만 돌이켜 보니 압박이었다.

아이는 생각보다 잘 따라왔다. 영어로 노래를 부르라면 불렀다. 유치원에서 배운 내용을 알려 달라고 하면 줄줄 외우며 읊었다. 유치원을 다니는 동안 착실한 영재로 보였다. 내일 당장 서울대에 조기 입학할 것 같았다. 사교육을 꾸준히 시키는 동안 아이는 초등학생이 되었다. 1학년 담임 선생님과의 상담 시간이었다. 미리 설문지를 작성해서 보냈다. 잘 기억은 나지 않지만 '영재 유치원을 나왔고 엄마표 영어를 하고 있으며 여러 학원에 다닌다.'라는 내용을 적었던 것 같다. 나에게 처음 물어온 질문은 이랬다.
"아이가 고집이 센가요?"
불쾌했다. 아이의 학교생활이 궁금해서 상담을 신청했는데 고집이 세냐고 묻는 게 왜인지 이해되지 않았다. 그때부터 말이 귀에 들어오지 않았다. 담임 선생님이 적처럼 느껴졌다. 학급에서 친구들과 어울리지 못한단다. 학교 마치고 놀이터에서 노는 시간은 있냐고 물었다. 대답을 피했다. 집에 오면 책을 읽고 영어 영상을 본다고 자랑처럼 말했다. 하루에 몇 권의 책을 읽는지 묻자 평균 30권 이상을 읽는다고 받아쳤다. 아이에게 사교육을 많이 시키는지도 물었다. 정답이 상담지에 적혀 있는데도 담임은 무엇을 확인하고 싶은지 계속 질문만 했다. 그렇게 상담 시간이 끝날 무렵 태권도를 보내든지 놀이터에서 친구들과 놀게 해 주는 게 어떻겠냐고 말했다. 나의 눈을 보며 진지하고 단호하게 말했다. 머리를 한 대 얻어맞은 것 같았다. 유치원에서는 잘한다는 칭찬만 들었다. 이 상황이 납득이 가지 않았다.

몇 년간 해 오던 루틴이 하루아침에 바뀌지 않았다. 아이가 하고 하자마자 오디오의 전원을 켜고 책을 폈다. 아이는 집중하는 듯 책을 물끄러미 보고 있었다. 갑자기 아이의 눈에서 눈물이 뚝 떨어졌다. 몸이 아픈지 걱정이 되었다. 하지만 아이의 대답은 다른 곳에 있었다.

"엄마, 나 이거 너무 싫어. 귀도 아프고 힘들고 재미없어."

그리고는 대성통곡을 했다. 마음이 쿵 하고 내려앉았다. 그때 깨달았다. 잘하는 것만 보려 했지 마음은 제대로 본 적이 없었다. 모두 내 만족이었다.

깨달음도 잠시였다. 영어를 툭툭 던지며 말하는 아이를 보며 주위에서는 칭찬 세례를 퍼붓자 나의 어깨는 더욱 높아졌다. 아이가 하는 말을 무시하고 내 의지대로 밀고 나갔다.

"너는 잠깐 흔들리는 것뿐이야. 다시 마음잡고 바로잡을 수 있어. 몇 년만 더 고생하면 원어민처럼 말할 수 있어!"

그렇게 아이를 몰아붙였다.

그렇게 몇 달이 지나고 올 것이 왔다. 아이는 다른 방식으로 불편함을 표현했다. 두 살 터울 동생을 괴롭히기 시작했다. 잠깐 쓰레기를 버리러 간 사이에 동생의 머리카락을 가위로 자르거나 마구 때렸다. 동생을 보면 불같이 화를 냈다. 엄마가 없을 때 유독 괴롭히는 횟수가 늘어났다. 그럴수록 야단을 맞았지만 아이는 멈추지 않았다. 갑자기 숨이 막혔다. 아이에게 어떻게 그만하라고 해야 할지 몰랐다. 나도 똑같이 화를 내거나 매를 들었다. 그럴수록 아이는 동생에게 똑같은 행동을 했다. 혼자서 감당하기 힘들었다. 신랑은 모두 나의 책임으로 돌렸다. "집에서 살림만 하면서 애들도 제대로 못 봐?"라고 말하며 자주 싸웠다. 나는 한다고 하는데, 우리 가족이 다 잘 살려고 하는 건데 왜 내 탓으로 돌리는지 이해할 수가 없었다.

혼자서는 도저히 방법을 찾을 수가 없어서 지역의 육아 지원 센터에 찾아갔다. 아이의 문제를 이야기했다. 여러 상황을 묻고서는 사교육과 영어 듣기 등을 줄여 보라는 조언을 했다. 도움이 될지 의문이었지만 해 보기로 했다. 지푸라기라도 잡아야 했다.

그날 이후 나는 모든 사교육을 중단했다. 대신 아이를 바라보기로 했다. 학습 대신 바깥 놀이를, 책상 대신 식탁에서의 대화를 늘렸다. 무언가 지식을 알려 주기보다는 "오늘 하루는 어땠어?"라고 묻기 시작했다. 그렇게 조금씩 아이도 나도 달라졌다. 동생을 대하는 태도도 차분해졌다.

아이를 잘 키우는 법은 마음을 잘 보는 데서 시작한다. 사건 이전에는 '지금 이걸 안 하면 뒤처질 텐데.'라는 생각으로 늘 불안했었다. 시간이 많이 지난 지금은 아이가 행복한지, 필요한 말은 무엇인지, 먼저 살핀다. 흔들리는 건 아이만이 아니었다. 부모인 나도 흔들리며 자라고 있었다. 지금은 아이 마음을 먼저 생각해 주고 배려해 주는 엄마가 되었다. 아이의 마음을 알아차리는 순간 사랑의 방향을 찾았다.

11.
시련을 만나는 태도

전재영

    겉싸개로 감싼 아이를 안고 집에 도착했다. 자고 있는 아이를 침대에 눕히고 아내와 앉아 아이를 물끄러미 쳐다봤다. 누구를 더 닮았는지 얘기했다. 손과 얼굴도 만져봤다. 부드러웠다. 몇 분 뒤 아이가 울기 시작했다. 서둘러 기저귀를 갈아입히고 분유를 탔다. 분유를 먹은 아이는 새근새근 자기 시작했다. 조용한 새벽, 다시 울음을 터트렸다. 벌떡 일어나 움직였고 울게 하고 싶지 않아서 마음이 급했다. 분유를 다 먹고 잠이 들었다. 이 패턴은 한동안 이어졌다.
    아이가 울면 배가 고파서 운다고 생각해서 바로 분유를 먹였다. 그때부터였다. 잠을 자지 않고 계속 울었고 안아 주어도 보채며 울었다. 꼴딱 밤을 새우며 달랬고 아침이 되어서야 잠이 들었다. 아이가 혹시 잘못된 것은 아닌지 걱정돼 부모님에게 물어보았고 배앓이를 하고 있는 것 같다고 말했다. 아이가 그저 배가 고파서 우는 것으로 알았다. 알고 보니 분유를 자주 먹였던 것이 배앓이를 하게 했던 원인이었다.
    아내와 앉아 어떻게 하면 좋을지 얘기했고 아이 관련된 책과 영상을 보며 공부하기 시작했다. 이후 상태와 표정을 관찰하기 시작했고 몸에 변화가 있으면 육아 수첩에 적어 메모했다. 분유 양을 체크하며 평소 먹는 양에서 조금씩 줄여 갔고 아기 배를 마사지해 주거나 트림을 충분히 시켜줬다. 그럼에도 울고 보채면 집 온도에 이상이 있었는지, 모로 반사로 잠에서 깬 것은 아닌지 확인했다. 모로 반사는 신생아가 잠자던 위치가 바뀌거나 큰 소리와 같은 자극에 팔과 다리를 벌리거나 몸을 뒤로 젖히는 반사 행동을 말한다.

'너의 표현을 모두 이해하지 못해서 미안해, 아빠가 더 잘할게'라고 아이에게 말했다. 아이 마음을 아는 것이 중요하다고 생각했다. 그때부터 공부가 시작되었다.

아이는 또래 친구들보다 걸음이 늦었다. 서서 걷는 친구들에 비해 균형을 잡는 것조차 못했다. 별 탈 없을 것이라고 생각했지만, 걱정되는 것이 사실이었다. 다리 힘을 키우기 위해 앉아서 타는 보행기를 이용했다. 하지만 보행기는 장시간 태울 경우 아이에게 더 좋지 않았다. 오히려 보행기에 의지해서 걷지 않는 것처럼 느껴졌다. 아내에게 상의하지 않고 서서 사용하는 보조기를 사 왔다. 억지로 아이를 일으켜 보조기로 연습을 시켰다. 그 모습을 본 아내는 "억지로 시키지 마."라며 화를 냈고 결국 아내와 싸우고 말았다. 자신의 힘으로 못 걷는 아이를 일찍 걷게 할 욕심이었다. 그날 저녁 아내와 얘기했고 아이들마다 성장 속도가 달라 걸음이 늦을 수도 있으니 조급해하지 않고 기다리기로 했다. 그리고 아이가 스스로 걸음마를 할 수 있도록 동기 부여를 주면서 걸음마에 흥미를 갖도록 했다. 균형을 잡으려고 하면 음악을 들려주며 마음을 편안하게 했다. 좋아하는 곳으로 걸어갈 수 있도록 가구에 지지대를 붙이기도 했다. 가구를 잡고 이동하는 것이 더 편하고 빠르다는 것을 알았는지 아이는 며칠 만에 일어나 걸음마를 시작했다.

평소처럼 퇴근하고 집에 들어갔다. 아내가 저녁을 먹이고 있었고 바닥에는 먹다 뱉은 밥알들이 널브러져 있었다. 아이는 먹던 밥을 입에서 꺼내어 바닥으로 던졌다. 유독 그날 직장에서 어려운 일에 부딪혀 스트레스가 쌓여 있었다. 무표정으로 아이를 쳐다봤고, 그 순간 아이는 손을 내려놓고 멈칫했다. 빤히 내 얼굴을 쳐다보더니 울음을 터뜨렸다. 아빠 표정을 보고 감정 변화를 안 것이다. 아이에게 스트레스를 주고 있는 내 행동이 잘못됨을 직감했다. 문득 친구가 했던 얘기들이 떠올랐다. 친구는 36개월이 된 아들이 "어린이집 잘 다녀왔어?"라고 묻는 말에도 반응을 하지 않아 고민이었다. 평소 부모가 아이에게 어떤 행동을 보일 때마다 "안돼, 하지 마."라고 엄격하게 했는데, 그것 때문에 아이가 의사 표현을 안 하게 된 것 같다며 후회한다고 했다. 친구 이야기를 아내에게 해 주며 잘못한 것을 바로 잡기로 했고 아이가 표현할 때 반응을 보이기 위해 노력했다. 다음 날 아이에게 악어 떼 동요를 들려주자 웃음을 지으며 몸을 움직였다. 같이 노래를 부르며 악어의 손 유희 동작을 하고 따라 해 보도록 했다. 아내와 같이 춤을 추었고 아이가 따라 했다. 책을 읽을 때는 매미 사진에 맞추어 맴맴 소리를 내어 주고 목소리를 바꿔가며 동화책을 읽어 주었다. 아이가 웃으며 박수를 쳤고 더 읽어 달라고 책을 가지고 와 무릎에 앉았다.

우리 부부는 아이와 놀아 주는 역할이 달랐다. 아내는 진짜 사과를 주면서 "이게 사과야. 사과는 빨갛고 동그래. 여기 낱말 중에 사과가 어디 있을까?" 아이는 정확히 말하지 못했지만, 사과 낱말 카드를 가지고 왔다. "내려올 때는 이렇게 다리부터 내려와야 해." 아내는 아이의 눈높이에서 앉아 설명하며 따라 하도록 했다. 둘은 말소리가 끊이지 않았다.

나는 몸으로 놀아 주는 것을 택했다. 소면, 김, 호박 등 남은 음식을 가지고 서로 얼굴에 붙이는 놀이와 풍선을 만들어 머리로 튕기는 놀이 등을 하며 매일 다른 주제의 놀이를 했다. 아이가 나와 놀 때는 웃음소리가 끊이지 않았다. 놀아 달라고 옹알이로 부를 때면 몸이 지치더라도 아이와 꼭 놀아 주었다. 시간을 더 쓰면 쓸수록 아이의 표정도 밝아지고 웃음소리도 더 커졌다.

아이가 20개월이 지나면서 투정이 늘기 시작했다. 집 곳곳을 다니면서 서랍이 있으면 열기 위해 소리를 질렀고 높은 곳에 자꾸 올라가려고 했다. 안전을 위해 울타리를 크게 설치했지만 갇혀 있다고 느끼면 자지러지게 울었다. 아이를 훈육할 때라고 생각하고, 잘못된 행동에 대해 바로잡으려고만 했다. 훈육이 반복되자 아이는 놀이할 때도 나보다 아내를 더 찾기 시작했다. 아이와의 관계를 다시 회복할 방법이 필요했다.

아빠로서 아이에게 해 주고 싶었던 것을 찾던 중 생각한 해결책은 바로 가족 여행이었다. 어릴 적 부모님과 주로 여행을 다녔다. 바다를 가면 새우와 낙지를 잡고 산에 가면 계곡물에 몸을 담갔다. 서먹하기만 했던 아버지와의 관계도 좋아졌다. 여행은 늘 설렘이었고 사랑이었다. 잠시 잊고 지냈던 부모님과의 여행 추억들을 떠올리며 아이에게 소중한 여행 추억을 선물해 주자고 결심했다. 한 달에 두 번은 꼭 여행 가는 것을 계획하며 전국 방방곡곡 여러 여행지를 갔다. 꽃을 보며 아이는 손으로 만지고 향기를 맡았다. 앉아서 가만히 쳐다보기도 하며 무엇이 좋은지 혼자 웃었다. 지나가는 곤충은 책에서만 보는 것보다 더 흉내를 내며 따라 했다. 평소 모르는 사람을 만나면 낯가림이 심해 울어 버렸지만, 손으로 인사도 하며 조금씩 좋아지기 시작했다.

근처의 인프라를 활용하는 것도 하나의 방법이다. 박물관, 과학관, 미술관은 야외 여행의 단점인 자외선, 벌레, 날씨 등을 해결해 준다. 그중 영유아가 가장 좋아하는 곳은 과학관이었다. 자연사 관은 동물원에서도 보기 힘든 동물 박제와 공룡 화석도 볼 수 있다. 아이는 과학관에 가면 시간 가는 줄 모르고 돌아다닌다. 여행은 아이의 마음을 여는 열쇠였다. 훈육만 하려고 했다면 아이와 함께 할 수 있는 시간이 없었을지 모른다.

누구나 살면서 시련을 만난다. 불평만 해서는 아무것도 해결되지 않는다. 어떻게 하면 이 문제를 극복할 수 있을까에 집중할 필요가 있다. 아이를 키우면서 늘 어려움을 만났다. 배앓이를 할 때는 양과 시간을 조절하는 방법을 시도했고, 아이 걸음마를 위해서는 동기 부여 하는 방법을 떠올렸다. 투정이 늘기 시작했을 때는 여행을 통해 좋아질 수 있도록 애썼다. 매번 어떻게 할 수 있을지 고민했다. 그 노력 덕분에 아이와 소중한 추억을 쌓을 수 있었다. 오늘도 기분 좋은 고민은 이어진다. 옆에서 아이가 내 손을 잡고 나가자며 웃는다.

12.
지켜보는 용기, 기다리는 사랑

정순옥

살면서 가장 힘들었던 시기를 묻는다면, 주저 없이 '결혼 초기'라고 말할 수 있다.

큰아이를 낳고 얼마 지나지 않아 살던 아파트가 부도났다. 분가하겠다는 고집 때문이라며 시댁에서 모진 말과 차가운 시선이 날아들었다. 설상가상으로 남편 직장도 회사 합병으로 이직하게 되었다. 결혼 전에 서줬다는 보증 문제까지 터졌다. 평온하던 일상은 순식간에 무너졌다. 현실은 내가 상상했던 것보다 훨씬 더 냉혹했다. 어쩔 수 없이 일하게 되었다. 당당하게 일하는 여성의 모습을 바랐지만, 그것은 내가 꿈꾸던 삶과는 너무도 달랐다.

매일 아침은 전쟁 같았다. 잠이 덜 깬 아이를 달래 어린이집에 데려다주고, 시간에 쫓겨 허둥지둥 직장으로 향했다. 퇴근이 늦어 아이를 어린이집에 오래 맡겨야 할 때면 미안함이 밀려왔다.

도시락 통을 씻어 보내는 일조차 자주 깜빡하곤 했다.

"어머니, 도시락 확인 후 보내 주세요."라는 선생님의 짧은 쪽지를 볼 때마다 얼굴이 화끈거린 적이 한두 번이 아니다. 그런 삶 자체에 지쳐 갔다. 어릴 적 내가 느꼈던 고단함을 아이에게 고스란히 물려주는 것 같아 마음이 무거웠다. 맛있는 간식을 만들어 주진 못해도, 부모로서 책임을 다하고 있다는 면목을 갖고 싶었다. 욕심이 앞서 학원 순례를 시작했다. 큰아이는 초등학생 시절에 미술, 글짓기, 성적 우수 등 다양한 상을 받으며 나를 기쁘게 했다.

하지만 그도 잠시, 중학생이 되고 사춘기가 찾아오면서 딸은 고무풍선처럼 흔들리기 시작했다. 어느 날부턴가 아이돌 그룹 '틴탑'에 푹 빠지더니, 학교 댄스 동아리의 리더로 활동하며 성적이 점점 떨어지기 시작했다. 처음엔 잠깐의 일탈이라 생각했다. 그 시기는 생각보다 길었다. 내 속을 아는지 모르는지, 딸은 동아리 대회에서 곧잘 상을 타왔다.

그러던 어느 날, 낯선 번호로 전화가 왔다. 음악 과외 선생님이었다.

"어머니, 다른 학생 과외 갔다가 우연히 미선이를 테스트해 봤는데요. 음감도 좋고 손놀림도 부드럽더라고요. 피아노 실력도 꽤 괜찮아요. 혹시 예체능 쪽으로 생각해 본 적 있으세요?"

나는 얼떨결에 대답했다.

"아뇨, 그냥 잠깐 호기심일 거예요. 지금 시작하기엔 너무 늦기도 했구요."

속으로는 '과외 하라고 얘기하려나 보다' 싶어 시큰둥한 반응을 보였다. 그런 나에게 선생님은 딸이 도내 학생 음악 경연대회에 나가니 꼭 한 번 보러 오라고 권했다. 밑져야 본전이지 하는 마음으로 딸에게 말하지 않고 공연장을 찾았다. 행사장은 생각보다 컸다. 맨 뒷자리에 앉아 무대에 선 아이를 보니 심장이 두근거렸다. '저 아이가… 우리 딸이 맞아?' 크고 당찬 목소리, 흔들림 없이 노래하는 모습에 감탄이 절로 나왔다. 결과는 금상이었다. 단 한 번도 학원에 다닌 적이 없는데도 말이다. 과외 선생님의 설득 끝에 피아노도 사주고 과외도 몇 달 시켰다.

하지만 기쁨도 잠시, 고등학교 진학을 앞두고 고민이 깊어졌다. '지금 시작해서 과연 가능할까?', '어릴 때부터 준비해온 아이들과 경쟁이 될까?', '음악은 너무 좁고 불안정한 길이 아닌가?'라는 갈등이 시작됐다. 직장을 잡고 음악은 취미로 하자는 나의 현실적인 조언과, 영어·수학 학원 대신 음악 학원에 다니고 싶다는 딸의 주장은 매일 부딪혔다. 어느 날, 딸이 울먹이며 말을 꺼냈다.

"나보다 춤도 못 추는 친구는 예고 간다고 식구들이 다 서울로 이사했대. 엄마는 왜 날 한 번도 믿어 주지 않아?"

순간, 뒤통수를 한 대 얻어맞은 것 같았다. 그동안 아이를 믿기보다 현실이라는 틀 안에 가두고, 그 안에서 가능성을 부정하고 있었던 것 같았다.

결국, 딸의 선택을 받아들이기로 했다. 솔직히 말하면, 혹시라도 나중에 원망을 듣게 되지 않을까 두려웠다. 그날부터 실용음악 학원을 찾아다니며 상담을 받기 시작했다.

마음 한편에는, 아이가 현실의 벽을 느끼고 스스로 생각을 바꾸길 바라는 마음도 있었다. 하지만 그런 기대와는 달리, 학원 원장님의 설명에 나 역시 설득당하고 말았다. 아니, 어쩌면 나도 누군가의 말에 기대고 싶었던 건지도 모르겠다.

"꼭 가수가 되지 않더라도, 음악을 통해서 할 수 있는 일은 정말 많아요. 진로는 한 방향만 있는 게 아니니까요." 그 말에 조금은 안심이 되었다. 딸은 결국 실용음악과가 있는 특성화 고등학교에 진학했다.

입학식 날, 기숙사에 두고 돌아오는 길에 얼마나 울었는지 모른다. 친구들과 환하게 웃는 딸의 모습이 고맙고, 또 한편으론 서운하고 야속했다. 문득, 나도 엄마에게 이런 딸이었을까 하는 생각이 들었다.

며칠 뒤, 딸의 방을 정리하다 우연히 오디션 참가 신청서에 적힌 자기소개서를 보게 됐다. '노래하는 게 너무 좋은데, 부모님의 반대로 꿈을 접을까도 생각했습니다. 하지만 저는 꿈을 포기하고 싶지 않습니다….' 짧은 글이었지만 그 안엔 딸의 간절함과 진심이 고스란히 담겨 있었다. 너무 늦게야 아이의 마음을 제대로 들여다본 것 같아 미안함이 밀려왔다. 잘한다고, 잘하고 있다고, 잘할 거라고, 그 말 한마디를 왜 그동안 해 주지 못했을까 싶다.

딸은 지금도 누구보다 열심히 자기 길을 걸어가고 있다. 힘든 시기도 있지만, 꿋꿋하게 이겨 내며 한 걸음씩 나아가고 있다. 예전에는 흔들림이 곧 실패처럼 느껴졌다. 하지만 이제는 안다. 흔들리는 건 성장의 증거다. 중심을 잡아 가는 모든 시간이 아이를 더욱 단단하게 만든다.

부모는 때때로 조급해진다. 앞장서서 끌고 가고 싶고, 넘어지지 않도록 길을 닦아 주고 싶어진다. 하지만 '자식 농사'는 내 마음대로 되지 않는다는 걸 이제는 잘 알고 있다. 아이는 자신의 속도와 방향으로 자란다. 부모가 해야 할 일은 그저 옆에서 기다려 주고 지켜봐 주는 것이다.

필요할 때 등을 토닥여 주고, 조용히 손을 내밀어 주는 것, 그 이상 욕심을 내서도 안 된다. 부모의 역할은 완벽하게 키우는 것이 아니라 흔들림을 지켜볼 수 있는 여유를 갖는 것이다. 그런 부모가 되기 위해서 오늘도 연습 중이다.

13.
고맙다, 아들들

정종관

 서울시를 포함한 지자체에서 강사 모집 공고가 떴다. 제출해야 할 서류에는 초본도 있었다. 주민 센터에 있는 키오스크에서 무료로 셀프 출력이 가능하다. 노란색 노인일자리 조끼를 입은 도우미가 친절하게 안내를 해 준 덕분에 쉽게 출력했다. 보통 등본을 떼어 보면 한 장 아니면 두 장인데 초본은 여러 장이 출력되었다. 세어 보니 무려 다섯 장이다. 오류가 발생해서 잘못 출력되었나 싶어서 천천히 확인해 봤다. 안경을 가지고 가지 않아서 인상을 찌푸리며 실눈을 뜨고 살펴봤다. 맞다. 깨알같이 작은 글씨로 서른다섯 개의 칸이 가득 채워져 있다. 한참이나 우두커니 서서 초본에 나와 있는 주소를 확인했다. 결혼하던 해인 1990년부터 전역하던 2018년까지 자세하게 나와 있다. 군 생활의 여정이 한눈에 보였다. 그때 그 시절이 아련히 떠오른다. 얼마나 시간이 흘렀을까. 이상이 있냐는 소리에 아까 그 도우미와 눈이 마주쳤다. 감사하다는 인사를 하고 주민 센터를 나와 집으로 왔다.
 "여보, 우리 군 생활하면서 이사를 몇 번 정도 했는지 기억나?"
 "갑자기 웬 이사. 뭔 일 있어?"

아내가 깜짝 놀라며 눈이 동그래진다.
"아니, 주민등록 초본을 떼 봤는데 이사를 생각보다 많이 했네."

이사를 많이 했던 만큼 아이들도 학교를 부단히도 옮겨야 했다. 큰아들은 대구 있는 초등학교를 거쳐 경기도 덕정과 양평, 그리고 다시 덕정으로 네 번을 옮긴 뒤에야 졸업을 했다. 작은아들도 형 따라 세 번을 옮기고서야 중학교에 입학했다. 철부지 초등학생 시기여서인지 아이들은 큰 탈 없이 잘 적응해 주었다. 심지어 큰아들은 중학교를 수석으로 입학해서 아내와 나에게 기쁨을 넘어 행복한 선물을 안겨 주었다. "명권이는 나 안 닮고 당신 닮았나 본데."라며 아내를 띄워 주니 입이 귀에 걸린다.

중학교에 입학하게 되면서부터 서서히 걱정이 앞섰다. 초등학교 때와는 달리 중학교는 여러 가지로 예민한 시기다. 아빠 따라 계속 학교를 옮길 것인지, 아니면 아내와 아이들을 한 곳에 정착시킬 것인지에 대한 고민이다. 보통의 부모라면 아이들의 안정된 학업을 위해서라도 중학교부터는 한곳에 정착한다. 초등학교 때부터 아내가 아이들과 같이 생활하면서 양육과 교육을 담당하고, 남편은 군의 인사 명령대로 부대를 옮겨 다니는 경우가 대부분이다. 그렇다 보니 대부분의 군인들은 자녀 교육 문제로 원치 않는 이산가족이 되어 생활한다. 나도 별반 다름이 없다. 아내의 의견에 따르기로 했다. 큰아들은 다행히도 한 곳에서 중학교를 마칠 수 있는 여건이 되었다.

작은아들 성우가 중학교에 입학한 지 얼마 안 되어 문제가 발생했다. 갑작스러운 군의 인사 명령으로 경기도 양주에서 대전으로 근무지를 옮겨야 했다. 아내와 나는 다시 무릎을 맞대고 앉았다. 이번에도 아내의 의견에 따르기로 했다. 양주보다 대전이 교육이나 생활 여건이 좋을 것이라는 판단에 전학을 시키기로 했다. 아들도 괜찮다는 의견을 내 주었다. 전학 후에도 성적이 우수하고 인성도 좋고 운동도 잘해서 인기 짱이었다. 방송반 활동을 하면서 친구들과도 잘 어울렸다. 학교에서는 전교 학생회장을 염두에 두고 있다는 귀띔을 해 주었다. 최근 개교한 학교여서 초대 학생회장이 될 수 있는 기회인 것이다. 그런데 다시 문제가 발생했다. 근무지를 옮긴지 얼마 되지도 않았는데 갑작스러운 인사 명령이 났다. 큰 훈련을 앞두고 강원도 홍천에 있는 부대로 발령이 난 것이다. 진급을 앞두고 있는 군인이라면 누구나 욕심을 내는 작전참모라는 요직이다. 어렵고 힘든 업무가 예상되었지만 욕심이 났다. 성우가 마음에 걸렸다. 전학 이후에 잘 적응하고 있고 전교 학생회장까지 할 수 있는 기회였다. 이런 좋은 기회가 흔하지 않을 텐데 전학을 시킨다는 것이 마음에 걸렸다. 아내와 다시 얼굴을 마주했다. 군인의 아내로 십여 년을 보낸 아내도 이미 반 군인이 되어 있었다. 아내는 단호했다. 작전참모는 군에서 최고로 힘든 보직 중 하나이기에 남편 건강을 고려한다면 혼자 보낼 수 없다는 것이다. 성우를 잘 설득해서 학업도 책임지고 남편 진급도 시키는 두 마리 토끼를 다 잡겠다는 큰 그림을 그렸다. 내심 좋기는 했지만 성우 생각이 중요했다. 이번에도 성우는 괜찮다고 했다. 중학교에 입학한 지 얼마 되지도 않은 기간에 두 번째 학교인데도 말이다. 부모의 마음을 헤아릴 정도로 성장했나 하는 생각도 들었지만 미안하고 고마운 마음에 눈물을 글썽였다. 헛기침을 하면서 얼른 화장실로 향했다.

아내와 함께 전학에 필요한 서류를 챙겨서 홍천에 있는 학교로 향했다. 담임 선생이 걱정을 많이 한다. 중학생이라는 예민한 시기에 벌써 두 번째 학교이고 그것도 시골에 있는 학교인데 잘 적응하겠느냐는 이유였다. 성적은 좋았는지 물어본다. 학급 평균을 깎아 먹는 건 아닌지 걱정했다. 기분이 썩 좋지는 않았지만 그 정도는 아니라고 하고 교문을 나섰다. 마음이 무거워서였는지 아무런 대화도 없이 집으로 향했다. 늦은 시간에 퇴근을 했는데 저녁을 준비하는 아내 표정이 밝고 콧노래까지 흥얼거린다.
"무슨 좋은 일이 있어? 기분이 좋아 보이네."
아내는 눈길도 주지 않으면서 퉁명스럽게 한마디 툭 던진다.
"성우가 이번 시험에서 학급 1등 했대."
전학 오자마자 치러진 중간고사에서 아들이 학급 1등을 했다는 연락을 담임으로부터 받았다는 것이다. 고맙다는 인사까지 전했단다. 그래! 저녁을 준비하고 있던 아내를 등 뒤에서 꼭 안아 주었다. 고생했다는 말을 하려는데 말끝이 흐려진다. 으흠, 목에 뭐가 걸렸나. 아내가 뒤돌아서더니 나를 꼬옥 안아준다. 아내도 성우도 너무 고마웠다. 학급 평균 성적 깎아 먹어서는 안 된다고 했던 담임 선생에게 한 방 먹이는 기분이었다.

아내가 담임 선생 호출로 학교에 다녀왔다. 성우가 학교에서 성적도 떨어지고 운동만 좋아하는 친구들과 어울린다는 것이다. 전학 온 학생들에게 나타나는 일반적인 현상이라는 말까지 덧붙였단다. 학교생활에 잘 적응하고 친구들과도 잘 어울리는 줄 알았는데 시간이 지나면서 심리적인 부담이 있었나 보다. 어떻게 해결해야 할지 고민이 되었다. 아내와 마주 앉았지만 딱히 해결책이 떠오르지 않는다. 어느 휴일에 풋살 대회에 참가한다며 유니폼과 풋살화를 사 달라고 한다. 풋살 대회 장소를 인터넷으로 검색해서 아들 몰래 아내와 함께 풋살장으로 향했다. 풋살을 잘하나 못하나의 문제가 아닌, 같이 어울리는 친구들을 알아보기 위해서다. 결과는 1승 1패로 예선에서 탈락했다. 몰래 경기장을 빠져나오려는데 아들이 우리를 발견했다.

"어떻게 오셨어요?"

"너 응원하러 왔지."

친구들과 인사나 하고 갈까 물었더니 그러세요, 하면서 친구들을 소개해 준다. 체격도 좋고 인상도 선해 보이는 친구들이다. 그렇지만 담임 선생이 했던 말이 귓가에 맴돈다. "너희들 배고프지, 떡볶이 사 줄까."라는 말이 떨어지기도 전에 좋다고 한다. 배가 고팠나 보다. 막상 대화를 해 보니 좋은 친구들이라는 생각이 들었다. 아내도 같은 생각이다. 친구들과 조금 더 있다가 들어온다는 아들을 뒤로하고 아내와 손을 꼭 잡고 가벼운 마음으로 승용차에 올랐다. 성적은 조금 떨어졌지만 아들이 잘 적응하고 있는 모습을 보니 고맙고 감사했다. 행복은 성적순이 아니라고 하지 않았던가. 그 이후에도 다시 한번 학교를 옮겨서 무려 네 곳의 중학교를 거쳤다. 감사하게도 우수한 성적으로 중학교를 졸업하고 형이 다녔던 경기도 광명시에 있는 명문 자립형 사립 고등학교에 입학했다.

군 복무를 하면서 자녀 교육에 실패하는 사례를 많이 봐 왔다. 아내가 선택한 현명한 판단과 포도송이 같은 땀방울 덕분에 아들들은 잘 버텨주었다. 내가 모르는 눈물도 숱하게 흘리며 가슴앓이도 했으련만, 속 깊은 아내는 남편 걱정 시키지 않기 위해 단 한마디 불평도 하지 않았다. 아들들 역시 마찬가지다. 매번 새로운 환경에 적응하느라 쉽지 않았을 텐데, 그때마다 잘 해내 주었다. 덕분에 군 생활에 집중할 수 있었다.

스페인의 신부이자 철학자인 발타자르 그라시안은 이런 말을 남겼다.

"가장 귀중한 사랑의 가치는 희생과 헌신이다."

우리 가족의 삶이 그랬다. 아내와 아들이 있어 오늘도 에너지 가득한 인생을 살아간다.

14.
진정한 내려놓음은
사과에서 시작된다

주민정

"나 진짜 이번엔 애 내려놨어. 정말 공부를 1도 안 해. 무슨 생각인지 모르겠어. 그냥 포기야, 포기."

얼마 전 작은아이 친구 엄마와 통화할 때 나눈 대화다. 내가 한 말인지 상대방의 말인지 구분 지을 필요도 없다. 번갈아 가며 습관처럼 내뱉는 육아 레퍼토리 중 하나다. 자기 선언문처럼 의지를 담기도 하고, 심지어 자기 위로처럼 스스로에게 되뇌일 때도 있다.

내려놓았다는 말에는 속상함, 체념, 분노, 그리고 무엇보다 아직 놓지 못한 마음이 남아 있다. 그런 엄마의 선언은 하루가 채 지나지 않아 무너지곤 한다. 그 밤, 아이 방을 쳐다보며 '이러다 정말 아무것도 안 되면 어쩌지?'라는 불안에 잠들지 못한다. 그러다 보면 어김없이 '어디서부터 잘못된 걸까?'라는 스스로를 향한 비난과 후회가 밀려온다.

내려놓는 연습은 두 아이를 키우는 동안 계속 되어 왔다. 그 당시 내려놓음은 욕심을 내려놓는 연습이었다. 유치원부터 초등학교 시절까지 매 학기 초는 아이에게도 나에게도 힘든 시기였다. 특히 공개수업 날은 내면의 전쟁터 같았다. 아이와 눈을 마주치고 애써 웃지만, 입꼬리에 경련이 일고 속은 탈이 난 것처럼 쓰렸다. 겉으로는 다른 학부모들과 눈을 맞추고 웃었지만, 마음은 만신창이였다. 집에 오는 길에 서럽게 울었던 적이 한두 번이 아니다.

주변의 시선이 신경 쓰이고, 욕심이 올라오기도 했지만, 아이들은 아이들의 시간표대로 자라고 있다고 믿었다. 그 믿음이 흔들릴 때마다 아이들의 추억이 있는 카카오스토리를 살펴보곤 했다. 한 달에 서너 장 올린 그 사진들이 6개월, 1년, 2년이 쌓이고 나니 아이들의 성장이 보였다. 그것은 남들과의 비교가 아니다. 비교 대상이 있다면 어제의 내가 되는 게 맞다.

큰아이의 선택적 함묵증은 조금씩 나아지는 듯했다. 하지만 초등학교 5학년 때까지 반 전체가 들을 수 있게 발표하는 것은 어려워 보였다. 말하는 순간 모든 주목이 자신에게 쏠리고, 반 아이들이 조용해지니 더욱 긴장감이 높아져서 입을 뗄 수가 없다고 했다. 그래도 친한 친구들과 축구도 잘했고, 학교 밖에서의 활동에는 거의 어려움이 없을 정도로 발전했다. 그 당시 나의 행복은 아이가 즐거워 보이는 모든 순간들이었다. 친구들과 닌텐도를 하며 까르륵 웃어대던 모습은 피로회복제였다.

그래도 중학교에서의 새로운 환경이 걱정되기는 했었다. 그 무렵, 남편이 대치동으로 이사 가자는 말을 꺼냈다. 그 말을 들었을 때 펄쩍 뛰었다. 환경, 활동, 사람에 긴장도가 높은 아이에게 이사는 위험신호와도 같다고 생각했다. 게다가 우리나라 사교육 1번지인 대치동으로 이사를 가자니 정말 기가 막혔다. 그렇다고 다른 의견을 낼 용기도 없었다. 원래 살던 곳에 머무는 것이 좋겠다는 확신이 없었기 때문이다. 보통 아이들은 새 학기에 많이 변한다. 그중에서도 중학교 입학과 고등학교 입학 때 가장 크게 변하곤 한다. 이사는 아이를 성장시키는 디딤돌이 될 수 있을 것이라 생각했다. 결국 코로나19가 시작될 무렵 대치동으로 이사를 하게 되었다.

뜻밖에도 아이들은 대치동 생활에 적응을 잘했다. 코로나19로 인한 언택트 수업은 대면으로 다수를 만나는 걸 힘들어하는 아이에게 호재였다. 서서히 적응할 시간을 벌 수 있었다. 게다가 수학을 좋아하던 아이는 초등학생들 사이에서 제일 유명한 수학 학원에 합격했다. 전에 살던 동네에서 그리 특출나던 게 아니었기에 그저 감사했다. 무엇보다 아이 스스로 자존감이 올라가는 것 같았다.

초등학교 졸업을 앞둔 겨울, 과학 학원 선생님에게서 상담 전화가 왔다. 대부분 선생님들과의 전화는 달갑지 않은 시간이었다. 그런데 큰아이 덕분에 수업할 힘이 난다는 것이었다. 대답도 제일 잘 해 줘서 너무 예쁘다는 이야기였다. 그날 밤, 가슴이 콩닥거렸다. 엄마로서 항상 아이의 사회성을 과제인 양 끌어안고 지냈다. 무엇보다 거의 내려놓고 있었던 부분이었다. 역시 아이는 자신만의 시간표대로 성장하고 있었다.

큰아이가 초등학교 다닐 때는 내려놓는다는 표현을 자주 쓰지 않았다. 아이가 할 수 없어서 못하는 상황이라고 생각했기 때문이다. 그리고 아직 달라질 시간적 여유와 기회가 있는 시기라고 생각했다. 고등학교 입시를 준비해야 하는 시기가 다가오자 마음이 조급해졌다.

주변에서 정보를 모으고 그것을 기준 삼아 아이에게 들이밀었다.

"이것을 하면 너에게 도움이 될 것 같은데 네 생각은 어때?"

의견을 묻는 듯 포장했지만 사실 아이가 하겠다고 대답할 것을 알고 있었다. 주변 아이들이 해내면 우리 아이도 해냈으면 했다. 선택적 함묵증이 어느 정도 나아졌다는 생각이 들자 그동안 꿈꿔보지 못한 욕심을 마음껏 부렸다. 그것이 내 아이를 아프게 하는 일인지도 모르고 말이다.

큰아이는 중학교 1학년 때 고등학교 수학 전 과정을 10개월 만에 다 풀어냈다. 대치동 친구들의 수학 선행 속도와 심화를 따라잡다니, 아이가 자랑스러웠다. 큰아이는 인내심이 강했다. 힘들어도 좀처럼 내색하지 않았다. 나는 칭찬과 격려보다는 그다음을 외쳤다. 그때가 많이도 후회된다.

고등학생 되자 아이에게 무기력이 찾아왔다. 아무것도 하고 싶어 하지 않았다. 이유 없이 졸리는 기면병이라는 난치병도 함께였다. 함묵증 때처럼 곁에서 도우면 나아질 줄 알았다. 그러나 아이는 완전히 멈춰 있었다.

새롭게 아이와의 관계를 수립해야 했다. 그 시작은 진심 어린 사과였다. 나의 부족함을 인정하는 것이었다. 나는 잘했는데 네가 문제라는 시각으로는 관계를 개선할 수 없다. 아이들에게 마음의 상처를 주었던 행동들이 떠오른다. 나는 아이 삶의 주인인 것처럼 행동했고, 나의 선택에 대해 아이에게 책임을 전가했으며, 결과에 집착해 아이의 마음을 보지 못했다. 그 모든 장면이 떠올랐고, 생각날 때마다 진심으로 사과했다. 사과는 마무리가 아니라 새로운 시작이다. 사과는 내가 완벽하지 않음을 인정하고, 아이를 인격적으로 바라보겠다는 다짐이다.

아이를 키우면서 힘들 때도 있었고, 보람을 느낄 때도 있었다. 늘 좋았던 것도 아니고 그렇다고 늘 힘들었던 것도 아니었다. 그저 자연스럽게 받아들이면 되는 건데 그때는 그러지 못했다. 진정한 내려놓음은 존재 자체를 소중히 여기는 마음이다.

15.
자녀와 함께 성장하는 부모

허영선

    독일에서 큰아들 준수를 낳고 백일쯤 되었을 때, 오른쪽 뺨에 제법 넓게 얼룩이 생겨났다. 돌이 되니 얼룩은 좀 더 선명하고 넓은 점으로 자리를 잡았다. 준수가 상처받지 않으면 해서, 의사와 상의 후 전신마취를 하고 레이저 시술을 했다. 아들은 마취에서 깨면서 통증으로 몹시 고통스러워했다. 몇 날 며칠을 서로 울었다. 다신 하지 말자. 성인이 되어 고통을 감당할 수 있을 때 해야겠다고 다짐했다.
    준호가 7세 되던 봄에 귀국했다. 아파트 놀이터에서 노는데 옆에 있던 여자아이가 "아줌마 쟤 얼굴에 저거 뭐예요?"라고 물었다. "응, 점이야."라고 하니 "아이, 징그러워." 하며 고개를 돌렸다. 그 순간 아들의 표정이 바뀌었다. 여자 아이의 눈치를 살피고 고개를 숙인다. 상처를 받은 듯했다. 처음 듣는 말에 얼마나 놀랐을까? 가슴을 쓸어내렸다. "사람들은 몸에 크고 작은 점들이 하나씩은 있어. 하지만 나쁜 거 아니고, 병도 아니야. 그렇게 말하면 친구가 상처받잖아. 다시는 그렇게 말하지 마."라고 말했다. 그리고 아들에게도 전했다. "혹시 다음에도 이런 일이 생기면 가만히 있지 말고 당당하게 너의 생각이나 기분을 표현해."라고.

남편이 천안 지역으로 발령받은 후, 두 번째 사건이 터졌다. 준수는 얼굴에 있는 점 때문에 같은 반 아이에게 '아프리카 검둥이'라는 놀림을 받았다고 한다. 긴장되고 낯설기만 한 환경에서 예상치 못한 인종차별적인 말을 들었을 때, 얼마나 당혹스럽고 모욕감을 느꼈을까? 전학 첫날부터 놀림받아 화가 났지만, 주눅 들지 않고 하지 말라고 분명하게 말했다고 한다. 하지만 그 학생은 다음 날도 똑같은 말로 놀렸고, 아들은 세 번째는 가만두지 않겠다고 경고했단다. 3일째 점심시간, 급식실로 이동하는데 '아프리카 검둥이'라고 놀리고 뛰어가는 아이를 참다못한 준수가 뒤따라 달려갔다. 이단 옆차기를 날려 쓰러뜨리고 주먹으로 때렸다고 했다. 선생님께 둘 다 불려 가 혼났지만, 선생님도 친구를 놀린 그 학생을 더 혼냈고 다신 놀리지 않겠다는 다짐을 받아 냈다고 했다. 말도 없이 혼자서 마음고생 했을 큰아들이 안쓰럽고 미안하게 느껴졌다. 하지만, 스스로 문제를 해결하고 자신을 지켜 낸 힘과 용기 있는 태도가 멋지고 대단해 보였다. 앞으로 어떤 난관도 해결해 나갈 수 있겠다는 강한 믿음이 생겼다. 더 놀랍고 감동한 일은 따로 있었다. 엄마가 걱정할까 봐 말하지 말라고 동생한테 부탁했다고 한다. 아들은 엄마가 생각하는 것보다 더 속이 깊었다. 그 이후로 준수는 무탈하게 학교생활을 이어 갔다.

둘째 민수는 비교적 평탄한 유년 시절을 보냈다. 갓난아기 때부터 순둥이였다. 천안으로 이사했어도 전학생 같지 않게 친구도 잘 사귀고, 리더십도 발휘하며 적응을 잘했다. 초등학교 3학년이 되던 해 처음으로 문제가 발생했다.
어느 날, 아들이 학교에 오지 않았다는 담임 선생님의 전화를 받왔다. 집에서는 분명 학교에 간다며 나갔는데 어찌 된 일일까? 가슴이 철렁 내려앉았다. 걱정되고 불안한 마음에 급하게 집을 나섰다. 사거리 횡단보도 옆 보도블록 위에 쪼그리고 앉아 있는 둘째를 발견했다. 안도감과 동시에 미안함이 밀려왔다. 바로 담임 선생님에게 전화를 드렸다. 아들에게 물어보니 이유 없이 학교에 가기 싫다고 한다. 아들 손을 잡고 아파트 내 놀이터로 걸어갔다. 그네에 앉았다. 다시 물어봐도 분명한 이유는 말하지 않고, 그냥 학교 가기 싫다고 했다. 그럴 수 있다고, 학교 가기 싫은 날이 있다고 아들 마음을 이해해 주었다. 조금 지나서 기분이 풀렸는지 학교에 가 보자는 말에 아들은 따라나섰다. 학교 끝나고 집에 돌아온 아들은 말했다.

"엄마, 보건 선생님이 나보고 병원에 가 보래요."

"왜?"

"머리가 많이 빠졌대요."

깜짝 놀라 살펴보니 원형 탈모가 생겨 있었다. 가슴이 철렁했다. 엄마라는 사람이 그동안 뭐 했나 싶어 자책했다. 민수를 끌어안고 몰라줘서 미안하다고 사과하며 울었다. 도대체 얼마나 스트레스가 심했으면 원형 탈모가 생겼을까?

민수와 단둘이 이야기를 시작했다. 형은 자기에게 온갖 심부름을 다 시키고, 싫다고 하면 기어오른다고 때리기도 했다고 한다. 엄마는 동생만 예뻐한다는 말도 덧붙였다. 게다가 엄마 공부만 신경 쓰느라 시험 기간엔 얼굴 보기도 힘들었다고 했다. 사실 그랬다. 아이들 학교와 유치원 보낸 뒤, 바로 도서관에 가서 종일 방송통신대학교 시험공부를 했다. 시어머니에게 집안 살림을 맡기고 도서관에서 2, 3주를 살았다. 자기 계발하느라 아이들을 세심하게 살피지 못했다. 한동안 민수는 억울하고 서운했던 감정을 나에게 쏟아 냈다. 형과 동생 사이에서 얼마나 스트레스를 많이 받고, 서운했는지 알게 되었다.

민수가 중학교 들어가면서 더 큰 시련이 있었다. 늦은 밤까지 친구들과 놀다가 자정을 넘기는 일이 잦아졌고, 당구에 빠져 학업도 소홀했다. 남편과 나는 늦은 저녁에 둘째를 찾으러 동네를 둘러보는 날이 많아졌다. 어느 날 학원 선생님으로부터 전화가 왔다.
"어머니, 친구들이 그러는데 민수가 선배한테 많이 맞았다고 합니다. 빨리 학원으로 나와 보세요."
이건 또 뭐지, 하며 바로 학원으로 달려갔다. 학원에서 아들이 선배한테 학교 폭력을 당하고 있다는 사실도 알게 되었다. 가슴이 찢어지는 듯 아팠고, 잠도 오지 않고 위경련이 일어났다. 통증이 심해서 배를 움켜잡고 침대 위를 데굴데굴 굴렀다. 큰아들이 달려와 119를 부르겠다고 했지만 잠깐 기다리라고 했다. 응급 처치로 겔포스를 먹고 나니 심한 통증이 좀 가라앉았다. 다음 날 아침, 남편은 아들과 친구들에게 들은 정보를 정리해서 학교를 찾아갔다. 학교 폭력 위원회를 열어 달라고 제안하고 가해자의 전학을 요구했다. 남편이 꼼꼼하게 잘 준비한 덕분에 원하는 결과를 이룰 수 있었다.

고등학교 진학 후에도 우여곡절이 많았다. 머리가 큰 만큼 활동이 과감해졌다. 공부에 뜻이 없어 치킨집에서 아르바이트했다. 배달하다 보니 오토바이를 타게 되었다. 청소년들의 질주 본능을 아르바이트하며 더 키운 것 같았다. 월급 받아서 오토바이를 구입했고, 가족 모르게 집에서 먼 곳에 보관했다고 한다. 밤에 또래들과 술 마시고 노는 줄만 알았지, 오토바이를 타고 질주한 사실은 전혀 몰랐다. 치킨집 사장님이 아이들의 이야기를 엿듣고 귀띔해 준 덕분에 알게 되었다. 그렇게 말려도 정신 못 차리더니 가까운 선배가 교통사고로 사망한 현장을 목격한 후에야 오토바이를 더 이상 타지 않았.

하루는 퇴근하고 와 보니 속도위반 벌금 청구서가 와 있다. 카메라에 찍힌 시간은 새벽 2시 50분. 설마 면허도 없는 아들일 거라고는 생각도 못 했다. 어느 날 잠을 자다 깼는데 핸드백이 보이지 않아서 아들 방에 가 보니 핸드백은 옷장 안에 있고 자동차 키가 없었다. 아무래도 아들이 키를 갖고 나간 것 같았다. 남편을 깨우고, 핸드폰으로 전화를 걸면서 주차장으로 달려 나갔다. 아들이 운전석에 앉아 고개를 숙이고 있었다. 출발하지 않은 게 다행스럽고 고마웠다.

3학년이 되니 대학교는 가겠다고 했다. 진로 문제와 직업에 관심 갖는 것만으로도 기특했다. 다행스럽게도 전문대 철도교통학과에 붙었다. 학교 앞에 자취방을 구해 주었다. 대전에서 생활하니 주중에는 공부하고, 주말엔 천안에 와서 옛 친구들을 만나 술 마셨다. 그러다 뭔가를 깨달았는지 1학년 2학기 때부터는 공부나 해야겠다며 열심히 하더니 장학금을 받았다. 뒤늦게 정신 차린 만큼 목표 의식이 뚜렷해졌다. 4년제 대학교 철도교통학과로 편입했다. 졸업하더니 기술직이 아니라 기관사가 되고 싶다며 철도 차량 운전면허(기관사) 교육 과정을 6개월 이수하고 면허를 취득했다. 졸업 후 처음으로 경기도 지역에 취업 준비를 했지만 떨어졌다. 상심했지만 더 열심히 공부해서 다음 해 서울 지역에 합격했고 지금까지 잘 근무하고 있다.

　엄마 마음이 이런 건가? 아들이 취업하는 순간 마음고생은 눈 녹듯 사라졌다. 아이를 키운다는 것은 끝없는 인내와 기다림의 연속임을 깨달았다. 이 세상엔 반드시 좋은 일만 있는 것도, 나쁜 일만 있는 것도 없다. 경험이 많은 만큼 이해의 폭도 넓고, 더 야무지고 단단해졌다는 생각이 든다. 아이가 흔들리는 만큼 부모는 더 성장한다. 그동안의 힘든 기억은 옅어지고 자랑스러움만 남았다. 그 아들이 어엿한 성인이 되어 얼마 전에 결혼을 했다. 그저 고맙고 감사하다.

3부

완벽하지 않아도 괜찮아

1.
부모가 되는 길,
아이와 함께 자라는 시간

김용화

완벽한 부모는 없는 것 같다. 아이를 키우면서 내가 가장 먼저 깨달은 진실이다. 나 역시 그런 부모다. 하루에도 몇 번씩 실수하고 때로는 아이보다 더 감정에 휘둘릴 때도 있다.

첫째가 고3일 때 일이다. 그날 아침도 그랬다. 통학 버스 시간이 다가오는데, 아이는 느릿느릿 준비하고 있었다. 나는 초조한 마음에 자꾸 시계를 보며 아이를 재촉했다.

"빨리 가방 챙기고 밥도 먹어야지."

"알았어, 지금 하고 있잖아."

"지금 하고 있는 게 이 속도야? 엄마는 답답해서 미치겠네."

결국 목소리가 높아졌고, 아이도 큰소리로 맞받아쳤다.

"왜 자꾸 소리 지르는 거야? 나도 기분 나빠!"

그 말에 순간 말문이 막혔다. 아이의 말은 마치 거울 같았다. 어른이고 부모지만, 정말 어른답게 행동했는가. 초조함을 이기지 못하고 감정을 아이에게 쏟아 낸 내가 부끄러웠다. 그 감정을 아이는 고스란히 받아 내야 했다. 그 순간이 아이에게 상처로 남았을지도 모른다. 그날, 나는 중요한 걸 하나 배웠다. 아이와의 일상은 나를 비추는 거울이라는 것을. 아이의 말과 행동, 표정에는 내 감정과 태도가 그대로 담겨 있었다. 내가 짜증을 내면 아이도 쉽게 예민해졌고 내가 여유를 가지면 아이도 안정감을 찾았다. 그렇게 아이와 부딪히고 후회하고 다시 다가가면서 나도 부모가 되어 가고 있었다. 아이와 함께하는 시간은 늘 나를 돌아보게 한다. 내가 어떤 사람인지, 어떤 부모가 되고 싶은지를 계속 묻는다.

아이는 사춘기에 접어들었다. 감정이 예민해지고 자기 자신에 대한 고민과 진로에 대한 불안이 깊어지는 시기다. 아이는 속상한 마음을 잘 드러내지 않았다. 말수가 줄고, 표정도 무뚝뚝해졌다. 대화를 시도해도 돌아오는 대답은 짧고 무성의했다. 처음엔 당황스러웠지만, 기다려 주는 수밖에 없었다.

어느 날 밤이었다. 불을 끄고 누웠을 때, 아이가 방문을 열고 나왔다. 책을 던지듯 내려놓으며 한숨을 쉬더니 말했다.

"엄마, 나 진짜 너무 못하는 것 같아. 머릿속이 하얘져, 왜 나는 이걸 이렇게밖에 못할까."

조금 전까지 수학 문제집을 붙잡고 있던 아이의 얼굴에는 걱정이 가득했다. 자책과 두려움이 묻어 있는 목소리였다. 순간 무슨 말을 해야 할지 몰랐다. 예전의 나였다면 아마 이렇게 말했을지도 모른다.

"그래도 열심히 했잖아. 괜찮아, 곧 잘할 수 있을 거야."

하지만 이제는 안다. 그런 말이 아이에게 위로가 되지 않는다는 것을. 아이에게 필요한 건 조언보다 공감이었다. 속마음을 털어놓은 아이가 고마웠다. 얼마나 속상했을까. 나는 말 대신 아이의 등을 토닥여 주며 조용히 안아 주었다. 어떤 말보다 침묵의 시간이 더 큰 위로가 될 수 있다는 걸 안다. 감정을 쏟아 내지 않고 아이의 마음을 그대로 받아 줄 수 있어 다행이라고 생각했다.

 한때는 부모는 언제나 강해야 한다고 믿었다. 아이 앞에서는 늘 웃고, 흔들리지 말아야 한다고 생각했다. 하지만 부모도 아플 수 있고 흔들릴 수 있다는 것을 이제는 안다. 그날 밤, 아이를 안으며, 나 자신에게도 '괜찮아.' 하고 말해 주고 싶었다. 감정을 억누르며 버텨 왔던 시간들이 떠올랐다. 엄마라는 이름이 버겁게 느껴질 때도 많았다, 좋은 부모가 되지 못했다는 자책에 눈물을 흘린 날도 있었다.
 낮에는 일하고, 밤에는 공부하고 나도 늘 벅찼다. 피곤한 몸으로 책상 앞에 앉아 리포트를 쓰다가 그대로 엎드린 채 잠들기도 했다. 졸업 시험을 준비한다고 책을 펴놓고 아침을 맞이한 날도 있었다. 아이 방에서도 불이 꺼지지 않던 밤도 있었다. 같은 시간, 서로 다른 책을 펴고 각자의 전쟁을 치르고 있었던 것이다. 그때는 몰랐다. 내가 버티고 있던 만큼, 아이도 혼자 견디고 있었다는 것을. 너무 바빠서, 너무 지쳐서. "나 힘들다."라는 말 한마디도 서로 하지 못하고 있었다.
 사춘기의 아이는 커다란 풍선과 같았다. 조금만 잘못 건드려도 터질 것처럼 팽팽한 날들이 많았다. 표정 하나, 말투 하나에도 민감하게 반응했다. 조심하려 해도 가끔은 나도 모르게 날카로운 말이 툭 튀어나오곤 했다. 어떤 날은 벽이 생겼고, 또 어떤 날은 말다툼으로 서로를 더 멀게 만들었다.
 그럴수록 나는 배워 갔다. 아이에게 필요한 건, 방향을 제시하는 조언보다 그저 옆에 있어 주는 기다림이라는 것을 알게 되었다. 잘

못을 지적하기보다, 먼저 그 마음 알겠다고 말해 주는 공감이 더 중요했다.

그리고 가끔은 아이가 먼저 다가오는 순간이 있었다.

"엄마, 오늘은 나랑 같이 걷자."

방에 틀어박혀 있던 아이가 그런 말을 건넬 때면, 마음 한구석이 찡했다. 말은 없었지만, 그 말에는 '괜찮아, 나도 애쓰고 있어.'라는 위로가 담겨 있었다. 그런 순간들이 부모의 마음을 다시 일으켜 세운다.

예전에는 감정을 참는 게 어른의 도리라고 믿었다. 아이 앞에서 울면 안 되고, 걱정 끼치면 안 된다고 여겼다. 그래서 힘든 일이 있어도 혼자 삭히고, 웃는 얼굴로 괜찮다고 말하며 감정을 꾹꾹 눌렀다. 하지만 이제는 다르다. 아이 앞에서도 솔직해진다. "엄마도 오늘 진짜 좀 힘들어.", "나도 가끔은 무서워, 나도 몰라서 막막할 때 있어." 그렇게 말하고 나면 아이도 살짝 마음을 연다. 내가 무너진다고 아이가 무너지는 게 아니라, 오히려 내가 사람이라는 걸 보여줄 때, 아이는 나를 믿고 신뢰한다. 감정을 숨기는 것보다, 표현하는 법을 함께 배워 가는 것이 더 중요하다는 것을 이제는 알 것 같다.

부모가 감정을 다뤄 내는 모습을 보여 주는 것은 아이가 자기 마음을 지킬 수 있는 힘을 키우는 길일지도 모른다.

완벽한 부모가 되지 않아도 괜찮다. 아이와 진심을 나누고, 힘들면 함께 울 수 있다. 행복하면 웃어 줄 수 있는 그런 부모. 있는 그대로의 내 모습으로, 아이 곁에 서 줄 수 있다면 그것만으로도 충분하지 않을까. 우리가 아이에게 줄 수 있는 가장 진짜다운 사랑은 결국 '함께 성장하는 모습'인지도 모르겠다.

 심리학자 브레네 브라운은 그의 저서 『마음 가면』에서 이렇게 말했다.
 "상처받기 쉬운 마음을 숨기지 말고 꺼내 보여 주는 것, 그게 진짜 용기다."
 나도 그런 용기를 조금씩 배워 가고 있다. 오늘도 완벽하지 않았지만, 아이와 한 걸음 자랐다면, 그걸로 충분하다.

2.
엄마에서 나로,
새로운 길을 걷다

김정선

    아들이 고등학교 2학년이었을 때, 기숙사 공사를 한다며 겨울방학 동안 외부에서 지내라는 공지가 떴다. 사교육과는 거리가 먼 기숙사 학교였기에, 다들 이참에 기회다 싶었는지 너도나도 앞다투어 학원과 과외를 알아보기 시작했다. 아들도 다른 친구들처럼 서울에 가서 수능 대비 수업을 듣고 싶다는 뜻을 내비쳤다. 그러나 대전 토박이인 내게 서울은 연고도 없고 길 하나 익숙하지 않은 낯선 땅이었다. 망설임도 잠시, 나도 마음을 먹고 다른 학부모들과 함께 10월부터 대치동에 올라가 단기 원룸을 알아보기 시작했다. 학원가를 돌아다니며 학원 투어를 했다. 공부하느라 애쓰는 아이들을 떠올리면, 서울을 오가며 이것저것 알아보고 설명회를 듣는 일쯤은 전혀 힘들지 않았다.

    정보를 얻다 보니 입시 세계가 얼마나 복잡하고 치열하게 얽혀 있는지 알게 되었다. 그 규모와 열기에 입이 떡 벌어졌다. 예전에는 TV에서 대치동 학원가를 다룬 뉴스나 다큐를 볼 때마다, '뭐 저렇게까지 애들을 유난스럽게 키워?' 하며 혀를 찼다. 그런데 어느새 나도 그 프로그램 속 사람들처럼 설명회 일정을 꼼꼼히 챙기고, 학원을 알아보고 있었다. 한티역에 내리니 롯데백화점 앞에서부터 크리스피도넛 사거리까지, 뉴스에서만 보던 수많은 학원 빽빽이 들어서 있었다. 아이들에게는 이곳이 인강에서만 보던 1타 강사들을 직접 만날 수 있는 기회의 땅이었다. 우리 아이들이 서울 대치동에서 유명한 강사의 강의를 듣다니, '와, 우리도 이런 걸 다 해 보네.' 싶어 웃음이 났다.

대치동에서는 나처럼 지방에 사는 사람들은 상상도 못 할 세계가 펼쳐졌다. 12월부터 시작되는 수업을 듣기 위해서는 10월부터 설명회에 참석하고, 등록 시작일에 선착순으로 줄을 서서 강의를 신청해야 했다. 설명회는 입시 전반에 대한 흐름을 알려 주는 강의로 시작했고, 이어서 각 과목 대표 강사들이 나와 자신만의 수업 방식을 직접 소개했다. 대강의실은 사람들로 가득 차 한 번에 다 들어가지도 못했고, 뒤편에서 두세 시간씩 서서 듣는 학부모들도 많았다. 그 규모와 열기를 눈으로 직접 보고 나니, '이래서 대치동 대치동 하는구나!' 싶었다. 아침 일찍 SRT를 타고 출발해 10시에 시작된 설명회를 듣고 나면 어느새 1시였다. 함께 온 학부모들과 점심을 먹은 뒤, 학원 개별 상담도 받고 단기 거주할 방도 알아볼 겸 저녁 늦게까지 대치동 골목골목을 샅샅이 돌아다녔다. 설명회가 끝나고 며칠 뒤에는 등록이 시작됐다. 오전 10시부터 등록할 수 있었지만, 대부분 새벽 5시부터 줄을 서 있었기 때문에 국어 단과 하나 등록하는 것도 전쟁이나 다름없었다. 이때를 생각하면 '그때 참 열심히 살았지.' 싶다.

사교육을 반대하던 남편도 "이번이 마지막 기회일 수 있다."라며 대치동에 가겠다고 결심한 나와 아이들을 흔쾌히 지지해 주었다. 그렇게 우리 가족 모두가 한마음으로 움직였고, 나는 아이들이 잘 해낼 수 있도록 뒷바라지하며 온 힘을 쏟았다. 아이들은 대치동에서 매서운 겨울 추위에도 성실히 학원에 다니며 숨겨진 실력까지 끌어올렸다. 돌이켜 보면 나도, 아이들도 최선을 다해 보겠다는 각오만큼은 같았던 것 같다. 그다음 해, 고3이 된 두 아이는 대학에 수시로 합격했다. 그동안의 노력이 결실을 맺은 순간이었다.

아이들이 대학에 입학한 후, 나는 대치동 설명회에서 배운 입시 관련 정보들과 수차례 상담받은 경험을 바탕으로, 주변 사람들의 입시 지도를 도와주기 시작했다. 처음에는 그냥 아는 만큼 나누는 정도였지만, 점점 더 진지하게 입시를 공부하게 되었고, 나도 뭔가 새로운 도전을 해 보고 싶다는 마음이 커졌다. 그러던 중, 아이들이 중학교 때 다녔던 수학 학원 원장님으로부터 상담을 도와달라는 요청을 받았고, 학원 상담실장으로 일하게 되었다. 지금은 다른 학원으로 이직해 어느덧 5년째 근무 중이다. 힘들었던 고등학생 학부모 경험자로서, 같은 처지의 다른 엄마들과 공감하며 이야기를 나누는 일은 전혀 어렵지 않았고 오히려 즐겁기까지 했다.

대학 입시라는 긴 여정을 지나고 보니, 마치 아이들과 함께 긴 여행을 해온 듯하다. 지금 돌이켜 보면 아이들을 낳고 보낸 지난 20년 동안 아이들 덕분에 참 많은 경험을 했고, 새로운 것들을 많이 배울 수 있었다. 우리 아이들은 도전을 좋아하는 아이들이었다. 덕분에 나 역시 함께 도전하며 성장할 수 있었고, 지금의 내가 될 수 있었다고 생각한다. 낯선 일이 두렵기만 했던 예전과 달리, 지금은 주저하지 않고 새로운 일에 도전하며 변화도 기꺼이 받아들이는 사람이 되었다. 이제는 각자 자신의 길을 모색하며 새로운 도전을 준비하고 있는 아이들은 더 이상 나의 손길이 필요하지 않은 듯하다. 하지만 나는 언제나 뒤에서 우리 아이들을 응원하고 지지하는 든든한 후원자가 되어 줄 것이다. 중학생, 고등학생 자녀를 둔 학부모들이 가끔 나에게 아이들 키우는 게 너무 힘들다며, '언제쯤 아이들이 다 클까요?'라며 하소연하곤 한다. 그러면 나는 이렇게 답한다. "아이들 금방 커요. 부모가 되었으니, 우리에게 이런 시련도 있는 겁니다. 이 시간을 즐기세요. 아니면 서로에게 고통의 시간입니다."

매년 11월이 되면 어느 고등학교에 지원하는 것이 좋을지에 대한 상담이 활발히 이루어진다. 자사고와 일반고 입시를 모두 경험한 나로서는 상담하러 오는 학부모들과 더 깊은 공감대를 형성할 수 있었고, 학생들의 진로 결정에도 실질적인 도움을 줄 수 있었다. 아이들과 주변 친구들을 지켜보며 다양한 경험을 쌓았고, 6년 가까이 학원 상담을 해 오면서 나만의 노하우도 자연스럽게 생겼다. 이제는 어떤 학부모가 찾아와도, 그 학생에게 맞는 조언을 해 줄 수 있다는 자신감이 생겼다. 이 모든 것이 아이들 덕분에 시작된 일이기에, 가끔은 "너희 덕분에 엄마가 제2의 직업을 갖게 됐어."라며 고맙다는 말을 전하곤 한다. 특히 월급날이 되면 아이들에게 용돈을 건네주는 게 나의 소소한 즐거움이다. '우리 엄마 진짜 멋지다'라며 '엄지척'을 해 주는 아이들을 볼 때면, 지금 나의 가장 든든한 후원자는 바로 이 아이들이라는 사실을 실감한다.

　하지만 나는 여기서 멈추지 않기로 했다. 지금의 일이 즐겁고 의미 있지만, 내가 더 잘할 수 있는 새로운 일을 찾고 싶다는 생각이 들었다. 그래서 새로운 도전을 준비 중이다. 바로 국민강사교육협회의 강사가 되는 일이다. 100세 시대를 살아가는 내가 선택한 나만의 도전이자, 그동안 쌓아 온 경험과 소통의 힘을 제대로 발휘할 수 있는 길이라고 느꼈다. 무엇보다도 다시 공부를 시작할 수 있다는 사실이 즐겁다. 주변에서는 '이제 애들 다 키웠으니, 골프나 치며 좀 쉬어'라고 말하는 이들도 많다. 하지만 나는 앞으로 더 멋지게 살아갈 나머지 50년을 위해, 지금도 배우고 성장하려 노력 중이다.

　돌이켜 보면, 예전의 나는 무언가를 하고 싶다는 생각만 하고 망설일 때가 많았다. 하지만 아이들과 함께 치열하게 입시를 준비하면서, 도전의 가치를 몸소 깨달았다. 용기를 내 한 걸음 내디뎠더니, 아이들은 꿈에 가까워졌고, 나는 새로운 직업을 얻을 수 있었다. 도전을 앞두고 망설이고 있는 누군가에게 꼭 전하고 싶다. 일단 시작해 보라고. 생각보다 길은 가까이에 있고, 한 걸음 내디디면 어딘가에 반드시 도달하게 된다고. 더 멋진 인생의 후반기를 만들기 위해 나는 앞으로도 계속 나아갈 것이다.

3.
불완전해서 더 다채로운 우리,
사랑으로 물들다

김주연

   딸의 눈 속에 엄마가 들어가 있다면, 나는 어떤 모습일까. 일기를 검토하며 오탈자를 지적하던 날, 사소한 성적 하락에 휘몰아치듯 분노하던 날에 보여 준 모습만 있는 건 아니겠지.
   자기 전 베개를 끌어안은 딸이 무심히 툭 내뱉듯 말했다.
   "오늘은 엄마가 잔소리를 덜 해서 괜찮았어."
   별거 아니지만 칭찬하는 거라는 느낌을 주는 말투였다. 내용과 표정이 반전을 주는 게 재밌어서 웃었지만 그 웃음은 무겁고도 아팠다. 아이에게 괜찮은 하루라는 것이 즐거운 놀이나 호기심을 채우는 일이 아니라 엄마가 잔소리를 덜 한 날이라는 사실이 서글펐다.
   잔소리로 들리지 않게 말하는 방법이 있을까 하고 딸에게 물었다. 나를 보는 딸의 표정이 답안지를 들고 있는 선생님처럼 한껏 여유가 있었다.
   "존중하는 마음을 담아내는 대화법을 연구해 보세요."
   딸의 표정과 말솜씨는 곰삭아서 제맛이 나는 새우젓 같았다. 대화할 때 존중받는 느낌을 주기 위해서 대화법 관련 책들을 많이 읽었다.

책의 머리말 두 문장에 마음이 뺏겨서 읽기 시작한 마셜 B. 로젠버그의 『비폭력 대화』에는 이런 말이 있다. "우리 자신이 변하면 우리는 이 세상을 바꿀 수 있다. 우리 자신을 바꾸는 것은 우리가 매일 쓰는 언어와 대화 방식을 바꾸는 데서 시작한다."

이해하기 어려운 개념들이 머릿속을 맴돌았다. 처음에는 책장을 넘기다 포기했고, 다시 처음부터 읽었다. 그렇게 세 번을 읽고 나서야 존중하는 대화가 어떤 것인지 보였다. 내가 해온 말들이 얼마나 요구로 가득했는지, 얼마나 많은 비난을 퍼부었는지. 내가 한 말들이 어떻게 아이의 자존감을 갉아먹었는지 깨달았다. 특히 내가 자주 분노했던 이유가 나의 욕구에서 비롯되었다는 것을 알게 되었다.
 책에서 말한 네 가지 단계(관찰, 느낌, 욕구, 부탁)를 실천해 보기로 했다. 시작은 했으나 말이 이어지지 않았다. 머릿속에 잘 정리하고 대화를 시작해도 말문을 열면 백지가 되었다. 딸은 매끄럽지 않은 엄마의 대화에 자신에게 뭔가 불만이 있어서 할 말을 다하지 않는 것으로 오해했다. 마음이 잘 전달되는 대화법을 공부하고 있다고 솔직하게 말했다. 아이는 애쓰는 엄마를 기다려 주었다.

 실력이 부족한 것을 숨기지 않기로 했다. 하고 싶은 말을 비폭력 대화 단계에 따라 메모지에 미리 적었다. 그러고는 하고 싶은 말이 있는데 1분만 시간을 내어 줄 수 있냐고 물었고, 수락한 아이 앞에서 보고 읽었다.

(관찰) "벗어 놓은 옷들이 바닥에 이리저리 흩어져 있더구나."
(느낌) "엄마는 그걸 보고 답답하기도 하고 기운이 빠졌어."
(욕구) "집에 오면 빨리 쉬고 싶었거든."
(부탁) "네가 옷들을 잘 정리해 주면 좋겠어. 엄마 얘기 들으니 어때?"

약간의 미안함을 머금은 표정으로 입꼬리에 살짝 힘을 준 딸은 간식을 먹고 나서 치울 테니 기다려 달라고 했다. 엄마가 말하는 방법을 바꾸니 야단치는 것 같지 않아 좋다고 했다. 언제 행동할지 스스로 결정할 수 있는 건 마음에 돌을 얹은 것 같지만 동시에 할 수 있다는 힘도 느껴진다며 뿌듯해했다.

책을 들추며 단어를 찾는 엄마를 지켜보던 아이가 느낌말 목록을 프린트해서 붙이는 아이디어를 냈다. 딸은 뭉클한, 신나는, 든든한 같은 단어는 느낌이 좋아서 말할 때 자꾸 쓰게 된다고 했다. 그렇게 단어를 짚는 대화는 놀랍게도 아이의 눈빛을 달라지게 했다. 엄마가 자기감정을 말로 표현하려고 애쓰는 모습이 좋다고 했다. 나 역시 아이의 감정을 알아주기보다 내가 생각하는 것을 설명하고 논리적으로 설득하는 것에 집중했다는 것을 알게 되었다. 이제는 내 감정을 표현하면서도 아이의 감정을 먼저 들어본다. 아이가 괜찮다고 말할 때, 정말 괜찮은지 다양한 느낌 단어로 되묻고 기다려 주는 법을 실천하고 있다. 완벽하진 않아도, 이전보다 진심이 닿을 수 있도록.

부모로서 실수하지 않기 위해 우리는 얼마나 애를 쓰는가. 중요한 것은 실수하지 않는 것이 아니라, 실수 후에 어떻게 회복하는가다.

『비폭력 대화』를 읽고 실천한 지 17년째다. 여전히 화를 내기도 하고, 때로는 말보다 한숨이 먼저 나온다. 하지만 조금씩 나아지고 있다. 말하는 방식이 변하니 마음도 변했다. 끓어오르는 감정이 먼저였는데 내 감정을 상대방 탓으로 돌리지 않게 되었다. 이제는 아이 앞에서 나의 실수를 인정하는 데 주저하지 않는다.

"엄마가 오늘 바깥일이 너무 힘들었어. 너랑은 상관없는 일인데 너에게 예민하게 굴었어. 미안해."

이 한마디가 아이에게 주는 안정감은 크다. 아이는 고개를 끄덕이고, 큰 어른처럼 나를 안아 주기도 한다. 아이와 함께 성장하는 길은 나 자신을 들여다보는 시간의 연속이다. 실수했을 때 솔직해지는 용기를 배우는 시간. 그것이 곧 부모 됨의 길이라는 걸 아이를 통해 알게 된다.

좋은 대화법을 공부하는 엄마가 화내는 방식이 예전과는 다르게 느껴진다고 한다. 두렵고 무서웠던 느낌이 없어지고 존중받는 느낌이라서 실수나 다른 생각에 대해 당당하고 솔직하게 표현할 수 있다고 한다. 평화롭게 대화를 이어 가는 즐거움에 대해 말하기까지 한다.

"오늘 친구 주원이가 선생님한테 혼났어. 너무 추워서 패딩을 입고 수업했거든. 우리 학교 규칙이 수업 시간에는 두꺼운 겉옷은 못 입어. 그런데 그게 말이 돼? 감기 걸린 데다가 생리 중이라서 배 아프고 덜덜 떨려서 입은 건데. 아무리 규칙이라도 학생이 아프고 춥다는데. 너무 화가 나는 거야. 선생님한테 말했는데 규칙이라서 어쩔 수 없대. 이게 말이 되냐고. 엄마는 어떻게 생각해?"

흥분해서 말하는 딸의 그 말들이 고마웠다. 무서움이 사라졌다는 것, 속상함은 남아 있지만 그것을 말할 수 있는 관계가 되었다는 것. 잘못되었다고 생각하는 것에 반기를 들 용기가 있었다는 것. 엄마 앞에서 맘껏 다른 사람의 험담을 하는 것. 이 모든 것은 엄마를 믿기에 가능한 게 아니었을까.

부모와 자식은 피로 이어지지만, 마음은 노력으로 이어진다. 아이와 제대로 소통하기 위해 대화법을 공부했다. 틈만 나면 관련 도서를 찾아서 읽었다. 부족하다 싶으면 영상을 통해 알아보기도 했다. 덕분에 아이는 마음의 문을 조금씩 열기 시작했다. 부모 자식 관계니까 당연히 알아주겠지, 하고 생각하는 건 욕심이었다. 가까울수록 노력이 필요하다. 오늘도 아이와 친구처럼 웃으며 대화 중이다.

4. 부모 앞에서는 자존심을 버린다

민혜영

한창 강의 준비를 하고 있었다. 모르는 번호로 전화가 왔다. 아침 일찍 오는 전화는 왠지 반갑지 않다. 준비하는 사이 전화가 끊어졌다. 휴대폰을 확인해 보니 부재중 전화가 와 있었다. 같은 번호였다. 그 순간 온몸이 오싹했다. 부재중 전화 두 개를 보는 순간 왠지 모르게 불안했다. 민율이가 학교에 간 지 얼마 안 된 시간이었기 때문이다. 빨리 전화했다. 모르는 남자가 받자마자 아이가 사고 났다고 했다. 자동차 주인인데 본인 차와 부딪혔다는 것이다. 순간 피가 거꾸로 올라가는 느낌이었다. 아이 괜찮냐고 물어보니까 괜찮다며 학교에 간다고 했단다. 집에서 차로 3~4분 거리다. 서둘러 차를 끌고 사고 장소로 갔다. 학교에 간다고 했으면 괜찮은 건가? 그러기를 애타게 바랐다. 처음보다는 마음이 한결 괜찮아졌.

아침에 큰아이가 시간이 애매하다고 데려다줄 수 있냐고 물었을 때 안 된다고 했다. 순간 후회가 밀려왔다. 잠시 후 사고 장소에 도착했다. 눈물이 핑 돌았다. 자전거는 저쪽에 널브러져 있었고 아이는 두 다리를 옆으로 구부린 채 앉아 있었다. 민율아, 괜찮아? 아이를 일으켜 세우려고 했더니 아프단다. 병원으로 가자고 하니 학교에 간다고 한다. 병원을 먼저 가자고 나도 모르게 큰 소리를 냈다. 아냐 엄마, 조금 아픈데 괜찮아질 것 같아. 학교로 가도 된다고 하는 것이었다.

갑자기 화가 치밀었다. 아파트에서 정문으로 쭉 내려오면 나오자마자 바로 초등학교가 이어진다. 학교를 지나 주민 센터를 끼고 작은 Y 자형 삼거리가 나온다. 길도 좁아서 신호등도 없다. 삼거리에서 우회전하면 큰 도로까지 20걸음 정도다. 자전거와 자동차가 부딪힌 곳은 삼거리 건너편이다. 분명히 큰 도로에서 들어오면 학교 앞이라 차도 빨리 달리는 곳이 아니었다.

아이를 부축해서 차에 태웠다. 60대 정도로 보이는 부부가 보였다. 부인이 아이가 자전거로 너무 세게 달려와서 박았다고 한다. 자전거로 아무리 세게 달려와도 그곳은 삼거리라 잠깐 멈추고 건너야 한다. 더군다나 차가 오고 있는데 보지도 않고 그대로 박을 수가 있단 말인가? 말이 안 된다고 생각했다. 부부는 아이가 잘못했다고 말한다. 남편에게 전화해서 물어보니 혼자 해결하기 힘드니까 경찰서에 신고하라고 했다. 경찰서에 전화해서 이럴 땐 어떻게 해야 하냐고 물어보았다. 먼저 사고를 접수해야 나와서 현장 조사를 한다는 것이다. 부부에게 사고 접수를 알리고 아이를 학교에 데려다주고 다시 오겠다고 했다.

집에서 고등학교까지는 자전거로 20분 정도 거리다. 차 안에서 다시 물어보았다. 진짜로 괜찮은 거냐고. 양말을 벗으니까, 멍이 들고 약간 부어 있었다. 뒷좌석에 앉아 있는 아이를 보니 많이 놀란 듯했다. 얼굴이 하얗게 상기되어 있었다. 학교에 도착한 후 아이를 내려 주었다. 그런데 걷는 모습이 조금 이상했다. 아프면 출석 체크만 하고 나오라고 했다. 이동수업이 없어서 교실에 앉아 있어도 된다고 했다. 그럼, 학교 끝나고 병원으로 가자고 했다. 마음이 편치 않았지만, 시간이 없어서 다시 사고 장소로 갔다. 부부가 본인들도 경찰서에 알아보았다고 한다. 아무래도 자전거랑 자동차가 부딪힌 사건이라 걱정이 되었는지 나를 보자마자 말했다. 잠시 기다리니 경찰이 왔다. 부부가 먼저 상황을 설명했다. 경찰이 아이가 앉아 있던 곳에 흰색 가루를 뿌렸다. 이리저리 살펴보더니 초등학교 쪽에서 내려오는 길에 CCTV를 확인해야 한다고 했다. 상황이 정리되고 나도 집으로 빨리 돌아왔다.

잠시 마음을 가라앉히고 강의 갈 준비를 마쳤다. 그때였다. 담임 선생님에게 전화가 왔다.
"어머니, 민율이한테 들었는데 아무래도 병원을 가 봐야 할 것 같아요."
걷지를 못한다고. 다리를 많이 다친 것 같다고 말한다. 아이를 데리고 병원을 가 보라는 것이다. 순간 머리가 하얗게 변했다. 강의도 가야 하는데 펑크 내면 안 되는데…. 이렇게 급하게 다른 강사님을 보낼 수도 없었다. 어쩔 수 없이 학교로 다시 갔다. 선생님이 아이를 부축해서 나오는데 갑자기 눈물이 왈칵 쏟아졌다. 그런데 아이가 나를 보고 웃는다.
선생님과 인사를 나누고 정형외과로 바로 갔다. 차 안에서 아이에게 괜찮은지 물었다. 사고 났을 때까지만 해도 괜찮은 것 같았는데 지금은 움직이지 못할 정도로 아프다고 한다.

의사 선생님을 만나고 엑스레이를 찍는 시간이 너무 느리게 흘렀다. 내가 앉아 있는 건지 서 있는 건지 알 수 없었다. 결국 골절과 인대파열로 입원해야 한다고 했다. 입원 절차를 밟고 간호사에게 다시 오겠다고 하고 서둘러 교육장에 갔다. 마음이 착잡할 텐데 엄마로서 함께 있어 주지 못해서 미안했다.

민율이는 대학 목표가 확실한 아이였다. 이 아이가 왜 병원으로 바로 안 가고 학교를 간다고 했는지 안다. 결석하기 싫어서일 것이다. 본인이 원하지 않았지만 결국은 두 번의 결석을 만들었다.

이미 고등학교 입학할 때 원하는 영재학교에 합격하지 못했다. 중1에 결정을 못 해서 중2에 결정하고 1년 동안 매진했다. 영재학교는 중3, 5월에 원서 접수가 시작된다. 지필 평가에서 떨어졌다. 마지막 모의고사에서 합격 점수에 들어왔다. 당연히 합격할 줄 알았다. 영재학교에 떨어지면 차선으로 과학 고등학교 시험을 치른다. 영재고는 전국구 지원이지만 과고는 지역구다. 경기도에는 한 곳밖에 없어서 다른 지역에 비해 경쟁률이 가장 높다. 하지만 영재고를 준비한 친구들은 과고 지필평가에서는 합격선에 들어오는 경우가 많다. 과고를 가라고 했는데 아이는 과고는 안 가고 싶다고 한다. 나는 무슨 말도 안 되는 소리냐고 했다. 과고만 준비하는 친구들도 있는데, 좋은 조건을 가지고 왜 안 가냐고 했다. 과고는 들어가서 경쟁이 치열하다. 물론 경쟁하지 않는 곳은 없다. 큰아이 성격은 온순한 편이다. 싸움을 좋아하지 않는다. 과고는 그냥 안 가고 싶다고 한다. 나는 배부른 소리를 한다고 했다. 과고는 8월 말에서 9월 초에 원서 접수를 한다. 면접을 준비해야 해서 마음가짐이 중요했다.

 큰아이라 그런지 민율이 하고는 싸워 본 적이 거의 없다. 물론 의견 차이는 많다. 그런데 이때 의견 차이로 힘들었다. 결국은 내가 이겨서 과고를 치렀으나 면접에서 불합격했다. 나중에 물어보니 한 문제는 대답을 못 했고, 한 문제는 대충 말했다고 한다. 면접관들은 말하는 모습과 태도를 보면 알 수 있다. 내 생각이지만 아이에게 열정은 보이지 않았을 것이다. 사람 마음이 억지로는 되지 않는가 보다. 아이한테 미안했다. 무엇보다 어린 나이에 두 번의 실패로 자존감이 떨어질까 봐 걱정했다.
 마지막 관문은 선택권을 주었다. 자율형 사립고와 일반고가 남았다. 두 학교는 선택해야 한다. 중3 담임 선생님과 상담했다. 선생님이 한 말씀이 아직도 기억에 남는다. 자사고는 경쟁이 심하니 "민율이가 행복하게 고등학교에 다녔으면 좋겠어요."라고 말했다.
 지역에서 아이들이 1순위로 원하는 학교가 있다. 아이는 이 학교에 수석으로 장학금을 받고 들어갔다. 아이의 생각, 담임 선생님의 의견과 나의 의견이 함께했다.

 민율이는 엄마에게 화를 내지 않는 편이다. 언젠가 남편과 싸운 일 때문에 기분이 나빠 있었다. 화가 나서 밥 먹을 때 한마디도 하지 않았다. 동생 민음이는 밥만 먹으면 자기 방으로 쏙 들어간다. 대화보다 더 좋아하는 게임을 하기 위해서다. 하지만 민율이는 밥을 다 먹고도 앉아서 대화한다. 학교, 연예인, 뉴스 등 주제는 다양하다. 이날은 내가 한마디도 하지 않으니까, 본인도 말하지 않는다.

밥을 다 먹고도 그냥 앉아 있었다. 아이한테 화난 것이 아닌데 그냥 말하고 싶지 않았다. 큰아이가 나에게 말했다. 엄마, 내가 엄마에게 화를 안 내는 비결이 뭔지 아느냐고 물었다. 어떻게 하면 화를 안 낼 수 있냐고 물어봤다. 그랬더니 "부모 앞에서는 자존심을 버리면 돼."라고 하는 것이다. 갑자기 뜨거운 무엇인가 흘러내렸다.

부모도 부모가 처음이라서 완벽하지 않다. 아이들 어렸을 때 『기린과 자칼이 춤출 때』라는 책을 본 적이 있다. 폭력을 상징하는 자칼과 비폭력을 상징히는 기린의 대화법이다. 폭력적인 상황에서도 폭력적인 언어 없이 관계를 부드럽게 만들 수 있다. 부모도 부모가 처음이지만, 아이도 아이가 처음이다. 가끔은 부모도 아이에게 삶을 배우기도 한다.

5.
완벽하기 때문에 사랑받는 것이 아니라 사랑받기 때문에 완벽해진다

석정숙

어버이날이면 생각나는 노래가 있다.

"낳실 제 괴로움 다 잊으시고 기르실 제 밤낮으로…."

여기만 불러도 가슴이 와락 뜨거워지고 눈물이 솟구친다. 어버이 은혜 말로 표현할 수 없을 만큼 크다. 가난한 살림살이 속에서 자식만 챙기느라 부모님 자신은 늘 뒷전이었다. 낳고 기르면서 수많은 고통을 감내하며 가슴에 멍이 들었을 거라 짐작된다. 이 글을 쓰면서 부모님께 못했던 일들이 생각나서 하염없이 눈물이 흘렀다.

아버지는 배움에 한이 많은 분이었다. 홀어머니 밑에서 맏이로 자라 제대로 된 교육을 받지 못했다. 자신이 못다 한 공부를 자식만은 잘하기를 바랐다. 또래 여자 친구들은 여상에 가서 취업을 우선으로 하는 분위기였다. 아버지는 그런 분위기에도 불구하고 도시에 있는 인문계 여고를 보내 주었다. 없는 살림에 빚을 내서 방을 얻고 책상이며 살림도구를 구입해 주었다. 입학하고 한 달에 한 번꼴은 자취방에 들러서 자고 갔다. 좋은 대학 가서 선생님이 되면 좋겠다고 내심 큰 기대를 하고 있었다. 아버지의 기대가 감사하면서도 부담스러웠다.

대학교에서 남편을 만나 사귀고 있을 때도 못마땅해했었다. 그래도 자식 이기는 부모 없다고 결혼을 허락해 주었다.

신혼 집들이를 한다고 친정 부모님을 초대했다. 갈비찜, 잡채, 미역국 등 몇 가지 밑반찬을 올려 한 상 차렸다. 바다가 가까운 울산이라 싱싱한 회를 살 수 있었는데 일부러 사지 않았다. 아버지는 회가 있으면 반드시 술을 찾았다. 술만 마셨다 하면 인사불성이 될 때가 많았기 때문이다. 먼 길 온 부모님에게 회 한 접시 대접하지 못한 일이 아버지 돌아가시고 난 뒤 평생 한이 되었다. 아직 엄마는 살아 있다. 잘해드려야지 마음은 먹는데 자주 찾아가지 못한다. 애교도 부리고 재롱도 떨어야 하는데 잘 안된다. 엄마 마음속 깊은 곳까지 편안하게 살뜰히 헤아리지 못한다. 어릴 적 채워지지 않은 사랑이 퉁명스럽고 무뚝뚝한 말투로 새어 나온다.

큰아이 어릴 적, 잠자리에서 책을 읽어 주면 스르르 잠드는 모습이 참 좋았다. 엄마가 집에 있어서 좋다고 했었다. 그런데 초등학교 3학년쯤부터는 돈 버는 엄마가 좋다고 말을 하는 것이 아닌가. 그 말을 듣고 일자리를 알아보고 아르바이트를 시작했다. 남편은 반대했지만 돈을 벌어서 아이들에게 필요한 것 하나라도 사 주는 것이 낫겠다 싶었다. 같은 아파트에 사는 아줌마의 소개로 버스회사에서 오전만 일하게 되었다. 버스회사 직원들과 아르바이트생 여섯 명이 책상에 둘러앉았다. 노선별 버스 돈 통에서 수거된 현금을 책상 위에 쏟아붓고 구겨진 지폐를 펴기 시작했다. 지폐를 한 움큼 모아서 지폐기 담당 직원에게 주면 100만 원씩 묶음을 만들었다. 동전은 동전 세는 기계로 한 사람이 전담해서 세었다. 수다를 떨면서 돈을 마음껏 만지는 시간이었다. 첫 월급을 타서 아이에게 통닭을 시켜 주었다. 카드가 출시되고 버스비를 카드로 대체하면서 일자리를 잃었다. 일은 없어졌지만 사람을 얻었다. 지금까지도 1년에 몇 번씩은 만나면서 끈끈한 정을 나누고 있다.

큰아이가 유아교육과에 들어가면서 미래에 원장님이 될 수도 있 겠다는 생각을 했다. 보육교사 자격증을 따두면 도움을 줄 수 있으리라 생각하고 한국방송통신대학교 생활과학부에 편입했다. 자격증을 취득하고 취업은 못했지만 강사 활동을 하면서 어린이 대상 교육할 때 많은 도움을 받고 있다.

작은 아이가 타지에 있는 대학을 들어가면서 나에게 우울증이 찾아왔다. 사춘기부터 시작된 갈등으로 관계가 좋지 않았다. 아이는 일부러 멀리 있는 대학에 지원했다. 여전히 엄마를 외면하는 모습이 느껴졌다. 모든 것이 내 탓인 것 같아 괴로웠다. 삶이 무기력하고 아무 의미를 찾을 수 없었다.

아는 언니가 다육 식물을 기르는 것을 보고 하나씩 사서 기르기 시작했다. 떨어진 잎 하나를 화분 위에 던져 놓으면 뿌리를 내리고 점점 나무로 성장하는 모습을 보니 신기했다. 강인한 생명력에 감탄하면서 조금씩 정신을 차렸다. 뭔가 돌파구가 필요했다. 무엇을 해야 삶이 즐거울 수 있을까 고민하다 배울 것을 찾았다. 집 앞 구청에서 웃음치료사 자격과정 수강생 모집을 한다는 광고를 보고 신청했다. 12주 과정을 마치고 자격증을 취득했다. 웃음을 통해 자신감을 회복하고 우울증도 좋아졌다. 마지막 시연 과정이 있었는데 자신이 없었다. 수줍음을 많이 타는 편이라 남 앞에 서는 일이 두려웠다. 그렇지만 용기를 냈다. 다른 사람에게 즐거움을 준다는 사실이 멋지다는 생각이 들었다. 나에게 기쁨을 준 웃음의 효과를 많은 사람에게 전하고 싶다는 욕망이 꿈틀댔다.

교수님 청강을 많이 다녔다. 어느 날 경로당 수업을 따라갔는데 10분을 할애해 주었다. 짧은 시간이었지만 이거다 싶은 성취감을 맛보았다. 잘할 수 있을 거란 확신이 생겼다. 그 후로 요양원 봉사를 시작으로 1년 만에 강사로 거듭나게 되었다. 지금은 강사로서 다양한 영역으로 활동을 넓히고 있다.

아이와의 갈등이 오히려 전화위복이 된 셈이다. 제2의 인생을 새롭게 맞이하고 있다.

막내는 사랑을 많이 받아서인지 엄마 아빠를 생각하는 마음이 깊다. 친구들과도 원만한 관계를 맺고 즐겁게 대학 생활을 하고 있다. 공부 잘하라는 말도 하지 않았고 내 욕심으로 이것저것 시키지도 않았다. 바라는 마음 없이 사랑을 듬뿍 주려고만 애썼다. 그래서인지 어디를 가든 사랑을 줄줄 아는 아이다.

어버이날 감사 편지를 준 적이 있다. 그 안에는 "엄마 딸로 태어나게 해 줘서 고마워."라는 문구가 있었다. 언니들에 비해 신경을 많이 쓰지 못했는데도 항상 나를 기쁘게 했다. 사랑한다는 표현도 곧잘 하는 아이다. 집에 갈등이 생길 때마다 늘 중재자 역할을 한다. 언니들의 이야기를 듣고 다독여 주기도 하고 언니들의 요구 사항을 유연하게 전달하기도 하기도 한다. 무엇보다 생활력도 강하다. 부모에게 부담주지 않으려고 늘 애쓴다. 그런 아이를 볼 때마다 기특하고 대견하다. 내가 친정 엄마와 손잡는 것도 어색했을 때 중간 역할을 잘해 주었다. 덕분에 사랑한다는 표현도 할 수 있었고 처음으로 포옹할 수 있었다.

"우리는 완벽하기 때문에 사랑받는 것이 아니라, 사랑받기 때문에 완벽해진다."

프란치스코 교황의 말이다.

아이를 낳고 부모가 되어 봐야 알 수 있다. 완벽한 부모는 없다. 아직은 완전히 독립하지 않은 세 아이를 품고 있다. 인생이란 끝없는 성장 과정이다. 아이를 키우면서 부모도 함께 성장한다. 오늘도 사랑을 채워 가는 중이다.

6*
곡선을 만나 나를 더 사람답게 만든다

안인노

작은아이 사춘기 때 곡선을 만나면서 변화의 계기가 되었다. 상담을 받으며 어린 시절의 나와 현재의 나를 알게 되었다. 나에게는 연년생 언니가 있다. 언니는 나보다 예쁘고, 공부도 잘했다. 눈치도 빨라 부모님으로부터 이쁨도 많이 받았다. 하지만 나는 그렇지 못했다. 뭐든지 잘하는 언니는 늘 나의 경쟁자이며 비교 대상이었다. 그런 무의식이 아이들에게도 영향을 준 것 같다. 나도 엄마가 언니와 비교할 때 뭐 하나 잘하는 것도 없고 못났다고만 생각했다. 엄마는 언니만 이뻐한다고 생각했다. 작은아이의 마음이 꼭 내 마음과 같았다. 얼마나 힘들었으면 우울증까지 겪게 되었을까.

아이의 모습을 보며 문득 깨달았다. 내가 겪었던 아픔이 아이에게 대물림된 것 같아 마음이 아려왔다. 작은아이의 말이 맞다. 우울증은 결국 나 때문이라는 것이 말이다. 며칠 후 상담 센터를 찾았다. 아이 상태와 나에 대해 여러 가지 검사를 한 뒤, 상담사는 조심스럽지만 단호하게 말했다.

"어머니, 아이를 살리려면 어머니가 먼저 변하셔야 합니다. 아이를 내려놓으세요."

그 말을 듣는 순간, 마치 누군가 쟁반으로 내 뒤통수를 세차게 내려친 것 같았다. 지금까지 나는 아이를 나에게 억지로 맞추려 했던 것이다. 상담사는 이제 선택하라고 했다. 지금처럼 계속할 것인지, 아니면 나 자신을 변화시킬 것인지. 하지만 그건 선택의 문제가 아니었다. 내 아이가 저렇게 힘들어하고 있는데, 더 큰 일이 벌어질 수도 있다는데, 선택할 여지가 어디 있었겠는가. 마음속으로 다짐했다.

'지금부터 있는 그대로 마주하고, 변화를 시작하자.'

상담사에게 내가 어떻게 하면 되는지 도와달라고 간절한 마음으로 말했다. 상담사는 따뜻한 눈빛으로 고개를 끄덕이며 기꺼이 함께하겠다고 했다.

상담을 받고 돌아온 그날 밤, 아이가 잠든 모습을 하염없이 바라보았다. 얼마나 힘들었으면 모진 생각을 했을지 마음이 아팠다. 아이의 어릴 적이 생각난다. 작디작은 아이를 품에 안고 바람 불면 날아갈까, 사람 구실은 할 수 있을까, 걱정하며 오직 건강하게만 자라달라고 기도했었다. 그런데 아이가 자라면서, 나의 욕심과 욕망이 아이의 마음을 짓누르게 했던 것이다. 사랑이라는 이름으로 나의 틀 안에 가두고 조종하면서 길들였다. 아이가 저렇게 힘들어하는데도 말이다. 아이의 잘못이 모두 아이 때문이라고만 생각했다. 아이만 바꾸려 했던 나를 보며 한숨을 쉬었다.

나 자신을 바꾸자 결심했다. 다음 날 저녁 식사를 마친 후 아이 방을 찾았다. 책상에 앉은 아이는 볼펜만 만지작거리며 시선을 피했다. 아이 눈치를 보며 조심스럽게 말을 꺼냈다.

"아들, 그동안 엄마 때문에 많이 힘들었지?"

아이는 마지못해 고개를 삐딱하게 들더니 따가운 눈빛으로 나를 바라봤다. 나는 어제 상담받은 이야기를 했다. 그리고 아이에게 진심으로 미안하다고 사과했다. 그러자 아이는 형식적으로 "응, 알았어."라며 짧게 대답했다. "이제부터 엄마가 변하려고 노력할게. 시간이 오래 걸릴 수도 있어. 하지만 끝까지 해볼 거야."라며 얼굴을 바라봤다. 아이는 차가운 눈빛으로 쳐다봤다. 한참을 보더니 "엄마가 약속 지킨 거 있어?"라며 따지듯 되묻는다.

그 말을 듣는 순간, 가슴이 철렁 내려앉았다. 얼마나 아이에게 신뢰를 잃었으면 저렇게 말할까. 평소 같으면 그게 무슨 말버릇이냐며 소리를 질렀겠지만, 꾹 참았다. 그래, 참자. 참을 인忍 세 번이면 살인도 면한다는 속담처럼, 이번엔 정말 참아보자. 다시 차분한 목소리로 아이에게 미안하다고 말했다. 그리고 물었다. 엄마가 어떻게 해 주면 너 마음이 좀 편해질 수 있는지 솔직하게 말해 달라고 하며 기다렸다. 잠시 침묵하던 아이는 화 안 낼 거냐며 물어보더니 말을 꺼낸다. 자신이 누나랑 비교당하는 것이 너무 싫었다고 한다. 특히 성적표를 보고 비교할 때 죽을 만큼 싫었고, 그래서 더 힘들었다며 지금부터 성적표는 안 봤으면 좋겠단다.

문득 나의 어린 시절이 생각났다. 나도 언니와 비교당하며 똑같은 생각을 했는데, 아이도 같은 생각을 하고 있다. 죽을 만큼 힘들단다. 그놈의 성적이 뭐라고. 아이 마음을 그렇게 아프게 했을까. 그 순간 상담사의 말이 떠올랐다.

"내려놓으세요."

그래, 이제는 진심으로 내려놓자. 그렇게 또 한 번 다짐했다. 그때가 중학교 2학년 1학기 중간고사를 앞둔 시기였다. 그날 이후 고등학교를 졸업할 때까지, 나는 단 한 번도 아이의 성적표를 보지 않았다. 물론 마음만 먹으면 언제든 확인할 수 있었다. 하지만 아이와의 약속을 지키고 싶었다. 나 자신과의 약속이기도 했다. 아이에게 부탁했다. 우편함에 있는 성적표를 내가 먼저 보게 되면 또 상처 주는 말을 할 수도 있어, 아이에게 먼저 꺼내라고 했다. 물론 처음에는 불안하고 마음이 흔들리기도 했다. 그렇게 작은 것부터 약속을 지켰다.

시간이 차츰 지나면서 아이의 태도에 변화가 느껴졌다. 공부도 스스로 하고 나를 대하는 태도도 조금씩 달라지기 시작한 것이다. 그래, 믿어 보자. 잘할 거야. 그렇게 스스로에게 주문을 걸며 기다렸다. 나와 아이는 한 걸음 한 걸음 변화를 향해 나아갔다. 그때부터 둘 사이에 건강한 거리 두기가 시작되었다. 아이에 대한 모든 것은 스스로 선택하고 결정하도록 하였고 최소한의 관심만 두었다. 물론 가끔 부딪칠 때도 있었지만, 상담사의 도움을 받으며 충돌은 점점 줄어들었다. 중학교 3학년 진로 선택부터 고등학교, 대학교 진학, 그리고 현재의 직업까지, 아이는 모든 것을 스스로 선택했다. 아이를 내 틀 안에서 꺼내 놓은 기다림의 결과다. 결혼 후 철없던 나는 아기는 먹이고 재우면 저절로 자라는 줄 알았다. 사춘기를 조용히 지나간 딸을 보며 그저 스쳐 가는 시기였구나 생각했지만, 지금 돌이켜 보면 참 미숙한 부모였다.

작은아이와 갈등을 겪으며 자녀를 이해하기 위해 공부를 시작했다. '부모-자녀 대화법' 강사 과정을 접하며 대화의 방법을 익혔다. 자녀와의 갈등 관계를 해결하는 방법에 대해 배울 수 있는 시간이었다. 조금 더 일찍 알았더라면 하는 아쉬움도 있었지만, 지금이라도 알았으니 다행이라는 생각을 하였다. 부모와 자녀에 대해 조금 더 폭을 넓히기 위해 대학원에서 부모 교육·가족 상담도 전공하였다. 심리 공부를 통해 나를 이해하고 아이들을 이해할 수 있었다.

돌이켜 보면 아이의 굴곡진 성장 과정은 나에게 크나큰 배움의 여정이었다. 부모로서 아이를 지키고 싶었지만, 결국 아이가 나를 성장하게 만든 것이다.

미국의 저명한 철학자이자 작가인 샘 킨은 이런 말을 남겼다.

"사랑은 완벽한 누군가를 찾는 것이 아니라, 불완전한 누군가를 완전하게 바라보는 것이다."

지금도 나는 아이들 곁에서, 멀지도 가깝지도 않게 조용히 응원하고 있다. 넘어져도 괜찮다고, 멈춰도 괜찮다고. 그리고 그 곡선의 길 위에 분명 자기만의 빛을 찾아갈 거라고 믿는다.

7.
있는 그대로의 나를 받아들이는 연습

유미인

한동안 아이와 거리감이 느껴지는 시간을 보냈다. 사춘기 때문만은 아니었다. 바쁜 일상 속에서 어느 순간부터 서로의 말에 귀 기울이지 않고, 그저 하루를 무사히 넘기는 데에만 집중하고 있었다. 아이의 질문에 "엄마 지금 바빠."라고 대답하는 게 습관이 되어 있었고, 대화는 점점 줄어들었다.

그러던 어느 날, 아이의 학교 알림장을 확인하던 중 '학부모 참여 수업' 안내문을 발견했다. 평일 낮 시간대라 회사에 휴가를 내야 했지만, 문득 '이건 꼭 가야겠다.'라는 생각이 들었다. 아이가 몇 번이나 "이번엔 꼭 와 줬으면 좋겠어."라고 했던 말이 떠올랐기 때문이다. 그날 나는 회사에 조심스럽게 연차를 내고, 수업에 참석했다. 아이는 처음엔 조금 부끄러워하더니, 곧 내 옆에 와서 앉으며 소곤소곤 이야기했다. "오늘 발표하는 거 봐 줘." 그 한마디에 마음이 울컥했다. 아이는 내가 늘 바쁠 거라 생각했을 텐데, 그럼에도 나를 바라보며 기대하고 있었던 것이다. 수업이 끝나고 교실을 나서던 길, 선생님께서 내게 조용히 말했다.

"유희는 엄마 얘기를 자주 해요. 친구들이랑 있을 때도 '우리 엄마는~' 하면서 참 자랑스럽게 이야기하더라고요."

그 말을 듣는 순간, 나는 마음속 어딘가가 따뜻해지는 기분을 느꼈다.

'좋은 엄마'가 되기 위해 바삐 달리느라 정작 아이에게 가장 필요한 건 함께 있는 시간, 눈을 맞추는 그 짧은 순간이었다는 걸 잊고 있었다. 완벽하려고 애쓰는 동안, 정작 내 아이는 '있는 그대로의 나'를 기다리고 있었던 것이다.

그 뒤로 나는 내 일상에 작은 변화를 주기로 했다. 퇴근 후 10분이라도 아이와 이야기를 나누는 시간을 만들었고, 가끔은 아이가 좋아하는 간식을 사서 함께 영화를 보는 시간을 만들었다. 처음엔 어색했지만, 아이는 그런 나를 기꺼이 반겼다. "엄마, 오늘은 뭐 하고 놀까?" 그 물음에 나는 다시 웃으며 대답했다. "오늘은 네가 하고 싶은 거 다 들어줄게." 아이와 가까워질수록, 내 속에서도 묵혀 있던 감정들이 하나둘 풀려나기 시작했다. 어릴 적, 나 역시 엄마에게 하고 싶었던 말들, 하지만 하지 못했던 말들이 떠올랐다. 집안일에 치여 늘 바빴던 엄마. 나보다 일을 더 중요하게 여긴다고 생각했었는데, 아이와 마주한 내 모습이 나의 엄마와 닮아 있었다. 그래서 더 마음이 아팠다. 나는 아이에게 미안함을 넘어서, 내 어린 시절의 나에게도 미안해졌다.

하루는 아이와 함께 집 앞 산책을 하다 문득 아이가 말했다.
"엄마는 예전보다 웃는 게 많아졌어."
그 말에 걸음을 멈추고 아이를 바라봤다.

"그래? 너도 그래. 우리 둘 다 좀 변했나 보다."

그렇게 웃으며 걷는 길 위에서, 나는 스스로를 조금씩 다독이고 있었다. 사실 나는 늘 누군가의 기대에 부응하려 애써왔다. '엄마니까', '여자니까', '아내니까' 해야 할 역할들을 감당하며 살았던 시간들. 그래서 어느 순간, 나 자신의 감정은 자주 뒷전이었고, '나는 괜찮아'라는 말로 마음을 눌러 왔다. 그런데 아이와 함께한 그 일상 속에서, 처음으로 나 자신의 감정과 마주하기 시작했다. 슬프면 울고, 기쁘면 웃고, 피곤하면 쉬어야 한다는 당연한 감정을 인정하고 나서야, 진짜 나로서 존재할 수 있었다.

어느 비 오는 날, 아이와 둘이 편의점 우산 하나를 나눠 쓰고 집으로 돌아오던 길. 아이가 조용히 말했다.

"엄마, 나랑 이렇게 걷는 시간이 제일 좋아."

그 말에 아무 말도 하지 못하고 그저 웃었다. 그 짧은 고백이, 나에게는 '있는 그대로의 나'도 충분히 누군가의 안식처가 될 수 있다는 사실을 알려 주는 말이었기 때문이다.

아이 중학교 3학년 겨울 방학 때의 일이다. 생각해 보면 언제 저렇게 컸을까 싶었다. 키도 마음도 많이 자란 아이는 이제 제법 자기 의견을 말할 줄 알았고, 때로는 내 생각을 바꾸게 할 만큼 단단한 주장을 하기도 했다. 그즈음, 아이가 내게 조심스럽게 물었다. "엄마, 우리 단둘이 여행 가 보면 어때?" 처음엔 농담인 줄 알았다. 그런데 아이는 진지했다. "이번엔 내가 다 준비할게. 엄마는 따라오기만 하면 돼."

놀라움과 동시에 마음 한편이 뭉클해졌다. 아이가 이제는 나를 이끄는 사람으로 자라나고 있다는 걸 실감하는 순간이었다. 우리는 일본 자유 여행을 떠나기로 했다. 어디든 좋았다. 중요한 건 '엄마와 단둘이'라는 말이었다. 아이의 리드 아래, 비행기 티켓부터 숙소 예약, 여행 코스까지 모든 걸 아이가 직접 계획했다. 나는 정말 아무것도 묻지 않았다. 단지 아이의 손끝에서 자라나는 '독립'과 '책임'을 지켜보고 싶었기 때문이다. 출국 당일, 평소보다 한참 일찍 공항에 도착해 긴장한 마음으로 기다리고 있었다. 아이는 체크인 카운터로 성큼성큼 걸어가 직원에게 예약 정보를 보여 주며 말했다. "2명 예약했고요, 좌석은 창가 쪽이면 좋아요." 그 목소리를 듣는 순간, 내가 알던 내 아이가 맞나 싶을 정도로 듬직해 보였다. 출입국 심사를 마치고 게이트 앞에서 비행기를 기다리며 아이는 나에게 여행 일정을 설명해 주었다. 첫날은 숙소 근처 맛집 탐방, 둘째 날은 온천이 있는 마을로 기차 여행, 마지막 날은 쇼핑과 카페에서의 여유로운 시간. "어때? 너무 빡빡하지 않게 짰어. 엄마는 쉬는 것도 좋아하잖아." 그 말에 나는 피식 웃고 말았다. '이제 네가 날 더 잘 아는구나.'

일본에 도착해서도 아이는 끝까지 리더 역할을 톡톡히 해냈다. 지하철 노선을 검색하고, 동전을 준비해 자판기에서 교통카드를 충전하고, 맛집 대기표를 뽑는 일까지 척척 해냈다. 우리는 복잡한 골목길을 따라 걸으며 서로의 사진을 찍어 주고, 처음 맛보는 음식 앞에서 눈을 반짝이며 감탄했다. 기억에 남는 건 둘째 날, 작은 온천마을로 향하던 기차 안에서의 대화였다. 기차 창밖으로 푸릇푸릇한 논밭이 펼쳐지고, 작은 시골 마을이 지나가던 풍경 속에서 아이가 말했다.

"엄마, 나 이 여행 준비하면서 느꼈어. 책임진다는 거, 되게 멋진 일이구나."

나는 그 말에 아무 말도 하지 못하고 아이의 머리를 조용히 쓰다듬었다. 그 순간, 말하지 않아도 서로의 마음이 닿아 있는 듯한 감정이 흐르고 있었다. 그날 저녁, 우리는 숙소 근처 조용한 온천에 함께 앉아 따뜻한 물속에 몸을 담갔다. 김이 모락모락 올라오는 풍경 속에서, 아이는 내 어깨에 기대어 말했다.

"엄마, 이제 진짜 우리 둘이 뭐든지 할 수 있을 것 같아."

나는 그 말에 조용히 고개를 끄덕였다. 이 아이는 어느덧, 내 보호를 받는 존재에서 나의 삶을 함께 이끌어 가는 존재로 자라나고 있었다. 여행은 단지 며칠의 시간이었지만, 그 시간은 우리 사이에 새로운 기억의 줄기를 심어 주었다.

여행 마지막 날, 공항으로 향하던 길에 아이가 나에게 물었다. "엄마, 다음엔 어디 갈까?"

나는 웃으며 대답했다. "다음엔 네가 정하는 데로 또 따라갈게. 이번처럼." 그 말에 아이는 기특하게도 이렇게 말했다. "그럼 다음엔 엄마가 가고 싶은 곳으로 정해 줘. 이번엔 내가 이끌었으니까, 다음엔 엄마 차례야." 그 순간, 나는 알았다. 이 아이는 단지 자라난 게 아니라, 함께 살아가는 '사람'으로, 나의 인생을 같이 걸어 주는 '동반자'로 성장하고 있었다는 걸.

여행이 끝나고 일상으로 돌아왔지만, 그 여행에서 느꼈던 감정들은 여전히 내 안에 따뜻하게 남아 있다. 그 여행 덕분에 아이를 다시 만났고, 동시에 잊고 있던 나 자신도 다시 돌아보게 되었다.

나는 여전히 완벽하지 않다. 지금도 때론 아이에게 소리를 지르고, 아이의 마음을 온전히 이해하지 못해 스스로를 책망한다. 하지만 예전과 다른 건, 이제는 그런 나를 있는 그대로 받아들이려고 노력한다는 것이다. 내가 나를 먼저 이해해야, 아이의 마음도 더 깊이 이해할 수 있다는 걸 조금씩 배워 가는 중이다.

그리고 무엇보다, 아이는 내가 생각하는 것보다 훨씬 더 크고 단단했다. 나를 사랑해 주고, 때로는 나를 위로해 주며, 내가 흔들릴 때 곁에서 조용히 등을 토닥여 주는 존재가 되어 주었다. 울고 웃고, 넘어지고 다시 일어나는 모든 순간이, 결국 나를 있는 그대로 받아들이는 과정이라는 것을 믿으며. 그리고 그 길 위에서, 나도 아이와 함께 자라고 있다는 것을 느낀다. 우리 둘 사이를 이어 주는 건 완벽함이 아니라, 서로를 향한 진심이라는 걸 알게 되었으니까.

8*
엄마로 성장시켜 준 아이

윤현호

    시골에서 자랐다. 집 뒷마당에 염소, 토끼, 개들이 있었다. 우리 안에서 옹기종기 몸과 얼굴을 비비며 노는 모습이 귀여웠다. 동물 먹이 담당은 늘 아버지였다. 풀을 뜯다 먹이고 이름을 불러 가며 예쁘다 하였다. 그중 검은색 개 한 마리는 마당에 풀어놓았다. 남동생들과 뛰어다니며 놀았다. 이름은 검둥이였다. 어느 날 배가 많이 불렀다. 새끼를 가졌다고 했다. 아버지는 우리를 따로 만들어 지극정성으로 돌봐 주었다. 여덟 마리의 새끼를 낳았다. 눈은 말똥거렸고 털은 희고 검었다. 어미 옆에 붙어서 먼저 젖을 먹겠다고 밀쳐내며 몸싸움을 했다. 몸집이 큰 강아지 순서대로 어미 품을 차지했다. 약한 강아지는 항상 뒷전이었다. 어미 개는 덩치도 적고 젖을 잘 빨지 못하는 새끼를 혀로 핥아 주었다. 젖을 먹이려고 부단히 애쓰는 모습이었다. 말 못 하는 짐승도 제 새끼를 지키고 돌보는 것을 보았다. 초등학교 때 경험한 일이지만 어린 나이에도 감동이었다.

    부모란 어떤 존재일까를 곰곰이 생각해 보았다. 아이들에게 어떤 부모로 기억되고 있을까 궁금해서 물어본 적이 있다. "엄마가 바쁘게 일한다고 너희들을 잘 챙겨 주지 못하고, 어려운 환경에서 자라게 해서 미안해." 아이들은 "한 번도 그렇게 생각해 본 적 없어. 우리 키운다고 일하며 고생했잖아." 그렇게 말해 주는 아이들이 고마웠다. 자라오면서 한 번도 힘들다고 말하지 않았다. 언제나 든든하고 씩씩한 아이들이었다. 딸이 고등학교 때 친구들과 이야기한 적이 있다고 했다. 친구들은 '사고 싶은 비싼 가방이 있는데 나중에 엄마한테 사 달라고 해야지.'라는 말을 했다. 딸은 집에 와서 가방을 내려놓더니 다급하게 "엄마." 하고 불렀다. "친구들은 이상해, 왜 엄마한테 받을 생각을 먼저 하지? 난 우리 엄마한테 좋은 것만 사 줄 건데." 성인이 된 지금도 딸은 여전히 가방, 옷, 화장품 등 모든 물품을 담당하고 있다.

부모를 생각하는 딸의 마음은 열 살 때 가정의 위기를 겪으면서 더 달라진 것 같다. 컴퓨터 개발 사업을 하고 있던 남편의 회사가 부도났다. 가게 수표를 회수하지 못하면서 신용불량자가 되었다. 빌라도 경매에 넘어갔다. 단칸방으로 이사했다. 남편은 지방에 가서 일했다. 가정 경제는 남편이 책임지고 있었던 터라 아이들을 어떻게 키워야 할지 막막했다. 부도 전에는 남편만 의지하고 살았는데 이제 내가 가장이었다. 자는 아이들을 바라보았다. 눈에 눈물이 고였다. 얼굴을 타고 하염없이 흘러내렸다. 다짐했다. '강해지자. 이 아이들을 잘 키워야 한다. 남편을 붙들어 줘야 한다. 넌 할 수 있어.' 가정의 위기는 무엇이든 할 수 있는 강한 엄마로 성장시켰다. 직장 생활로 피곤하고 힘들 때마다 엄마는 쉬라며 청소기를 돌려 주고 설거지도 해 주었다. 어깨와 목, 다리도 주물러 주었다. 딸과 아들은 무조건 돌봐 주어야 할 철없는 어린아이들이 아니었다. 나의 보호자이며 친구 같은 존재였다. 남편의 사업이 정상으로 회복되는 데 7년이 걸렸다. 아이들은 그 시간 내가 살아가도록 붙들어 준 끈이었다. 엄마의 존재를 알게 해 준 선물이었다.

딸이 초등학교 입학식 때 친삼촌이 왔다. 남편이 고려대 병원에서 쓸개 수술을 하는 날이었기 때문이다.

아빠 대신 삼촌이 왔다고 칭얼대지 않았다. 오히려 아빠 괜찮냐며 끝나고 병원으로 가자고 했다. 자기보다 부모가 먼저였다. 태어나면서부터 성장 발육도 빨랐고, 생각도 깊은 아이였다. 그런 아이가 중학생이 되면서 2년 동안 극심한 사춘기를 겪었다. 눈물이 마를 날이 없었다. 기다림과 내려놓음을 배우게 했다. 딸과의 관계에서 건강한 부모가 된다는 것은 쉬운 일이 아니었다. 기대치가 높고 원하는 자아상이 있었다. 그것이 마음대로 되지 않는다는 것을 알게 되었다.

딸은 여섯 살 때부터 피아노 학원에 다녔다. 악기 하나는 할 수 있는 게 좋을 것 같았다. 교사가 꿈이었다. 고등학교 2학년 때 일이다. 난 직장으로 인해 분당에 있었고, 아이들은 이모와 함께 인천에서 살았다. 일주일에 한 번씩 인천에 가서 집안일을 해 놓고 왔다. 어느 날 딸에게 전화가 왔다.

"엄마, 나 피아노로 대학에 가고 싶어."

"뭐라고? 지금 정신이 있는 거니? 전공하라고 여태까지 피아노를 배우게 한 게 아니야."

"나 열심히 해 볼게. 아무리 생각해도 하고 싶어."

"너무 늦었다고. 교사가 되겠다고 하더니 갑자기 피아노를 전공한다고? 두 번 다시 얘기하지 마."

　수학이나 영어학원 다니지 않을 테니 그 돈으로 지원해 달라고 애원했다. 대입을 준비하기에는 너무 늦었다. 화가 났다. 늦은 만큼 얼마나 노력하는지 알았지만 6개월 동안 모른 척했다.

　고등학교 3학년이 되었다. 이젠 열심히 하라고 응원해 줄 수밖에 없었다. 하반기가 되었다. 어느 날 전화가 왔다. 입시가 3개월밖에 남지 않아서 교수 과외를 받아야 하는데 선생님이 분당에 있다고 했다. 인천에서 학교 다니는데 어떻게 일주일에 두 번씩 분당에 온단 말인가. 학교 수업 끝나면 인천 터미널에서 6시 버스를 타고 분당에 왔다. 한 시간 레슨 받고 저녁 9시가 다 되어 다시 인천으로 갔다. 엄마가 분당에 있었지만 자고 갈 수 없었다. 다음 날 학교에 가야 했다. 한 번도 힘들다고 말하지 않았다. 씩씩하게 웃으면서 "갈게." 했다. 마음이 찢어지듯 아팠다. 가장 중요한 시기에 떨어져서 옆에 있어 주지도 못하고 매일 밥도 해 주지 못했다. 딸은 오히려 괜찮다며 이렇게라도 할 수 있어서 좋다고 했다. 힘들지 않으니 걱정하지 말라며 엄마를 위로해 주었다.

　자기의 길을 찾으려고 혼자 몸부림치는 딸은 버스가 떠날 때 차 안에서 웃으며 손을 흔들어 주었다. 버스가 사라질 때까지 서 있다가 집에 돌아왔다. 한참을 울었다. 딸은 누구보다 어른스러운 아이였다. 감사하게 동덕여대 피아노과에 입학했다.

　딸이 초등학교 6학년이 되었을 때의 일이다. 남편, 딸, 아들과 함께 점심을 먹었다. 난 오후 수업이 있어서 남편에게 아이들 부탁하고 먼저 갔다. 남편도 아이들을 집으로 데려다주고 지방으로 출발하려고 터미널로 갔다. 갑자기 학원으로 남편에게 전화가 왔다. 딸을 데리고 병원으로 가는 길이라고 했다. 맹장이었다. 엄마 걱정한다고 아빠에게 먼저 연락하는 아이였다. 병원으로 갔다. 수술했다. 의사는 떼어 낸 맹장을 보여 그동안 조금씩 통증이 있었는데 어떻게 참았는지 모르겠다고 말했다. 미안했다. 딸은 항상 엄마가 먼저였다. 아이들은 완벽하지 않은 부모를 완벽하게 만들어 주는 스승이었다.

나도 엄마 아빠의 딸이었다. 세상보다 더 큰 사랑을 받았다. 어릴 적부터 잔병치레가 심했다. 아빠의 손을 잡고 병원에 간 날이 한두 번이 아니었다. 사춘기가 심해서 아빠의 마음을 아프게도 했다. 엄마 아빠도 부모를 일찍 여의었다. 유일한 가족은 자녀들이었다. 완벽하지 않은 나를 완벽하다고 인정해 준 부모였다. 그래서였을까. 중학교 3학년 때부터 생각했다. '우리 엄마 아빠에게 걱정 끼치지 말자. 의젓한 딸이 되자.' 성장하면서 한 번도 살아가는 게 힘들다고 이야기해 본 적 없다. 내 딸도 그렇다.

처음은 누구에게나 설렘과 두려움을 안겨 준다. 나에게는 부모가 되는 일이 그러했다. 생명의 탄생은 신비 그 이상이다. 양육에 많은 시행착오를 겪었지만, 그 과정을 통해 부모의 의미를 알아 가고 있다. 비워 놓은 답안지는 조금씩 채워볼 예정이다. 그럼에도 아이들은 부족한 엄마를 빛나게 만드는 보석이다.

9.*
불완전할 용기

이현주

　처음 아이를 품에 안았을 때 생각했다.
　'이 작은 생명을 잘 키우기 위해, 나는 더 강해져야 해.'
　그렇게 엄격한 부모가 되기로 다짐했다. 매뉴얼처럼 육아서를 읽고, 좋은 부모가 되기 위한 강의를 듣고, 체크리스트를 만들어 가며 내 삶을 아이에게 맞췄다. 육아는 계획대로 흘러가지 않았다. 아이는 내가 만든 틀에 들어오지 않았고, 매일 흔들렸다.
　좋은 음식을 먹으면 두뇌 발달에 좋다고 해서 마트에서 소고기를 곱게 갈아 왔다. 당근도 흙 묻은 걸 사서 깨끗하게 씻고 믹서기에 갈지 않고 강판에 직접 갈아서 준비했다. 감자도 잘게 썰어 준비해 두었다. 브로콜리 머리 부분은 기름막이 형성돼 있어 물이 잘 스며들지 않는다. 물로만 씻으면 농약이나 벌레가 제거되지 않는다고 한다. 귀찮고 번거롭다. 하지만 아이가 먹는 음식이라 더 신경을 쓴다. 씻은 브로콜리는 식초 물에 담그고 기다린다. 이미 싱크대는 공간이 없다. 준비해 놓은 재료로 가득하다. 흙도 튀고 정리해야 할 부분이 많다. 그래도 이유식을 정성껏 만들었다. 아이는 내 마음도 몰라주고 뱉어 냈다. 한숨만 나온다.

육아는 교과서처럼 흘러가지 않았다. 밤낮이 바뀐 아이는 새벽마다 울었고 나도 지쳐 갔다. 잠들지 않아 안고 흔들다 무릎이 저릴 정도로 걸었다. 잠자는 시간은 도무지 맞춰지지 않았다. 겨우 저녁을 챙기고 앉을 때쯤, 아이는 울기 시작했고 결국 한숨 섞인 짜증을 내고 말았다.

"도대체 왜 이렇게 안 자는 거야?"

　버럭 소리를 질렀다. 그 순간 아이는 울음을 멈추고 나를 바라봤다. 눈을 동그랗게 뜨고 "엄마, 나도 잘 모르겠어. 나도 힘들어."라고 묻는 듯했다. 기저귀를 갈아 주면서 일찍 잤으면 하는 마음이 컸다. 그 날밤, 아이를 품에 안고 울었다. 지쳐가는 모습이 너무 싫었다. 모유 수유할 때 아이는 한 다리를 들고 한 손은 가슴을 잡고 있었다. 다른 손은 무엇을 잡을지 손가락을 꼼지락거리며 나를 쳐다본다. 엄마와 애착 형성하면서 감정적 교류를 나누는 행동이었다. 입술을 오물거리면서 웃는 아이의 모습을 보니 놀라게 된다. 엄마는 불만이 가득한 얼굴인데 아이는 웃고 있었다. 그 순간 깨달았다. 육아는 정답을 요구하지 않는다는 사실이다. 오히려 '완벽하지 않아도 되는 나'를 인정하는 일이라는 것을.

　처음 아이가 나를 엄마라고 불렀을 때, 그 말의 무게를 온몸으로 느꼈다. 엄마라는 이름이 주는 기대는 언제나 크고 무겁다. 다정하고 현명하며, 늘 사랑이 넘치는 존재여야 할 것 같았다. 하지만 그러지 못했다. 화도 나고, 지치기도 하고, 어떤 날은 아이와 눈을 마주치기조차 버거울 때도 있었다. 그때마다 속삭였다. "엄마도 처음이야." 불완전한 내 모습을 용서하고 껴안는 것이 육아의 시작임을 알게 되었다. 아이에게 완벽한 엄마가 되려고 하니 자꾸 화가 났다. 나 자신에게 솔직한 엄마가 되기로 했다. 그것이 불완전할 용기였고, 진짜 성장이 시작된 순간이었다. 육아는 매일 연습이었다. 어제보다 조금 더 참을성 있게 반응하고, 더 많이 안아 주며, 아이의 말에 귀 기울이는 법을 배웠다. 아이의 감정에 이름을 붙여 주는 과정을 통해 감정도 이해하게 되었다. "화났구나, 속상했구나, 울고 싶었구나." 이 말들은 아이에게만 하는 말이 아니었다. 나 자신에게도 필요한 위로였다.

어느 날, 아이가 계단을 내려가다 넘어져 울었다. 눈이 반쯤 녹은 상태여서 발끝에 힘을 주고 걷지 않으면 미끄러질 수 있었다. 빨간 털 부츠를 신고 보라색 목도리를 두르고 모자를 썼다. 검정 체크무늬 바지에 무릎까지 오는 분홍 무스탕을 입고 조심스럽게 계단을 내려갔다. 넘어져 무릎이 조금 까졌지만 놀란 마음이 더 커 보였다. 입을 삐죽거리며 눈물이 뚝뚝 떨어지면서 쳐다보고 있었다. 천천히 다가가 말했다. "괜찮아. 엄마도 자주 넘어졌어. 그런데 다시 일어났어." 그러자 아이는 말을 듣고 고개를 끄덕이며 조용히 울음을 그쳤다. 그전 같으면 조심하라고 다그치거나 아이를 통제했을 것이다. 그 순간 느꼈다. 아이는 완벽한 부모보다, 실패해도 다시 일어나는 부모를 통해 삶을 배운다는 것을. 육아는 나를 부모로만 성장시킨 것이 아니다. 인간으로서 성숙을 가져다준 시간이었다. 아이와 마주하면서 감정을 조절하는 법을 배웠다. 내가 얼마나 통제하려고 한 사람인지, 타인의 시선에 민감한 사람인지 알게 되었다.

육아하며 내 안에 있는 초조해지는 마음을 자주 마주했다. 아이가 말을 언제 시작하는지, 숫자는 얼마까지 셀 수 있는지, 또래 아이들과 비교하며 초조해진 적도 많았다. "엄마… 물…." 딱 두 음절. 네 살이 되도록 아이가 한 문장으로 말한 적이 없었다. 또래 아이들이 "엄마, 나 놀이터 갈래", "이건 내가 먼저 봤어!" 하며 자기감정을 또박또박 말할 때, 우리 아이는 말 대신 손짓과 눈빛으로 표현했다. 처음엔 조금 느린가 보다 싶었다. 아이마다 발달 속도가 다르니까 그럴 수 있다고 생각했다. 주변에서 언어치료를 받아봤냐는 질문을 들을 때마다 마음 한구석이 무거워졌다.

어린이집 선생님도 조심스럽게 조언했다. 엄마와 상호 작용을 조금 더 늘려 보라고. 이야기를 많이 들려주고 기다려 주라고 알려 주었다. 종일 아이와 눈을 마주치고 말 걸기, 그림책 읽어 주기, 짧은 문장 따라 말하기를 반복했다. 하지만 변화는 더뎠고, 불안은 점점 커졌다.

아이가 아무 말 없이 인형만 바라보고 있어도 혹시 뭔가 문제가 있는 건 아닐까 싶어 가슴이 철렁했다. 발달검사를 받기 위해 병원을 갔다. 의사 선생님은 인지, 감각, 정서 발달에는 큰 문제없어 보인다고 했다. 언어 자극이 약했을 가능성이 있다는 이야기를 들었다. 너무 미안한 생각이 들어 아이의 눈을 쳐다보지 못했다. 아이는 언어로 표현하기보다는 엄마의 눈치나 분위기에 먼저 반응하는 아이라고 했다. 돌아오는 길에 가슴이 너무 아팠다. 아이마다 꽃 피우는 계절이 다르다. 봄에 피는 꽃도 있고, 가을에 피는 꽃도 있다. 꽃은 피는 순간 누구보다 찬란하고 아름답다. 나 역시 마찬가지였다. 부모로서 빨리 자라지 못했다. 처음엔 서툴렀고 느렸다. 육아는 나에게 느림의 미덕을 가르쳐 주었다.

육아 초기에 아이가 내 말을 못 알아듣는다고 생각했다. 기분이 안 좋아도 태연한 척, 웃으며 아이를 안았다. 그런데 이상했다. 내가 불안하거나 예민할 때, 아이는 더 자주 울고, 낮잠도 제대로 자지 않았다. 기분, 말투, 표정 하나까지 아이는 예민하게 받아들인다. "엄마, 왜 화났어?" 다정하게 장난감을 건네던 네 살 아이가 갑자기 묻는다. 아무 말도 하지 않았고, 화가 난 표정도 아니었다. 그저 무심히 부엌에서 설거지하며 무거운 한숨을 내쉬었을 뿐인데, 아이는 단번에 내 감정을 알아챘다. 감정을 숨기면 아이가 모른다고 생각했다. 오히려 아이는 표정, 손짓, 말투 하나하나에서 엄마의 미세한 감정의 진동을 읽고 있었다. 엄마는 괜찮다는 말도, 속마음이 그렇지 않다면 아이에게는 혼란이 될 수 있다는 걸 알게 되었다. 아이와의 관계에서 진실해지기로 했다. 완벽한 엄마가 되려 하기보다는 솔직하고 따뜻하게 내 마음을 전하기로 했다. 지금도 아이는 내가 한숨을 쉬거나, 무표정하게 있을 때 엄마 괜찮냐고 묻는다. 육아는 아이를 키우는 것이 아니라, 감정과 진심으로 소통하는 법을 배우는 시간이라는 걸 알아 가고 있다.

불완전할 용기. 그것은 모든 부모가 아이와 함께 걸어가야 할 길이다. 완벽한 부모는 없지만, 불완전함을 인정할 수 있는 용감한 부모는 있을 수 있다. 그 용기 속에서, 아이는 진짜 사람다운 사람으로 자란다. 부모도 더 깊고 따뜻한 사람으로 성장한다. 육아를 통해 배운 삶의 진리이다. 불완전해서 더 아름다운 부모는 완벽하기 위해 존재하는 것이 아니라, 사랑하기 위해 존재한다는 것을.

10
실패하며 성장하는 우리

임혜현

첫째 아이가 전교 부회장 선거에 처음 나간 건 4학년 때였다. 리더의 자리에 관심 갖는 아이가 기특했다. 학창 시절 반장을 하고 싶었지만 용기가 없었다. 고등학교 3학년에 마지막이라는 생각으로 반장에 나갔다가 참패를 맛보았다. 그 후 리더의 자리와 나는 거리가 멀다고 생각했다. 학부모가 돼서야 학부모 회장을 했다. 아이도 나처럼 학생회장이 되었으면 좋겠다고 생각했다. 내 꿈을 아이가 이루어 주길 바랐다. 솔직히 아이에게 전교 부회장을 해 보라고 먼저 구슬렸다. 다행히 아이는 반장을 해 보니 재미있다고 했다. 전교 부회장도 잘할 수 있단다. 벌써 공약도 어떤 내용으로 할지 정했다고 한다.
"하나, 4-7 교실에 큐브 교실을 열어서 친구들에게 큐브를 알려 주겠다. 둘, 무엇이든 물어 보살 교실을 만들어 친구들의 고민 해결에 도움을 주겠다. 셋, 금요일 하교 후 운동장에서 쓰레기를 줍겠다."
웃음이 나왔다. 전교 부회장이 되면 5학년이 될 텐데 4학년 교실에서 어떻게 큐브 교실을 하냐고 물었다. 그건 당선되면 생각한다고 한다. 포스터 사진이랑 이름만 인쇄해 주고 옆에서 묵묵히 지켜보았다. 결과는 탈락.

두 번째 도전도 마찬가지였다. 기가 죽어 다시는 안 나간다고 할 법도 했지만 아이는 "다음에 또 나가 볼래."라고 담담히 말했다. 이 도전은 아이의 것이라서 나는 지켜보기만 했다.

　세 번째 선거를 앞두고 아이는 이전과는 달랐다. 포스터를 만들며 실현 가능한 공약 하나하나를 고심하며 적어 내려갔다. 배경 색깔이나 글자 배치도 자기만의 방식으로 만들어 갔다. 그저 내게 보여 주며 "이거 딱 내 스타일이야." 하고 웃었다. 연설문도 스스로 썼다. 방송연설이 인상 깊어야 한다는 선배 엄마들의 조언이 이어졌다. 트로트 이상을 빌려서 입히는 경우도 있단다. 아이에게 의상이나 소품을 가지고 가서 연설하라고 말했다. 아이는 벌써 연설 녹화를 했단다. 선글라스를 가지고 가서 재미있게 찍었다고. 관여를 안 한다고 다짐했지만 말도 없이 연설 녹화를 했다는 게 서운했다. 며칠 후 둘째 아이에게 물어보았다. 형아가 발표할 때 웃겨서 학생들이 모두 웃었다고 한다. 다들 형아를 찍어 준다고 했단다. 아이는 스스로 고민하며 재미있게 자신을 표현했나 보다.

　결과는 당선. 세 번의 도전 끝에 전교회장이 되었다. 그 순간 눈물이 핑 돌았다. 아이가 당선되었다는 사실이 감격스러웠다. 아이 스스로 할 수 있도록 기다려 준 나 자신이 자랑스러웠다. 완벽한 결과 대신 과정을 지켜보는 부모가 되고 싶었다. 아이는 실패를 두려워하지 않았다. 포기만 하지 않으면 원하는 바를 이룰 수 있다는 것을 느꼈다고 했다. 세 번의 도전 속에서 계획하고 실행하는 법을 익혔다. 무엇보다 자신을 믿는 방법을 알게 되었다. 나는 그 옆에서 아주 작은 응원만 했을 뿐이다. 부모란 아이가 스스로 빛날 수 있도록 옆에서 조용히 등을 비춰 주는 존재인 것 같다.

졸업식 할 때 전교생 앞에서 졸업생 송사를 읽었다. 아이의 도전과 내 도전은 닮아 있었다. 그리고 나의 부모님과도 닮아 있었다. 어려서부터 아버지는 나를 아들처럼 키웠다. 주공 아파트에 살던 시절의 일이다. 나는 당시 중학생이었다. 옛날 아파트는 베란다가 깊었다. 베란다에 오갈 때 신발을 챙겨 신다가 턱에 걸려 넘어졌다. 어머니의 고생을 덜어 주려 아버지는 벽돌과 나무판으로 거실과 베란다의 높이를 똑같이 만들었다. 10년이 지나니 나무가 삭아서 발을 디딜 때마다 삐거덕 소리가 났다. 바닥 곳곳이 싱크홀처럼 쑥 꺼지는 현상이 나타났다. 잘못 밟으면 크게 다칠 것 같았다. 아버지는 벼르고 벼르다 베란다를 재정비하기로 했다. 일꾼은 바로 나. 무거운 흙을 퍼서 어깨에 메고 계단을 내려가 공터에 버렸다. 그 당시 부급의 최연소 여성 현장 노동자가 아니었을까 싶다. 남동생도 있는데 매번 나에게만 굿은일을 시켰다. 할머니 댁 포도밭에 농약을 칠 때면 농약 줄을 당기는 일도 내가 도맡았다. 그때 농약을 많이 마셔서 지금 내 상태가 이런 게 아닌가 의심이 들기도 한다. 경운기나 우마차로 소똥 옮길 때도 뒷자리에 똥이 떨어질세라 매서운 눈으로 지켜보았다. 그것뿐이랴. 소들이 폭신하게 생활할 수 있도록 강가의 모래를 퍼서 가져오는 일도 했다. 스무 살 넘은 아가씨가 삽질하는 모습을 들키고 싶지 않았다. 아는 사람을 만날까 봐 모자를 푹 눌러쓰고 아버지 일을 도왔다. 이렇게 우리 집 머슴으로 자리 잡았다. 집안의 형광등 갈아 끼우는 것, 변기 커버 교체, 방문 수리 등도 나의 몫이었다. 집안의 기구 중 멍키스패너와 드라이버는 단짝 친구였다.

어머니도 도전의 아이콘이라고 할 수 있다. 분식집, 김밥 장사, 떡집 등 끊임없이 일했다. 지금도 노인 일자리에서 하루 세 시간 일을 하고 있다. 힘들다고 그만하라고 해도 그때뿐이다. 아직 건강해서 일할 수 있다고 긍정적으로 생각하란다.

부모님과 함께 했던 경험들은 아들 둘을 키우는 데 많은 도움이 되었다. 어떤 긴박한 상황에서도 침착하게 대처할 수 있었다. 모든 경험은 나에게 도움이 되었다. 단단해진 내 마음이 증거다. 아이를 낳고 맨땅에 헤딩하며 살았다. 상담을 공부하고 청소년 범죄 예방 강사가 되었다. 학교에 서서 강의할 때면 '내가 여기까지 왔구나.' 싶었다. 학교에서 기간제로 일하기 위해 면접에서 떨어질 때마다 다시 일어섰다. 어느 순간 나는 프로 면접인이 되어 있었다. 시간이 갈수록 불합격 대신 합격이 많아졌다. 아이들에게 엄마도 할 수 있다는 것을 보여 주고 싶었다. 도전은 실패가 아니라 경험이고 엄마도 여전히 꿈을 향해 걷고 있다고.

부모란 도전하는 모습을 통해 아이의 꿈을 밝혀 주는 사람이다.
아이에게 시키기만 하는 엄마가 되고 싶지 않았다. 책 읽으라고 말하기 전에 내가 먼저 도서관을 찾았다. 공부하라고 다그치기 전에 내가 먼저 책상에 앉아 공부했다. 각 기관에서 공고가 뜰 때마다 지원했다. 떨어질 때도 많았지만 포기하지 않았다. 어떤 순간이든 아이들에게 좋은 본보기가 되고 싶었다.
우리는 다른 방식으로 넘어졌다. 울었지만 다시 시작했다. 완벽하지 않아도 괜찮았다. 오늘도 아이들보다 한 발짝 먼저 앞서 나아가는 중이다.

11*
경험이 단단한 인생을 만든다

전재영

15개월. 아이가 걸음마를 하기 시작하면서 온갖 신경이 곤두서게 된다. 거실에는 안전 매트와 울타리가 설치되어 있다. 한 걸음씩 옮기고 있으나 계속 주저앉는다. 아이는 넘어져도 좋은지 금방 일어난다. 창문 밖이 궁금한 아이는 높이가 있는 장난감을 밟고 울타리 난간에 매달려있다. 키가 아직 울타리를 넘지 않아 안전하다고 생각했지만 올라가면 안 된다고 아이에게 소리쳤다, 눈치를 보고 내려왔지만 다시 잡고 올라간다. 한숨을 쉬고 아이를 업고 방으로 들어갔다. 안방에는 우리 부부가 자는 프레임이 없는 침대 매트와 안전 가드가 설치되어 있는 아기 매트가 있다. 평소 낮에 잠깐 잠을 재웠다. 그 시간이 달콤한 휴식시간이었다. 그런데 오늘은 안전 가드에서 나와 옆 침대 위로 올라온다. 아이는 침대 끝으로 간 후 내려가면 안방 밖으로 나갈 수 있다는 것을 알고 있다. 계속 밖으로 나가려 한다. 그럴 때마다 데리고 오는 것을 반복했다. 한 시간이 흘렀다. 아직도 잠을 자지 않는다. 아이와의 씨름을 포기하고 침대에 누워 자는 척을 했다. 그 순간, 쿵 하는 소리와 함께 아이가 울었다. 놀란 나는 바닥에 누워 있는 아이를 업었다. 침대에서 내려가다가 바닥에 머리를 부딪힌 것이다. 다행히 매트 높이가 낮아 크게 다치지 않았다. 자지러지게 우는 아이를 보고 같이 울며 "미안해, 아빠가 미안해."라고 소리쳤다. 밖에 있던 아내가 놀라 방으로 들어왔다. 괜찮아졌는지 아이는 울음을 그쳤다. 아내에게 상황을 설명해 주고, 어떻게 하면 아이가 떨어지지 않을지 고민했다. 바닥 보호 매트를 추가 주문해야겠다고 결정하고 침대를 모두 옮겨 구조를 바꿨다.

근처에 인삼 축제가 있어 아내와 아이를 데리고 나들이를 나왔다. 차에서 내린 후 아이를 유모차에 태웠다. 이이기 유모차에 다기 싫다며 인상 쓰며 소리 질렀다. 부쩍 유모차에 타기 싫어한다. 트렁크에서 돌이 지난 아이가 탈 수 있는 접이식 자전거를 꺼냈다. 자전거는 뒤에서 부모가 운전할 수 있도록 바퀴와 연결된 손잡이가 있고 안장 주변에는 몸을 보호하는 지지대가 있었다. 자전거는 무겁지 않아 편했고, 아이도 유모차처럼 답답하지 않아 좋아했다. 축제 안으로 들어가며 뒤에서 손잡이를 잡고 자전거를 운전했다. 아이는 신이 났는지 몸을 좌우로 흔들며 웃음소리를 냈다. 몸을 흔들자 자전거도 같이 흔들리면서 쓰러지려고 했다. 재빨리 아이를 잡아 넘어지지 않았다. 흔들면 안 된다고 다그쳤다. 얌전해진 것을 보고 다시 걷기 시작했다. 축제는 시끌벅적하고 먹을거리가 가득했다. 앞 무대에서는 공연을 하고 있었고 음악 소리가 크게 흘러나오고 있었다. 무대를 보고 있던 그때, 아이가 자전거에서 바닥으로 떨어졌고 뒷머리를 부딪혔는지 크게 울기 시작했다. 심장이 덜컥 내려앉았다. 아이를 잽싸게 안고 쓰러져 있는 자전거를 발로 차 버렸다. 자전거는 멀리 날아갔고 아이의 뒷머리가 이상이 없는지 확인했다. 다행히 겉으로는 다치지 않았지만 진정되지 않았는지 계속 울었다. 옆에서 뭐 했냐며 아내를 원망했다. 아내는 표정을 찡그리며 화풀이하지 말라고 큰소리쳤다. 아이가 진정되고 울음을 그쳤지만 기분이 상한 우리는 아무 얘기도 하지 않은 채 망가진 자전거를 들고 차로 돌아왔다. 아이를 태운 후 말문을 열었다. 아내 잘못이 아닌데 탓해서 미안하다고 말했다. 사실 우리 부부는 아이가 태어나기 전까지 싸우는 일이 거의 없었다. 그런데 아이를 키우면서 매일 싸웠다. 서로 자신이 더 힘들다고 생각했고 상처 주는 말도 오고 갔다. 하지만 아이가 커 갈수록 모든 영향은 아이에게 그대로 전해진다는 것을 깨달았다. 초보 아빠는 경험으로 나아질 수 있지만 감정에 치우친 아빠는 가정을 행복하게 할 수 없었다. 이후 어떤 일이 있더라도 감정에 치우치지 않고 아내와 아이에게 말하기 위해 노력했다. 말하는 법만 바꿔도 가족이 더 웃는 일들이 많아졌다.

겨울이 지나고 봄이 찾아왔다. 어린이집은 새 학기 맞이할 준비를 했고 18개월 된 아이 등원을 고려하는 중이었다. 이때쯤 많은 부모들이 어린이집 등원을 고민할 것이다. 좋은 얘기보단 안 좋은 얘기를 많이 들었기에 큰 고민에 휩싸였다. 아이가 우량아로 크면서 아내의 허리가 급속도로 안 좋아졌다. 정형외과와 한의원을 매주 다녔지만 소용없었다. 아이를 집에서 육아하면서 더 데리고 있고 싶었지만 결국 고민 끝에 어린이집에 보내기로 했다. 설 연휴, 고향에 도착한 후 양가 부모님께 상황을 얘기했지만 걱정부터 시작했다. 전염병이나 적응 등을 이유로 집에서 키우기를 원했다. 아내는 자신의 건강은 안중에도 없다며 눈물을 흘렸다. 양가 부모님 모두 우리가 사는 곳과는 떨어져 있어 아이를 잠깐 돌봐 주는 것도 불가능했다. 부모님의 걱정에도 우리는 아이를 어린이집에 보냈다.

아이는 2주 동안 적응 기간을 갖고 아내와 떨어져 있는 시간을 늘려갔다. 집에서도 어린이집 CCTV를 볼 수 있어서 안심했다. 아이는 엄마가 나간 문을 한참 쳐다보며 생각이 나면 울었다. 낯선 환경에 적응하지 못하는 모습을 보고 아무런 일이 손에 잡히지 않았다. 다음 날 아이가 아프기 시작했다. 감기 증상이 있어 병원에서 약을 처방받고 집에서 아이를 돌보았다. 새벽, 숨소리가 거칠었다. 체온이 38도를 넘어 해열제를 먹였으나 두 시간마다 열이 다시 올랐다. 아이가 기침 때문에 깨면서 자지러지게 울었다. 약을 먹여도 좋아지지 않자 119에 전화해 의료 상담을 받았다. 아이의 상태가 위험한 것 같으니 응급실 입원을 얘기했다. 다급한 목소리로 입원할 병원이 있냐고 물었다. 근처에는 없어서 한 시간 넘는 거리에 있는 대학 병원으로 가야 한다고 했다. 하늘이 무너지는 것 같았다. 아이를 급하게 업고 차를 타고 병원으로 향했다. 가는 도중 별의별 생각을 다했다. '어린이집에 보내지 말걸, 우리가 그냥 데리고 있으면서 육아할걸.' 후회를 거듭하며 울면서 아이 이름을 불렀다. 병원에 도착하고 급성 후두염과 폐렴을 진단받았다. 조금만 늦었으면 위험했다는 얘기에 가슴이 철렁했다. 아이는 작은 손에 링거 주사를 꽂고 잠이 들었다. 그 시간 부모님께 전화해 혼날 것을 각오하고 이런 일들이 자주 있는지 물어봤다. 부모님은 화를 내지 않고 이런 일들이 자주 있었다며 아이를 키우는 아빠의 마음을 위로해 줬다. 아이는 다행히 점차 회복해 3일 만에 퇴원했다.

2달 동안 아이는 계속 아파 등원하지 못했다. 이후 아픈 것이 줄어들었고 점차 아이도 어린이집에 적응하기 시작했다. 버스를 태워 보내며 인사하는 아이 모습이 사랑스러웠다. 선생님들도 아이에게 마음을 쏟는 것이 느껴졌다. 부모 참여 수업 날, 온 가족이 출동했다. 많은 가족이 참석했고 인사를 나눴다. 아이는 아빠와 엄마가 함께해서 그런지 곳곳을 웃으며 돌아다녔다. 낯가림은 어느새 잊고 선생님과 눈 맞춤하며 춤도 추고 신나있었다. 집으로 돌아와 한동안 아이가 한 행동을 얘기하며 웃음이 끊이지 않았다.

 경험이 많아질수록 인생이 단단해진다. 아이를 키우면서 많은 경험을 했다. 다쳤을 때는 걱정했기도 했고, 아내와 마음이 통하지 않아 갈등을 겪기도 했다. 어린이집에 보내면서 불안해하기도 했다. 하지만 모든 일이 흘러간다는 사실도 알게 되었다. 그런 경험이 없었다면 알 수 없었을 일이다.
 아이를 키우는 동안 우리 부부는 정답을 찾으려고 했었는지 모른다. 하지만 모범 답안도 과정이 있어야 찾을 수 있다. 그동안 경험하지 못한 것을 겪으며 좀 더 나은 부모가 되어 가고 있다. 꽤 멋진 아빠로.

12
부모라는 길, 성장이라는 이름

정순옥

아들은 온순한 성격이다. 어릴 적부터 체격이 작고 말수가 적었다. 눈에 보이지 않으면 괜히 불안했다.

신학기마다 담임한테 제일 먼저 하는 말은 항상 같았다.

"아들이 좀 작아서요. 혹시 친구들한테 괴롭힘을 당하진 않을까 걱정돼요."

고등학생이 되면서 걱정은 더 커졌다. 학교 폭력 뉴스가 남 일 같지 않았다. 새 학기가 시작된 어느 날, 전화 한 통이 왔다.

"어머니, 민혁이가 조금 다쳐서 병원에 갔어요. 학교로 잠깐 와 봐야 될 것 같아요."

"왜요? 무슨 일인데요…. 많이 다친 건가요?"

다른 반 아이가 민혁이를 때려 안경이 깨지면서 눈 밑이 살짝 찢어졌다고 했다. 심장이 내려앉는 듯했다. 병원에 도착하니 아들은 이미 치료를 마친 상태였다. 큰 외상은 없어 보였다. 아들은 덤덤하게 말했다.

"원장님이 치료비 안 받고, 택시비도 주셨어."

학교 선생님이 부탁한 건가 싶어 감사 인사를 전하고 병원을 나섰다. 크게 다치지 않은 아들을 보며 안도감이 들었다.

　치료받은 병원이 가해 학생 아버지가 운영하는 곳이라는 사실을 나중에 알게 됐다. 화가 치밀었다. 담임에게 항의했지만, 급한 상황이라 어쩔 수 없었다는 말만 되풀이했다. 사과 한마디 없이 치료비와 택시비를 건넨 그 부모의 태도는 더 실망스러웠다. 힘없는 부모가 된 것 같아 아들에게 미안했다. 혹시 마음에 상처가 남진 않았을까 걱정됐다. 그런 나를 보며 "괜찮아." 하고 말해 주는 아들이 대견하면서도 안쓰러웠다. 며칠 뒤, 가해 학생 어머니에게 전화가 왔다. 목소리는 무거웠고, 미안하다는 말을 여러 번 반복했다. 어떻게든 아이가 책임지도록 하겠다는 말에, 원망스러웠던 마음도 조금씩 가라앉았다. 부모의 마음은 결국 비슷하다는 생각이 들었다. 그 진심을 의심하고 싶지는 않았다. 무엇보다 중요한 건 아들이 상처받지 않고 학교생활을 잘 이어 가는 것이었다. 어떤 선택이 옳은지 혼란스러웠다. 아들에게 선택권을 주기로 했다. 아들은 사과받고 싶다고 말했다. 담임에게 가해 학생의 사과와 분리 조치를 요청했다. 며칠 후, 상대편 부모는 정신적 보상 하겠다고 연락해 왔다. 하지만 단호히 말했다. "아뇨, 아이 문제로 돈을 받고 싶지 않습니다. 부러진 안경값만 받겠습니다." 부모로서 최소한의 자존심을 지키고 싶었다. 그래야 아들도 위축되지 않고, 당당하게 학교생활을 할 수 있을 것 같았다. 그렇게 아들은 무탈하게 고등학교 3년을 잘 마쳤다.

　코로나19가 시작되면서 비대면 시대가 열렸다. 아들은 대학에 입학했지만 캠퍼스에 발도 들이지 못한 채 모든 수업을 온라인으로 들어야 했다. 고민 끝에 휴학을 결심하고, 군 복무부터 마치겠다고 했다.

하지만 시국이 시국인지라 입대 대기자도 많아 쉽지 않았다. 체격이 작아 면제 가능성도 기대했지만, 신체검사 결과는 아슬아슬하게 4등급을 받았다. 결국 현역으로 입대하게 되었다.

입대를 앞두고 아들은 친구들과 추억을 쌓겠다며 거의 매일 외출했다. 귀가 시간도 점점 늦어졌다. 사춘기에도 별다른 반항 없이 자라온 아이라, 이런 모습은 낯설고 당황스러웠다. 늦은 밤까지 돌아오지 않는 아들을 기다리느라 잠을 설치는 날이 많아졌다. 걱정되는 마음에 전화를 걸었다. 아들은 알아서 들어갈 테니 먼저 자라며 짜증 섞인 목소리로 답했다. 새벽 1시, 2시. 결국 초조함에 다시 전화했다. 성가신 듯한 말투에 마음이 무거웠다. 결국 아들은 화가 난 얼굴로 집에 들어왔다.

"친구들이랑 놀다 알아서 들어간다니까 왜 자꾸 전화해요? 항상 엄마 마음대로 하잖아요. 제가 뭘 할 수 있겠어요? 그동안 얼마나 힘들었는 줄 아세요?"

아들은 말을 잇지 못하고 눈물을 흘리며 울분을 쏟아 냈다.

"어릴 때부터 누나랑 비교당하고, 얼마나 힘들었으면 학교에서 상담까지 받았겠어요?"

그 순간 나는 아무 말도 할 수 없었다. 알아채지 못했던 아이의 마음이 한꺼번에 터져 나왔다. 그저 멍하니 아들의 얼굴만 바라볼 뿐이었다. 집안 분위기는 순식간에 얼어붙었다. 옆에서 듣고 있던 딸이 조용히 입을 뗐다.

"너만 힘들었던 거 아니야. 나도 많이 힘들었어. 잘한다고 칭찬받을 때마다 얼마나 부담스러웠는지 알아?"

머릿속이 하얘졌다. 도대체 나는 아이들에게 무슨 짓을 한 걸까. 괜찮다고 생각했는데, 그건 내가 스스로 편해지고 싶어서 만든 착각이었을지도 모른다. 큰아이는 늘 잘하니까 응원이 힘이 될 거라 믿었다. 작은아이는 말을 잘 따르니까 나를 이해한다고 생각했다. 하지만 그건 모두 내 착각이었다.

내 진심을 몰라주는 아들이 서운하기도 했다. 한동안 소파에 앉은 채 일어날 수 없었다. 그 시기 위기 가정 청소년들을 상담하는 일을 하고 있었다. 힘들면 마음을 숨기지 말고 솔직하게 표현하라고, 혼자가 아니라고 아이들에게 말하고 다녔다. 그런데 정작, 내 아이들의 마음이 곪아 가는 것도 모르고 있었다. 밖에서는 괜찮은 척, 누군가의 마음을 돌보는 사람인 척했던 모습을 돌아보니 참 한심했다. 죄책감에 며칠 밤을 제대로 잠들 수 없었다. 가까운 가족의 마음조차 들여다보지 못하면서, 남의 아이들에게 위로를 건넸던 내 모습이 자꾸 떠올랐다.

폭풍 같은 시간이 지나고, 아들은 군대에 갔다. 코로나19로 인해 훈련소 안에는 들어갈 수 없었다. 드라이브스루 방식으로 배웅해야 했다. 차에서 내려 손을 흔들며 뛰어 들어가는 아들의 뒷모습이 애처로웠다. 그동안 얼마나 마음속에 많은 짐을 짊어지고 살아왔을까 생각하니 먹먹했다. 이제라도 잠시 내려놓을 수 있어서 다행이라는 생각이 들었다.

가끔 누군가 사춘기 아이들 때문에 힘들다고 하소연한다면 이런 말을 해 주고 싶다.

"그 시기에 반항한다는 건 아이가 건강하고, 자기 안에 힘이 있다는 증거예요. 오히려 조용한 아이가 더 위험해요. 겉으론 아무렇지 않아 보여도, 마음속에서는 용광로처럼 끓고 있을 수 있거든요. 마음이 닫히고 화산처럼 터지면, 그 상처는 더 깊을 수도 있어요."

그건 내 경험에서 우러나온 말이다.

실수와 후회는 미숙함의 증거가 아니라 성숙으로 가는 징검다리다.

아이가 학교 폭력을 당했을 때, 어떻게 해야 할지 몰라 당황하고 혼란스러웠다. 큰아이와 작은아이, 둘 다 정성 들여 키운다고 생각했지만 돌아보면 부족한 점도 많았다. 그때 이랬으면 어땠을까 하는 아쉬움이 남는다. 이제는 그런 시행착오들을 되짚어 보며 더 나은 엄마가 되려고 애쓰고 있다. 지금도 완벽하지 않다. 오늘도 그 틈을 채우며 살아가고 있다. 그리고 믿는다. 나도, 아이도, 이 모든 시간을 지나 더욱 단단한 보석처럼 빛나게 되리라고.

13.
부모이니까

정종관

큰아들은 어릴 때부터 책을 좋아했다.

그래서인지 아내는 아이들이 볼 수 있는 책을 자주 구입했다. 눈만 뜨면 책꽂이에서 책을 가져다 넘기면서 뭐라고 중얼거린다. 책을 보는 속도도 빠르다. 잘 모르거나 궁금한 내용이 있으면 이해가 될 때까지 엄마에게 질문하고 또 질문한다. 다 본 책은 꺼내왔던 자리에 정확하게 꽂아 둔다. 아내 친구들이 집에 놀러 왔다가 큰아들 책 읽는 모습을 보면서 많은 칭찬을 해 줬다.

"아이고, 명권이는 책도 잘 읽네."

칭찬에 신이 났는지 정확하지 않은 발음으로 보고 있던 책에 대해서 열심히 설명해 준다. 한글을 떼지 못해서 그림만 보는데도 가만히 들어 보면 정확하다. 한 권의 책을 다 보면 또 다른 책을 가져와서 다른 사람이 듣든 말든 신나게 조잘댄다.

"명권아. 사람 신체구조에 대한 책이 어디 있지?"

말이 떨어지기가 무섭게 책꽂이로 달려가서 책을 찾아온다. 무슨 책이 어디에 꽂혀 있는지 다 아는 모양이다. 둘째도 형이 칭찬받는 모습을 보면서 책을 가져와서 형 옆에 꼭 붙어서 책을 같이 보았다.

모처럼 일요일에 시간을 냈다. 큰아들과 놀아 주기 위해 아파트 앞마당으로 나갔다. 잡고 있던 손가락을 끌어 주차장 쪽으로 나를 이끈다. 번호판에 있는 숫자를 가리키며 읽는다.

"일, 삼, 칠."

깜짝 놀랐다. 옆에 주차된 차량의 번호판을 가리키더니 역시 잘 읽는다. 혹시나 해서 번호판에 있는 한글을 가리켰다. 약간 어눌한 발음이지만 정확하게 읽어 낸다. 역시 다른 번호판의 한글도 잘 읽는다. 아내를 불러냈다.

"명권이가 한글을 아나 본데. 번호판을 다 읽어."

아내도 깜짝 놀란다. 세 살 때 일이다.

이른 아침에 출근해서 의자에 앉으려고 하는데 전화벨이 요란하게 울린다. 다른 때와는 다르게 귀에 거슬릴 정도로 기분 나쁜 벨 소리다. 의자에 앉으려다가 엉거주춤한 자세로 전화를 받았다. 전화기 건너편에서 다급한 목소리가 들린다. "충성! 후문 위병소 박 병장입니다. 정확하지는 않은데 아드님이 교통사고가 난 것 같습니다. 용사 한 명이 사고 차량을 타고 병원으로 갔는데 어느 병원으로 갔는지는 모르겠습니다." 상관에게 보고도 하지 않고 꽤 멀리 떨어져 있는 아파트 후문 초소로 단숨에 달려갔다. 등굣길에 건널목을 건너고 있는데 승용차가 신호를 무시하면서 교통사고를 냈다는 것이다. 어느 병원으로 갔는데? 잘 모르겠다는 대답이 끝나기도 전에 급하게 집으로 뛰어갔다.

"여보, 명권이 학교 도착했나 전화해 봐."

아내에게 자초지종을 설명해 주자 지금쯤은 도착했을 시간이라며 급히 학교로 전화기 버튼을 누른다. 아내의 목소리가 갑자기 급해진다.

"아직 학교에 안 왔다는데."

약속이나 한 듯이 아파트 후문 초소로 뛰어갔다. 발만 동동 구르면서 동승했던 용사에게 전화가 오기만 기다렸다. 왜 이렇게 시간이 더디게 흐르는지. 마음이 급했다. 얼마나 다쳤는지? 생명에는 지장이 없는지? 한참이 지나서야 경북대학교 응급실로 이송되었다는 소식을 듣고 승용차를 급히 몰았다. 응급실에 들어갔더니 나를 먼저 발견한 아들이 "아빠, 아파." 하면서 눈물을 흘린다. "명권아, 괜찮아?" 만져 보지는 못하고 눈으로만 훑어보면서 물었다. 대퇴부 단순골절이라는 의사의 말에 하나님 감사하다는 기도가 저절로 나왔다.

두 달여 동안 입원해 있으면서 가장 가까이한 것은 역시 책이다. 책 한 권을 사서 면회 갔더니 보고 있던 책에 대해서 설명해 준다. 30여 분이 지나서야 마무리되었다. 2인실에 같이 입원해 있는 할머니가 초등학교 1학년이 종일 책만 본다며 침이 마르도록 칭찬한다. 다행히도 치료가 잘 되어 퇴원해서 통원치료로 대신했다.

다리를 약간 절뚝거리지만 엄마를 의지해서 학교에 갔다. 건널목을 건널 때 약간 겁먹은 듯 엄마 곁에 바짝 붙어서 손을 꼭 붙잡는다. 건널목에서의 사고 순간이 머리에 떠오르는 모양이다. 괜찮다고 안심시키며 천천히 조심스럽게 한 걸음씩 옮긴다. 얼마 동안 등교시키는 것이 아내의 일상이 되었다. 입원해 있을 때나 퇴원했을 때도 큰아들 돌봄은 늘 아내 차지가 되었다. 다리가 아프다는 핑계로 오롯이 엄마만을 의지하는 태도에 화도 났지만 어쩔 도리가 없었다. 초등학교 1학년이기는 하지만 아직은 응석을 부릴 나이이니까.

　퇴근하고 집에 도착했는데 아내가 고민스러운 표정으로 잠깐 이야기를 하자고 한다. 명권이를 학교에 데려다주다가 교문에서 교장선생님을 만났다고 한다. 교장실에서 차를 한 잔 나누면서 명권이 월반에 대한 대화가 있었다는 것이다. 월반이 무슨 뜻이냐고 물었더니 지금 1학년인데 다음 학기에 바로 3학년이 된다는 것이다. 순간 머리가 멍해졌다. 정신을 가다듬고 자초지종을 들어 보았다. 성적도 좋고, 발표력도 좋아서 바로 3학년으로 가도 좋겠다는 말이다. 교장이 1년에 한두 명 정도는 월반을 시킬 수 있는 권한이 있단다. "그래, 그거 잘 됐는데. 명권이한테 이런 좋은 일이 일어나다니. 우리 큰아들 잘 키웠네."라며 괜히 기분이 들떴다.

　순간 아내의 표정이 일그러졌다. 뭐라고 한마디 쏘아붙일 듯했다가 참는 모습이 역력했다. 아내의 의견은 이렇다. 다른 학생들 보다 1년 먼저인 일곱 살에 입학했고, 체격도 작은데 월반하면 적응하기 힘들 것이라는 의견이다. 지금 당장은 기분 좋은 일일지 모르지만, 장래를 생각해서는 정상적인 학교생활을 하는 것이 좋겠단다. 아내에게 일격을 당한 느낌이다. 백번 생각해도 맞는 말이다. "우리 큰아들은 1학년에서 3학년을 월반했어요. 전교에서 한 명 월반시키는데 우리 아들이 선발됐어요."라는 자랑거리로 삼기 위해서 단순하게 생각했다. 많이 창피했다. 군 장교 양성과정에서 배운 장교의 중요한 덕목 중 하나가 바로 '결심'이다. 수백 명의 부하를 지휘하는 장교는 예측 불가능한 상황에서 순간의 결심으로 전쟁에서 승패를 가를 수 있다고 배웠다. 이렇게 배웠던 소중한 경험을 내 일상에는 적용하지 못하고 바로 코앞의 일만 생각했다. 아내의 현명한 결심 덕분에 중요한 결정을 해야 할 때는 심사숙고해야 한다는 삶의 지혜를 얻었다.

어린 자녀들은 부모의 끊임없는 돌봄이 필요하다. 자녀의 올바른 성장과 발달, 정서적인 안정에 꼭 필요하기 때문이다. 큰아들이 교통사고를 당했을 때 간병에 전념하기 위해 작은아들을 처가에 맡겼다. 얼마 되지 않은 기간이었지만 작은아들은 전라도 사투리를 배웠다. 물론 사투리가 나쁘다는 의미는 아니다. 성장환경과 부모의 직접적인 양육이 얼마나 중요한지를 가늠하는 계기가 되었다. 아내는 전업주부로서 자녀 양육에 온 정성을 쏟아부었다. 솔직히 말하면 아내가 독박 육아를 했다. 군 생활 핑계와 아내 의사를 존중해 준다는 이유로 별로 간섭하지 않았다. 지금 생각해 보면 후회막급이다. 새벽에 출근해서 새벽에 퇴근하며 늘 잠들어 있는 아이들 모습만 보는 것이 일상이 되었다. 새근새근 잠들어 있는 천사 같은 얼굴에 뽀뽀나 해 주면 최고의 아빠인 줄 알았다. 생활비만 벌어다 주면 남편으로서, 아빠로서 해야 할 일을 다했다고 생각했다. 간섭하지 않아도 아이들이 건강하고 잘 성장하고 있으니까.

가족이 있어서 정말 다양한 감정을 경험했다. 글자나 숫자를 빨리 깨우친 아들이 기특했던 순간도 있었고, 사고로 인해 마음을 졸인 적도 있었다. 육아를 위해 늘 묵묵히 애써주는 아내에 대한 미안함과 고마움도 존재했다. 월반하자는 말에 으쓱한 감정도 느꼈다. 작은아들을 통해 육아가 얼마나 소중한지도 알게 되었다. 가족이 있어서 매 순간 경험하고 깨달을 수 있었다. 혼자였다면 느껴보지 못했을 다양한 경험과 마음이었다. 가족이 있어서 내 삶이 풍부해졌다. 가족은 무엇보다 소중한 보석이라는 말이 있다. 그 보석들 덕분에 내 인생, 참 행복하다.

14

부모의 독립이 먼저다

주민정

'부모가 자녀에게서 독립해야 한다고?'

나는 한때 그 말을 들으면 이해할 수 없었다. 부모가 자녀를 사랑하는 것이 잘못된 것도 아닌데, 왜 독립해야 한다는 걸까?

사춘기 아이와 부딪히면서, 그리고 나 자신을 돌아보면서 그 말의 의미를 이해하게 되었다. 부모가 자녀에게서 독립하지 못하면, 자녀 또한 부모의 기대와 불안을 짊어진 채 살아가게 된다. 아이는 부모의 시선을 신경 쓰느라 스스로의 인생을 온전히 살아가지 못한다. 부모는 아이의 선택에 일희일비하며 감정적으로 휘둘린다. 나는 그 전형적인 모습이었다.

실제로 내가 얼마나 아이에게 의존하고 있었는지 알게 된 것은 상담실에서였다. 살아 보고자 찾아간 상담 센터에서 상담 선생님에게 계속 되물었다. 아이에게 무엇을 어떻게 해 주어야 하는가에 대한 질문을 반복했다. 마치 정답이 있을 것처럼.

그날 세 시간이 넘는 시간 동안 나는 피 토하듯 그 말을 쏟아 냈다. 큰아이의 진로 문제, 학교 적응, 친구 관계까지. 아이가 겪는 모든 문제가 마치 내 문제인 것처럼 느껴졌다. 엄마니까 자꾸 무언가를 해 줘야 한다는 생각에 사로잡혀 있었다. 그러다 보니 내 머릿속에는 큰아이에 대한 걱정이 24시간 떠나질 않았다.

  왜 이렇게 되었을까? 돌이켜 보니 아이의 미래를 걱정하는 척하면서도, 사실 나는 내 삶을 걸고 아이의 성공을 기대하고 있었다. 아이가 안정적인 길을 가길 바라는 것은 결국 내가 선택한 희생이 헛되지 않기를 바라는 마음 때문이었다. 아이가 기대와 다르게 행동하면 내가 헛수고한 것은 아닐까, 라는 두려움이 컸다.
  큰아이의 사회적 불안증을 알게 된 다섯 살 때부터 10여 년간 그 하나를 위해 살아왔다. 경력도 포기했다. 다른 엄마들이 커리어를 쌓아 가는 동안, 나는 아이의 상담 센터를 오가며 시간을 보냈다. 아이를 위해서도 있겠지만, 내가 홀가분하게 벗어나기 위해서이기도 했다. 물살을 열심히 가르며 걸어갔는데 뒤돌아보니 내가 걸어온 길의 흔적조차 남아 있지 않았다.
  결국 아이가 독립하지 못한 것이 아니라, 내가 아이에게 심리적으로 의존하고 있었던 것이다. 아이의 성과가 곧 나의 존재 가치인 것처럼 여기고 있었다. 아이가 잘되면 내가 성공한 엄마가 되고, 아이가 힘들어하면 내가 실패한 엄마가 되는 것 같았다.

  그런 나를 정신 차리게 한 것은 다름 아닌 작은아이의 울음이었다. 또 한 번 큰아이와 진로 문제로 실랑이를 벌이던 어느 저녁이었다. 큰아이는 방문을 쾅 닫고 들어갔고, 나는 2차전을 하려고 큰아이 방으로 들어가려 할 때였다. 작은아이가 나를 제지했고, 당사자가 아니니 빠지라고 말하자 목놓아 울기 시작했다.

"왜 자꾸 다들 나는 빠지래? 내가 얼마나 무서운 줄 알아? 나도 행복하고 싶다고!"

자신도 행복하고 싶다면서 우는 작은아이를 보면서 내 가슴이 내려앉았다. 큰아이와 내가 부딪힐 때마다 작은아이는 너무 무섭고 두려웠다고 했다. 그 어린 마음에 상처를 주고 있었던 것이다.

그 후로 많은 대화를 나누었다. 작은아이는 나에게 물었다. 오빠 인생은 오빠가 책임져야 하는 것 아니냐고. 왜 엄마가 그렇게 괴로워하느냐고. 아직 중학생인 작은아이도 바라볼 수 있던 진실을 나는 보지 못했다. 어쩌면 인정하고 싶지 않았던 것 같기도 하다. 어떻게든 바꾸고 싶었으니까.

이 경험 이후, 나는 변화를 시도했디. 머릿속에서 큰아이 걱정을 지워내는 연습을 시작했다. 옆에서 걱정하는 엄마는 아이의 독립에 전혀 도움이 되지 않는다는 것을 알았으니까. 그날 이후로 성능 좋은 스톱 버튼이 생겼다. 행복하고 싶다던 작은아이 모습을 떠올리면 조금이라도 멈출 수 있었다.

큰아이에게 쏟았던 관심을 취미활동이나 운동, 지인과의 만남 등으로 돌려 보려고 했다. 하지만 큰아이가 늘 마음에 걸렸다. 네 시간 내 머릿속에서 걱정하는 엄마 자아가 끊임없이 속삭였다. 지금 뭐하고 있지? 혼자 괜찮을까? 밥은 먹었을까? 그 목소리를 지워내려고 애써도 소용없었다.

그래서 5년 만에 다시 강의를 시작했다. 워밍업도 없이 여덟 시간씩 진행되는 1박 2일 과정에 출강했다. 오랜만에 다시 시작하는 일이라 뭐든 오래 걸렸다. 강의 자료를 점검하며 밤새는 날이 많고 힘에 부쳤다.

바로 이때 드디어 아이가 아니라 나에게 집중할 수 있었다. 아이의 컨디션 보다 다음 날 출강해야 하는 내 컨디션이 더 중요했다. 목이 쉬어서는 안 되니까 물을 자주 마셨고, 체력을 위해 일찍 잠자리에 들었다. 조절할 수 없는 아이의 성과보다 통제 가능한 나의 일에 집중하는 게 더 나았다. 머릿속에 똬리를 틀고 있던 불안과 걱정이 조금씩 사라졌다.

내가 변하자 놀라운 일이 일어났다. 새벽 강의가 있어서 새벽 5시에 집을 나서는 날이었다. 평소라면 큰아이를 깨워 주고 나가지만 그날은 그냥 나갔다. 집에 돌아와서 확인해 보니, 큰아이가 스스로 일어나 준비하고 나간 흔적들이 보였다. 기면증으로 아침에 일어나기 힘들어하던 아이가 내 강의 날에는 지각을 할지언정 스스로 일어나서 학교에 가고 있었다.

항상 아이에게 네 인생은 네가 책임져야 한다고 말해 왔는데, 정작 아이는 내가 없을 때에야 스스로 책임지는 모습을 보였다. 그뿐만 아니라 평소 "피곤하다.", "힘들다."를 입에 달고 살던 큰아이가 내가 출강하는 날에는 오히려 기운이 있어 보였다. 작은아이와 함께 저녁도 해 먹는 모습을 보니 기특하기도 하고 한편으로는 씁쓸하기도 했다. 내가 집에 있을 때는 왜 그런 모습을 보여 주지 않았을까? 내가 행복해지니까 아이도 편안해진 것은 아닐까?

엄마가 무기력하고 희생적인 삶을 살면서 아이에게 너는 네 꿈을 향해 나아가라고 말하는 것은 모순이었다. 엄마가 자신의 삶을 주체적으로 살아가는 모습을 보여줄 때, 아이도 스스로를 존중하는 법을 배운다.

이제 나는 아이에게 집착하는 대신, 나 자신에게 더 집중하려고 한다. 강의가 끝나고 집에 돌아가는 긴 운전 길에서 나는 온전히 나만을 위한 시간을 갖는다. 운전대를 잡고 도로를 바라보며 오늘 강의는 어땠는지, 내일은 무엇을 준비해야 할지 생각한다. 엄마라는 역할이 나를 규정하는 유일한 정체성이 되지 않도록, 나의 삶을 스스로 가꾸어 나가고 있다.

아이를 믿기로 했다. 아이가 자신의 길을 걸어가도록 응원하면서도, 나는 나의 길을 걸어간다. 내일 아침에도 새벽 강의를 위해 일찍 집을 나설 예정이다. 아이들이 스스로 하루를 시작할 수 있도록 믿고 맡기면서.

부모가 행복할 때, 아이도 건강하게 성장할 수 있다는 것을 이제는 확신한다. 나는 오늘도, 나의 삶을 살아가고 있다.

15.
나를 직면하는 용기

허영선

둘째는 허구한 날 자정이 넘어서야 집에 들어왔다. 나는 "넌 왜 그렇게 매일 늦게 들어오니?" 하고 다그쳤다. 그러면 아들은 "내가 언제 매일 늦게 들어왔어?" 하고 되묻곤 했다.

초등학교 때부터 민수는 유난히 따지는 걸 잘했다. 조목조목, 논리정연하게 말하는 모습에 담임 선생님이 "어머니, 민수는 나중에 변호사 하면 잘할 거예요."라고 했을 정도였다.

그때부터였을까. 아들이 나를 신뢰하지 않게 된 게. 선배에게 금품을 빼앗기고, 구타까지 당했을 때도 아들은 나에게 아무런 말도 하지 않았다. 집에 오면 인사도 없이 방으로 들어가 문을 잠갔다. 분명 무슨 일이 있는 게 확실했다. 불안한 마음에 방문을 열고 들어가면, 아들은 자기 공간을 침범당했다는 듯 "왜 문을 따고 들어와?"라며 짜증 냈다. "요즘 무슨 일 있어?" 물으면, "아무 일 없어."라며 눈길조차 피했다. 정말 나를 믿지 못해서였을까. 아니면 괜한 걱정을 끼치고 싶지 않았던 걸까. 아들은 끝내 아무 말도 하지 않았다.

어느 날, 시어머니가 생활비에서 돈이 없어졌다고 했다. 처음엔 잘못 알았을 거라며 대수롭지 않게 넘겼다. 다음 날에도 시어머니는 똑같은 말을 반복했다. 결국 함께 돈을 세어본 뒤, 옷장 안 같은 자리에 두었다. 이틀 뒤, 5만 원이 사라졌다. 막내는 아닐 것 같고, 용돈이 부족할지 모를 첫째와 요즘 부쩍 말이 없고 분위기가 달라진 둘째가 마음에 걸렸다. 먼저 첫째에게 물었다. 아니라고 했다. "요즘 둘째가 좀 이상해요."라며 조심스럽게 덧붙였다. "진작 좀 말하지!"라고 하자 준수는 자신도 정확히 몰라서 말을 못 했다고 했다. 둘째가 어울리는 친구들이 다 노는 애들이라 창피하기도 했다고.

결국은 둘째 소행으로 밝혀졌다. 선배들의 폭력에 못 이겨 돈이 필요했던 거였다. 엄마한테는 차마 말할 수 없어 할머니 돈에 손을 댄 사건이었다.

나는 청소년 동반자로 아이들을 상담하는 일을 하고 있었다. 그런데 정작 내 아이와는 소통이 되지 않고 있었던 것이다. 학교 밖에서 민수가 선배들에게 폭력을 당하고, 돈을 빼앗기고 있었다는 사실을 나중에 학원 선생님을 통해 알게 되었다. 그 소식을 들었을 때, 가슴이 무너졌다. 민수는 얼마나 무섭고, 외롭고, 아프고, 힘들었을까. 그런데 엄마에게 단 한마디도 하지 않았다. 나는 도대체 뭘 했던 걸까. 어떤 존재였기에 아이가 그토록 힘든 시간을 혼자 견뎌야 했을까. 자책감에 숨이 막혔다.

민수가 다 커서야 그때의 이야기를 들을 수 있었다. "부모님한테 말하면 때려죽이겠다고 협박했어요. 말하면 더 많이 맞을까 봐 무서웠어요. 선배는 학교에서 매일 마주치는 사람이잖아요. 용돈 안 바치면 더 많은 친구를 데려와 괴롭힌다고 했어요.

그렇게 여러 차례 폭력을 당하다 보니, 선배는 하늘 같고 저승사

자 같은 존재였다고 했다.

　학교 폭력 위원회가 열렸고, 가해 학생이 전학 가며 사건은 일단락되었다. 나는 아들에게 다짐을 요청했다. "이제부터는 어떤 일이 있어도 엄마에게 꼭 말하자." 아들은 조용히 고개를 끄덕였다. 하지만 3학년이 되자, 민수는 자주 술에 취한 채 늦게 들어오기 시작했다. "도대체 왜 그래?" 하고 물어도, 대답은 늘 같았다. "그냥 친구들이랑 얘기하다 보니까 몇 잔 마셨어요."

　누구에게도 이 말을 꺼낼 수 없었다. '상담사 아들이 엉망이 됐다.'라는 말을 듣는 게 부끄럽고, 창피하고, 화나고, 무엇보다 한심하게 느껴졌다.

　고등학교에 진학한 민수는 여전히 불안해 보였다. 아르바이트해서 번 돈으로 오토바이를 샀고, 집에 들어오기 전까지 어디를 질주하고 다니는지 알 길이 없었다. 어느 날, 술에 취해 웃통을 벗은 채 잠든 아들의 왼팔에서 잉어와 소년이 그려진 문신을 발견했다. 충격으로 말문이 막혔다.

　"문신하지 말라고 했잖아! 안 한다며!" 하고 소리를 질렀다. 친구들과 함께 가서 충동적으로 한 거라고 했다. 거짓말이다. 몇 달 전부터 친구들과 모의하는 것을 우연히 보고 듣게 된 치킨집 사장님으로부터 전화 받은 일이 있었기 때문이다. 도대체 어디서부터 단추가 잘못 끼워졌을까. 갑자기 위경련이 발생했다. 속이 쓰려서 잘 수가 없었다. 배를 움켜쥔 채 침대에 엎드러 펑펑 울었다. '이러다 암에 걸리겠구나.' 하는 두려움이 몰려왔다. 겔포스로 겨우 위장을 달래고 잠을 청했고, 다음 날 병원에 갔다. 위벽이 심하게 충혈된 상태였고, 위궤양으로 넘어가기 직전이라는 진단을 받았다.

"요즘은 운동선수뿐만 아니라 일반인도 문신 많이 해요. 문신이 나쁜 건 아니잖아요. 뭐… 엄마 같은 사람이 어떻게 이해하겠어요."
"엄마 같은 사람이 어떤 사람인데?"
그렇게 물으니, 민수는 이렇게 말했다.
"엄마는 도덕 교과서잖아요."
그 말을 듣는 순간, 머리가 하얘졌다. 늘 아이를 이해한다고 생각했다. 그런데 사실은 내 '틀' 안에 아이를 끼워 넣으려 했던 것이다. 친근하고 수용적인 엄마라고 생각했지만, 아이에게는 판단하고 통제하는 엄마, 바른 생활을 강요하는 '도덕 교과서' 같은 존재였던 것이다.

문신을 본 내가 '엉망이 됐다'라고 느꼈던 것도 결국, 내 기준에서 판단한 것이다. 아이가 무너진 게 아니라, 내가 틀을 놓지 못한 것이다. 나는 늘 내 욕구만 중요했고, 아이의 욕구는 무시하며 살아온 오만한 엄마였다. 민수가 얼마나 답답하고 숨이 막혔을까. 그 순간, 처음으로 나 자신을 직면했다.

민수 걱정이 줄어들자, 마음은 가벼워졌다. 그제야 알게 되었다. 엄마보다 아들이 훨씬 더 솔직했고, 성숙했다는 것을. 그동안 한 번도 변하려 하지 않았다. 내 생각이 늘 옳다고 믿었기 때문이다.

아들을 바꾸려 했던 무지하고 고집스러운 엄마였다는 것을 인정하는 순간, 욕심을 내려놓을 수 있었다.

그때부터 아들과 진짜로 소통할 수 있었다. 진심이 오고 가기 시작했다.

다섯 살 때부터 모든 걸 잘하던 아들이었다. 어디를 데려가도 칭찬이 쏟아졌고, 민수는 나의 자존심이자 자랑거리였다. 그 기대가, 내 욕심이, 오히려 아이와의 소통을 막는 벽이 되었다는 걸 그제야 알게 됐다.

완벽하지 않은 나. 그리고 완벽하지 않은 아이. 그 사실을 받아들이기까지 오랜 시간이 걸렸다. 많은 고난을 지나서야 나는 배웠다.

하긴, 세상에 공짜로 얻는 성장은 없겠지. 3주 전에 결혼한 민수가 내게 말했다. "세상에 엄마 같은 며느리도, 아내도, 엄마도 없을 거예요. 결혼 준비하면서 엄마가 얼마나 대단하고 멋진 사람인지 알게 됐어요." 그 말이 그저 고마웠다.

우리는 종종 '좋은 부모'가 되기 위해 완벽한 기준을 세운다. 그리고 그 기준에 아이를 맞추려 한다. 민수가 "엄마는 도덕 교과서잖아요."라고 말했을 때, 나는 깨달았다. 민수를 이해한다고 믿었지만, 아이의 말을 들을 준비가 되어 있지 않았다. 이해하는 척, 공감하는 척하면서 소통을 잘한다고 착각했었다. 나를 직면하는 용기를 더 빨리 냈으면 좋았을걸….

완벽한 부모도, 완벽한 자녀도 없다. 서로의 부족함을 인정하고 받아들이는 순간, 진짜 소통이 시작된다. 함께 울고 웃고, 배우는 이 과정이 바로 부모가 되어 가는 길이 아닐까.

마치는 글

김용화
부모는 완벽함을 추구하기보다 함께 걸어 주는 존재입니다. 아이를 지키려 하기보다 믿어 줄 때, 아이들은 더 멀리 바라볼 수 있습니다. 저는 아이들의 길을 대신 정하지 않고, 등불처럼 곁을 비추고자 했습니다. 때로는 간섭보다 믿음이, 가르침보다 공감이 더 큰 힘이 된다는 것을 배웠습니다. 이 책을 읽는 독자들 또한 사랑하는 아이들을 믿고 지켜 주는 든든한 동반자가 되기를 바랍니다.

김정선
부모가 된다는 것은 아이와 함께 또 다른 삶을 배우는 길이었습니다. 때로는 서툴고 흔들리지만, 그 안에서 아이와 함께 웃고 울며 성장했습니다. 완벽한 부모는 없지만, 사랑하는 마음만은 언제나 충분하다고 믿습니다. 이 책이 부모님들의 마음에 작은 위로와 용기가 되기를 소망합니다. 마지막으로 그동안 잘했고 수고했다고 나에게 칭찬해 주고 싶습니다.

김주연

너무 사적인 일화들을 언급한다는 것이 많이 부끄럽고 두려웠습니다. 하지만 그 솔직함이 누군가의 마음을 두드릴 수 있다면 용기를 내는 것도 의미 있다고 생각합니다. 부모로 산다는 것은 완벽함보다 사랑과 배움의 흔적을 남기는 일임을 다시 느낍니다. 저의 글이 누군가에게 위로와 공감으로 전해지기를 바랍니다. 글쓰기로 부모 자리를 다시 돌아볼 수 있는 기회를 준 국민강사교육협회 김규인 회장님과 송주하 코치님께 감사의 말씀을 전합니다.

민혜영

완벽하지 않아도 괜찮다고 스스로를 다독입니다. 부모도 부모가 처음이라서 완벽하지 않습니다. 때로는 흔들리고 넘어져도 그 과정 속에서 아이와 부모 모두 성장하는 기쁨을 맛보았습니다. 아이들 어렸을 때 『기린과 자칼이 춤출 때』라는 책을 본 적이 있습니다. 폭력을 상징하는 자칼과 비폭력을 상징하는 기린의 대화법입니다. 폭력적인 상황에서도 폭력적인 언어 없이 관계를 부드럽게 만들 수 있습니다. 부모도 부모가 처음이지만, 아이도 아이가 처음입니다. 가끔은 부모도 아이에게 삶을 배우기도 합니다.

석정숙

이 글을 쓰면서 내게 생명을 준 부모님에게 나는 어떤 자식이었는지 돌아보게 되었습니다. 또한, 내 아이들에게 어떤 부모로 기억 되고 싶은지 성찰하는 기회이기도 했습니다.

이 책은 부모와 자식 사이의 관계 속에서 나를 비추어 보는 소중한 여정입니다. 아이들에게 못다 한 나의 사랑을 되새겨 보면서 삶의 마지막 순간까지 사랑은 계속 이어집니다. 따뜻하고 아름다운 하트를 가슴에 선물하고픈 내 희망을 담았습니다.

안인노

자녀를 키우는 시간은 부모인 나를 함께 성장시키는 여정이었습니다. 부모의 울타리 안에서 자라던 내가 이제는 울타리가 되어 서 있는 모습을 보며 세월의 흐름을 실감합니다. 사춘기의 흔들림 속에서 갈등과 눈물이 있었지만, 그 안에는 성장의 씨앗이 숨어 있었습니다. 아이와 부딪히고 이해하는 과정을 거치며 나는 더 단단해지고, 아이는 더 깊어졌습니다. 삶의 곡선은 쉽지 않았지만, 그 굽이진 길이 우리를 더 사람답게 만들었습니다. 결국 자녀는 나의 또 다른 스승이었고, 나는 그 속에서 부모로서 진정한 의미를 배워 가고 있습니다.

유미인

아이를 키우는 일은 곧 나를 키우는 일이었습니다. 엄마라는 이름은 누군가를 돌보는 자리이면서도, 동시에 나 자신을 다시 세워 가는 과정이었습니다. 때로는 넘어지고 흔들리며, 내가 잘하고 있는 걸까 스스로 묻기도 했습니다. 하지만 아이의 웃음과 한마디 말 속에서, 다시 살아갈 용기를 얻곤 했습니다. 나는 완벽한 엄마가 아니었습니다. 그러나 부족함 속에서 더 진실하게 사랑했고, 그 불완전함이 우리 사이를 더 단단하게 이어 주었습니다. 돌아보면, 아이는 나를 부모로 만들었고 나는 이이에게 사람이 되는 법을 배웠습니다. 이 글을 읽는 모든 부모에게 전하고 싶습니다. 당신은 이미 충분히 잘하고 있습니다, 그리고 그 사랑은 오늘도 아이를 자라게 하고 있습니다.

윤현호

부모란 어떤 존재인지에 대해 지난 시간을 들여다보는 계기가 되었습니다. 성숙한 엄마가 되지 못해서 딸과 아들에게 미안한 마음이 큰데, 아이들은 내게 말합니다. "좋은 엄마였고 잘 키워 줘서 감사해요." 딸의 심한 사춘기로 많이 울었지만, 그 시간을 통해 '내려놓음'과 '기다림'을 배웠습니다. 이번 공저는 내 인생의 전환점이 되었습니다. 성장한 딸과 아들에게 또 어떤 부모가 되어야 하는지 답을 주었습니다. 아이들의 발달 연령에 따라 힘든 시기를 겪고 있는 누군가에게 이 책이 도움이 되길 소망합니다.

이현주

불완전할 용기, 그 용기가 우리를 더 나은 부모로, 더 나은 사람으로 만들어 갑니다. 아이는 완벽한 부모가 아닌, 진실하게 살아가는 부모를 통해 삶의 진정한 의미를 배웁니다. 우리의 약함과 한계를 인정하는 순간, 비로소 아이와 진정으로 만날 수 있고, 서로를 이해하며 함께 성장할 수 있습니다. 오늘도 아이와 함께 성장하는 부모로서, 불완전하지만 진실한 마음으로 한 걸음 더 나아가시기를 응원합니다.

임혜현

다시 강단에 선 지 4년 차. 16년 전 시작했던 강사의 길은 결혼이라는 인생의 전환점 앞에서 잠시 멈춰야 했습니다. 아이들이 혼자서 등교할 수 있을 만큼 자라자 나도 다시 사회로 나왔습니다. 누구의 엄마나 아내가 아닌 '임혜현'이라는 이름으로 말입니다. 잠시 멈추었었지만 지금은 쉬지 않고 꾸준히 내 길을 걸어가고 있습니다. 이 모든 것은 가족이 있기에 가능한 일이었습니다. 이 책을 통해 내가 경험한 여행과 가족의 이야기가 누군가에게는 따뜻한 위로이자 용기의 씨앗이 되길 바랍니다.

전재영

부모가 된다는 건 제 삶에서 가장 큰 선물이자 도전이었습니다. 완벽해야 한다는 마음에 흔들리기도 했지만, 아이와 함께한 시간 속에서 저는 한 사람으로 다시 자라났습니다. 부모 교육은 특별한 기술이 아니라 나 자신을 돌아보고 하루하루 달라지는 작은 걸음이었습니다. 그 과정에서 서툴러도 괜찮다는 사실을 배웠고, 진심으로 아이와 연결되려는 마음이 가장 큰 힘이 되었습니다. 돌아보면 아이를 키운 시간이 곧 저를 키운 시간이었습니다. 이 글이 같은 길을 걷는 누군가에게 따뜻한 위로와 작은 용기가 되어 주기를 바랍니다.

정순옥

글을 쓰며 '부모 됨'에 대해 다시금 생각해 보았습니다. 부모란 완벽한 존재가 아니라, 부족함을 마주하며 아이와 함께 성장해 나가는 여정 속에 있습니다. 말보다 행동으로, 조급함보다는 기다림으로, 그리고 흔들리는 순간에도 끝까지 포기하지 않은 마음. 그 마음이야말로 진정한 사랑이며, 깊은 가르침이라 믿습니다. 이 책이 '부모라는 길'을 걷고 있는 누군가에게 작지만, 따뜻한 위로와 빛이 되기를 소망합니다.

그리고 평생 자식을 사랑으로 품어 주신 나의 부모님께, 존경과 깊은 감사의 마음을 전합니다.

정종관

생활의 전부는 군 생활, 그리고 아주 조금 육아를 병행하면서 다양한 감정을 경험했습니다. 독박 육아를 했던 아내는 더 많은 심리적 복잡함으로 하루하루를 아슬아슬하게 보냈을 것입니다. 내조와 육아라는 두 마리 토끼를 잡기 위해 늘 묵묵히 애써 준 아내에게 미안함과 고마움이 병존합니다. 어렵고 힘들 때마다 늘 차분하고 지혜롭게 대처해 준 아내가 큰 힘이 되었습니다. 가족이 있어서 매 순간을 견딜 수 있었습니다. 가족은 무엇보다도 소중한 보석이라는 말이 있습니다. 그 보석들 덕분에 내 인생, 참 행복합니다.

주민정

부모란 무엇인가? 이 질문에 대한 답을 찾아가는 여정에서 하나의 진실을 발견했습니다. 부모는 아이의 인생을 대신 살아 주는 존재가 아니라, 아이가 스스로 살아갈 수 있도록 곁을 지켜 주는 동반자라는 것입니다. 완벽한 부모가 되려 하지 말고, 진심 어린 사과와 인정을 통해 아이와 함께 성장해 가면 됩니다. 진정한 내려놓음은 아이의 존재 자체를 소중히 여기는 마음에서 시작되며, 부모 자신이 행복할 때 아이도 건강하게 독립할 수 있습니다. 불완전하기에 더욱 아름다운 부모의 여정을 걸어가는 모든 분들에게 응원을 보냅니다.

허영선

이 글을 통해 아이들을 키우며 겪은 기쁨과 아픔, 그리고 그 속에서 부모로서 배운 성장을 전하고 싶었습니다. 쓰는 동안 지난 시간들이 하나하나 떠올라 때로는 웃음 짓고, 때로는 눈물짓기도 했습니다.

아이들의 흔들림은 부모를 단단하게 만들고, 부모의 기다림은 아이들을 성장하게 한다는 사실을 깨달았습니다. 완벽하지 않았지만 최선을 다했던 시간이 모여 지금의 우리 가족을 만들었다는 것이 가장 큰 위로이자 보람입니다. 감사합니다.